María José Arana
Adelaide Baracco

Frauenpriestertum – Wann?

Zu diesem Buch: Pünktlich zur Weltsynode im Oktober 2024 in Rom geben uns Frauen mit diesem Buch ein Zeugnis ihrer tief empfundenen priesterlichen Berufung- einer Berufung, wie sie Frauen weltweit bezeugen und sich damit einfügen in eine geschichtlich lange Tradition berufener Frauen: Beginnend mit Maria Magdalena, der ersten Apostelin, da sie Christus nach der Auferstehung als Erste begegnet ist. Sie war es auch, die Jesus mit kostbaren Ölen gesalbt- und ihn so zum Gesalbten gemacht hat. Warum also kann das Salben bis heute nur von Männerhand geschehen? Mit ihren Lebenszeugnissen erzählen hier priesterlich berufene Frauen aus dem spanisch sprechenden Raum von ihrer tief empfundenen Liebe und ihrem Schmerz über die Diskriminierung in der katholischen Kirche, die sich bis heute nicht befugt fühlt, die Berufungen von Frauen anzuerkennen. Dabei setzt sich Kirche über ihr eigenes Fundament des Christseins hinweg, das da heißt: "Ihr alle, die ihr auf Christus getauft seid, habt Christus angezogen. Es gibt nicht mehr Juden und Griechen, nicht Sklaven und Freie, nicht Mann und Frau, denn ihr alle seid "einer" in Christus Jesus". (Gal.3, 27-28) Eine revolutionäre Aussage, die bis heute nicht eingeholt ist. Auch Männer kommen in diesem Buch zu Wort. Sie alle, ob Priester oder Laien, richten mit ihren Statements einen dringenden Appell an die katholische Kirche, endlich die Zeichen der Zeit zu erkennen und umzusetzen. Berufungen sind von Gott in die Seele der Menschen gelegt. Die Frage des Priestertums für Frauen ist also keine Frage des "OB", sondern des "WANN?"

Zu den Autorinnen: *Maria José Arana y Benito del Valle* (1943) ist eine spanische Ordensschwester des Hl. Herzen Jesu. Sie arbeitete 20 Jahre lang als Lehrerin, bevor sie in systematischer Theologie an der Universität Deusto (Bilbao) promovierte. Außerdem studierte sie auch Soziologie. Von 1990 bis 1998 war sie Ko-Vorsitzende des Ökumenischen Forums Christlicher Frauen in Europa (ÖFCFE) und dozierte von 1990 bis 2015 Theologie an der Facultad del Norte de España in Vitoria und an der Escuela Feminista de Teología de Andalucía - EFETA - (Feministische Theologieschule in Andalusien). In diesen Jahren erteilte sie in Spanien und auch im Ausland Kurse und Konferenzen zu theologischen Fragen, Ökumene, Ökologie, Geschichte. Sie hat zahlreiche Bücher veröffentlicht, besonders zu Fragen von Religion und Frauen. Wegen des Priestermangels ernannte sie der Bischof von Bilbao zum Pfarrer in Arantzazu. Natürlich ohne Priesterweihe. In den letzten Jahren konzentriert sie sich auf die Leitung und Betreuung verschiedener Klöster ihres Ordens in Spanien und schreibt Theologie.

Adelaide Baracco Colombo (1951, in Turin) hat in systematischer Theologie promoviert. Sie dozierte in verschiedenen kirchlichen Institutionen, ist Mitglied in ATE (Verein Spanischer Theologinnen), in der European Society of Women in Theological Research (ESWTR) und der Initiative "Mujeres y Teología" (Frauen und Theologie). Sie lebt seit Jahrzehnten in Spanien, ist verheiratet, Mutter von drei Kindern und Großmutter von sechs Enkelkindern. Sie hat zahlreiche Werke veröffentlicht zu Mystik, Frauen und Religion.

Christina Gauer ist berufene Diakonin mit der zertifizierten Fortbildung "Diakonische Leitungsdienste für Frauen" und Mitglied im Netzwerk Diakonat der Frau. Sie setzt sich - gemeinsam mit unzähligen anderen Frauen - ein für Geschlechtergerechtigkeit in der katholischen Kirche. Sie ist Herausgeberin dieses Buches. Zusammen mit der Übersetzerin der spanischen Originalausgabe, Elfriede Harth, hat sie das Buch neu überarbeitet.

Elfriede Harth ist Gründungsmitglied von Women's Ordination Worldwide und war viele Jahre lang aktiv bei Wir sind Kirche.

María José Arana
Adelaide Baracco

Frauenpriestertum - Wann?

Dialoge über das Weiheamt für Frauen

Titel der Original-Ausgabe:
mujeres sacerdotes ¿cuándo?
Diálogos en torno al sacerdocio de las mujeres
Autorinnen des Originals:
María José Arana und Adelaide Baracco
Verlag: Desclée De Brouwer
Erstauflage: 2023
ISBN: 978-84-330-3235-5

Bibliografische Information der Deutschen Nationalbibliothek: Die Deutsche Nationalbibliothek verzeichnet diese Publikation in der Deutschen Nationalbibliografie; detaillierte bibliografische Daten sind im Internet über http://dnb.dnb.de abrufbar.

Die automatisierte Analyse des Werkes, um daraus Informationen insbesondere über Muster, Trends und Korrelationen gemäß §44b UrhG („Text und Data Mining") zu gewinnen, ist untersagt.

Übersetzung: Elfriede Harth
Überarbeitung: Elfriede Harth und Christina Gauer
Covergestaltung: TomJay - bookcover4everyone / www.tomjay.de
Satz: Matthias Britten

Verlag: BoD · Books on Demand GmbH, In de Tarpen 42, 22848 Norderstedt
Erscheinungsjahr: 2024

Druck: Libri Plureos GmbH, Friedensallee 273, 22763 Hamburg

ISBN: 978-3-7693-0080-2

Auch als E-Book erhältlich

In Liebe

Wir haben bei der Überarbeitung der Texte Wert daraufgelegt,
die spanische Mentalität und Ausdrucksweise so original wie möglich wiederzugeben
und sie gleichzeitig der deutschen Ausdrucksweise anzupassen.

Elfriede Harth und Christina Gauer

Inhaltsverzeichnis

VORWORT

Im instrumentum laboris für die kontinentale Phase der von Papst Franziskus einberufenen Weltsynode mit dem Titel „Mach den Raum deines Zeltes weit" wird in den Kapiteln 60 – 64 die Frage der Teilhabe von Frauen am kirchlichen Leben behandelt. Der Text lässt aufhorchen. Nicht nur, weil zum ersten Mal in einem vatikanischen Dokument das „Priestertum der Frau" angesprochen wird, sondern weil hier deutlich wird, dass die Frage der gleichberechtigten Teilhabe von Frauen an Ämtern und Diensten der Kirche weltweit diskutiert wird und nicht wenige Teilkirchen sie für eine besonders drängende Frage unserer Zeit halten. Für viele engagierte Frauen ist dieser Text eine Ermutigung und Bestätigung. Er lässt hoffen, dass Veränderung und Erneuerung tatsächlich möglich sind und der Traum einer geschlechtergerechten Kirche sich wider alle Hoffnung tatsächlich in nicht allzu ferner Zeit erfüllen könnte.

Schon viel zu lang warten die Frauen darauf. Viele von ihnen erfahren seit Jahren eine zunehmende Diskrepanz zwischen dem eigenen Selbstverständnis und der eigenen Lebenswirklichkeit als Frauen in der modernen Gesellschaft auf der einen Seite und vielen kirchlichen Positionen auf der anderen Seite. Viele fühlen sich diskriminiert, ausgegrenzt, ihres Menschenrechts auf Gleichheit beraubt. Und vor allem: Viele fühlen sich nicht ernst genommen in ihrer diakonischen und priesterlichen Berufung. Sie erfahren immer neu, wie ihre Lebens- und Beruf(ung)smöglichkeiten eingeschränkt werden und empfinden dies als Unrecht, dem sie ohnmächtig ausgeliefert sind. Noch mehr erzürnt viele, dass diese Ungleichheit von nicht wenigen Amtsträgern noch immer nicht als Missstand betrachtet wird, den es zu beheben gilt, sondern die strukturelle Benachteiligung von Frauen nach wie vor mit vielfach widerlegten theologischen Argumenten gerechtfertigt wird.

Was es braucht, ist eine tiefgehende Umkehr in der Kultur der Kirche, heißt es in Kapitel 60 des oben genannten instrumentum laboris der Weltsynode, „eine neue Kultur mit neuen Praktiken, Strukturen und Gewohnheiten". Und weiter: „Dies betrifft in erster Linie die Rolle der Frau und ihre in der gemeinsamen Taufwürde begründete Berufung zur vollen Teilhabe am Leben der Kirche." Wie wahr und doch wie fern!

In diesem Buch haben Adelaide Baracco und Maria José Arana neben wichtigen, gut lesbaren Impulsen und einer Fülle von Antworten auf zentrale aktuelle Fragen rund um das Thema Frauen in der Kirche beeindruckende Stimmen von spanischen Frauen gesammelt, die sich zu einem Weiheamt in der Kirche berufen wissen. Vor zwei Jahren durfte ich Ähnliches tun in dem Buch „Weil Gott es so will - Frauen erzählen von ihrer Berufung zum Diakoninnen- und Priesterinnenamt". Die beiden Bücher ergänzen sich auf wunderbare Weise und zeigen, wie groß die Sehnsucht vieler Frauen nach gleicher Würde und gleichen Rechten in der Kirche ist. Die Fülle und Breite der Texte ist beindruckend. Bei aller Vielfalt gibt es auch hier bestimmte Grundkonstanten, die an vielen Stellen wiederkehren und in denen sich viele Leserinnen wiederfinden werden.

Vor allem aber zeichnen die Zeugnisse der Frauen und die erläuternden Texte das erschütternde Bild einer ungeheuren Ressourcen- und Charismen-Verschwendung, die sich seit Jahrhunderten in der Kirche ereignet hat und immer neu ereignet.

Dem Buch ist eine weite Verbreitung zu wünschen, in Spanien, in Lateinamerika und - so Gott will - durch Übersetzungen in andere Sprachen auch in anderen Teilen der Welt. Möge es den Zusammenhalt und die Solidarität der berufenen Frauen stärken. Möge es neue Sichtweisen eröffnen und Bewusstsein verändern. Möge es den Männern der Kirche - Laien, Klerikern und Bischöfen - helfen, sich immer stärker für die Rechte der Frauen in der Kirche einzusetzen und im Rahmen der Weltsynode eine wirkliche Erneuerung anzustoßen.

Adelaide Baracco, Maria José Arana und allen Autorinnen sei gedankt. Sie knüpfen starkmütig an die Tradition der großen Heiligen und Kirchenlehrerin ihres Landes, Teresa von Àvila, an. Deren prophetische Worte sind uns Erbe und Auftrag zugleich:

„Du, Herr meiner Seele, dir hat vor den Frauen nicht gegraut, als du durch diese Welt zogst, im Gegenteil, du hast sie immer mit großem Mitgefühl bevorzugt und hast bei ihnen genauso viel Liebe und mehr Glauben gefunden als bei den Männern... Reicht es denn nicht, Herr, dass die Welt uns eingepfercht und für unfähig hält, in der Öffentlichkeit auch nur irgendetwas für dich zu tun, was etwas wert wäre, oder es nur zu wagen, ein paar Wahrheiten auszusprechen, über die wir im Verborgenen weinen, als dass du eine so gerechte Bitte von uns nicht erhörtest? ... O ja, mein König, einmal muss es doch den Tag geben, an dem man alle erkennt. Ich spreche nicht für mich, denn meine Erbärmlichkeit hat die Welt schon erkannt, und ich bin froh, dass sie bekannt ist, sondern, weil ich die Zeiten so sehe, dass es keinen Grund gibt, mutige und starke Seelen zu übergehen, und seien es die von Frauen." (Teresa von Àvila, Weg der Vollkommenheit [CE] 4,1)

Sr. Philippa Rath OSB

DANK UND EINIGE BEMERKUNGEN ZUR METHODE

Unser herzlicher Dank gilt zunächst den zweiundvierzig Mitwirkenden, die die Erarbeitung und Herausgabe des Buches ermöglicht haben.

Es sind einundzwanzig Frauen (zwanzig mit Berufung zur Priesterin), die von ihrer Berufung, ihren Erfahrungen, Ideen, Schwierigkeiten, Wünschen ... Zeugnis ablegen. Frauen voller Leben, die es weiterzugeben wissen; sie kommen aus verschiedenen Orten, Berufen, Lebenslagen usw. Unter ihnen gibt es eine kleine Gruppe junger Menschen ohne priesterliche Berufung, aber mit der Bereitschaft und der Sensibilität, auszudrücken und zu kontrastieren, was sie denken.

Wir haben auch einundzwanzig Männer aus sehr unterschiedlichen Lebensbereichen und intellektuellen Hintergründen um ihre Meinung zur Frage des Frauenpriestertums gebeten: Theologen, Professoren an theologischen Fakultäten und auch in anderen Fächern, Priester, ehemalige Priester, Ordensleute, Laien mit verschiedenen diözesanen und pastoralen Aufgaben... Andere, die aus eher weltlichen Bereichen kommen, sogar jemanden aus dem politischen Bereich, immer engagierte Christen, alle kompetent, um Wissen und Erfahrung beizutragen.

Wir wollten, dass es sich um Männer und Frauen handelt, um das Männliche und das Weibliche gegenüberzustellen und sogar in Einklang zu bringen, eine Frage, die bei dem Thema, das uns beschäftigt, so wichtig ist. Ebenso wollten wir, dass die Anzahl der Personen „überschaubar" bleibt, d.h. klein genug, um mit ihnen bequem arbeiten zu können, ihre Beiträge aufzunehmen und eine persönliche Beziehung zu pflegen. Wir wollten auch, dass die Gruppe eine klare ökumenische Nuance hat: eine anglikanische Pfarrerin (Deborah Chapman) und ein evangelischer Pfarrer (Alfredo Abad) bilden die konkrete ökumenische Präsenz, Christen anderer Konfessionen, die unsere Arbeit zutiefst bereichern.

Zusammen haben wir das „lebendige Forum" gebildet, das darlegt, austauscht, beiträgt, einen Dialog miteinander führt. Ja, wir wollten interaktiv zusammenarbeiten, und zwar auf vielfältige Weise, sowohl in der Redaktion selbst - was sich in einem Kapitel mit einer reichen Bildsprache niederschlägt - als auch in verschiedenen Zoomtreffen, Mehrfachkontakten usw. Es handelt sich um eine ganz besondere, aktive und lebendige Methodik. Wir haben versucht, den eher pastoralen und pädagogischen Stil mit einem eher formalen und theologischen Stil in Einklang zu bringen, um das Lesen zu erleichtern. Es ist ein origineller Weg, der möglicherweise über das rein Akademische hinausgeht, um dabei den Erfahrungsreichtum nicht zu verlieren.

Unser Dank für diese außergewöhnliche Zusammenarbeit.

Ebenso herzlich danken wir den vielen Menschen, die auf die eine oder andere Weise mitgewirkt haben. Silvia Martínez Cano[1], denn sie hat das spanische Titelbild geschaffen. Rosa Bernsee Barrioso, Karin Schreiber und Elfriede Harth für ihre Übersetzungen ins Deutsche; Mercedes Arriaga und Mercedes López für ihre Beiträge, Ratschläge und sonstige Hilfe. An die Menschen, die mit ihren finanziellen Zuwendungen die weitere Verbreitung des Buches ermöglichen, z.B. John Wijngaards mit seinem Beitrag im Namen des Wijngaards Institute for Catholic Research und andere, die auch anonym beigetragen haben. Ihnen allen ein herzliches Dankeschön! Amelia Hidalgo für die finanzielle Verwaltung unseres Verbreitungsprojekts. Pello Tellería für sein geduldiges Korrekturlesen. Allen, die uns ermutigt und angespornt haben!

Und natürlich gilt unser ganz besonderer Dank dem Verlag Desclée De Brouwer, seinen Leitern, Javier Gogeaskoetxea, Vater und Sohn, sowie Fernando Isasi.

Unser Dank für diese lange Kette von Menschen. Die Arbeit hat uns in einer gemeinsamen Verantwortung vereint: dazu beizutragen, das Bewusstsein für diese Themen in der christlichen Welt zu schärfen. Wir versuchen auch, an dem Aufwecken der Kirche mitzuwirken, damit sie in dieser Frage der Aufmerksamkeit für die priesterliche Berufung der Frauen vorankommt, die nicht nur diese, sondern die ganze Kirche betrifft. Und vielleicht, auch wenn sie es nicht glaubt, speziell die kirchliche Hierarchie: Damit sie kohärenter wird mit der Botschaft Jesu, mit einer gesunden und echten kirchlichen Tradition, einer Tradition, die sich in der Gegenwart inkulturiert und die Zeichen der Zeit aufmerksam wahrnimmt und unterscheidet. Sie sind in Wirklichkeit der Atem des Geistes, der unaufhörlich in der Geschichte, in der Kirche, in der ganzen Wirklichkeit wirkt.

Das Buch, das wir hier vorstellen, befasst sich ausschließlich mit der Berufung der Frauen zum Priestertum, dem „Prüfstein" für die *volle* Beteiligung der Frauen in unserer Kirche[2]. Erstens wollten wir nicht nur Zeugnisse zusammentragen, sondern auch ein Netzwerk unter allen Mitwirkenden schaffen. Zweitens haben wir diese Zeugnisse theologisch gelesen, sie in den aktuellen kirchlichen Kontext eingeordnet und einige Elemente vertieft, die wir für das Verständnis der gesamten Frage für wesentlich halten. Denn in der Tat geht es nicht nur darum, dass Frauen „Priesterinnen" sind, sondern darum, dass Frauen in unserer Kirche voll und ganz als Ebenbild Gottes/Christus anerkannt werden und ihn daher *vertreten* können. Es geht nicht darum, „Macht" zu bekommen - wie uns manchmal unterstellt wird -, sondern darum, dort, wo dies der Fall ist, als Geweihte - Dienerinnen - anerkannt zu werden, die von der Kirche „gesandt" sind, mit der Autorität, die dies mit sich bringt. Aufgrund der gleichen Taufe, die wir mit

---

1   Silvia Martínez Cano ist Theologin, Bachelor der bildenden Künste und Präsidentin der ATE (Asociación de Teologas Españolas, der Gesellschaft spanischer Theologinnen, https://www.asociaciondeteologoas.org/

2   Fast gleichzeitig mit der Erarbeitung unseres Buches wurde in Deutschland und der Schweiz „Weil Gott es so will" veröffentlicht. Es ist ein Buch der deutschen Benediktinerin Philippa Rath, Autorin des Vorworts unseres Buches. Es wurden dort die Zeugnisse von 150 Frauen zusammengetragen, die eine Berufung zur Diakonin oder zur Priesterin haben. Außerdem enthält das Buch die Stellungnahmen von drei Männern zum Thema.

den Männern teilen. Drittens verleiht die Tatsache, dass der Beitrag der befragten Männer eine ähnliche Größenordnung hat wie der der befragten berufenen Frauen, unseren Überlegungen eine äußerst bedeutende kirchliche Vielstimmigkeit.

Unser Buch will auf diesen Wegen voranschreiten und die Zeugnisse einiger geschichtlicher Frauen zusammentragen und sie erzählen: einige von diesen Frauen wurden heiliggesprochen, andere sind im Prozess der Heiligsprechung, zwei von ihnen sind Kirchenlehrerinnen[3] , zwei Gründerinnen von Ordensgemeinschaften[4], mit anderen Worten, sie alle sind außergewöhnliche Frauen....

Die Originaltexte der Frauen und Männer, die mitgewirkt haben, befinden sich in den Anhängen. Es gibt auch ein kleines „Berufungsvokabular", das von uns allen verfasst wurde. Wir haben uns um Lebendigkeit von Inhalt und Methodik bemüht, um – gemeinsam mit unseren Leserinnen und Lesern – unsere Fähigkeit zur Empathie zu vertiefen.

---

3   Hl. Katharina von Siena und Hl. Theresa von Lisieux
4   Maria Teresa Dupouy RSCJ und Mutter Ignacia Nazaria

1. UM EINZUSTEIGEN...

Im Jahre 1929 schrieb Pierre Teilhard de Chardin SJ an seinen Freund, den Jesuiten Pater Gaudefroy: „Mir scheint, dass es in der Kirche von Heute drei vergängliche Grundsteine gibt, die in ihren Funktionen stark beeinträchtigt sind". und er war der Meinung, dass zwischen der Frage des Mangels an kirchlicher Demokratie und des Mangels an Prophetie - also bereits an zweiter Stelle - die Frage des Priestertums steht, *das die Frauen ausschließt und herabsetzt*[5] . Das ist keine Kleinigkeit! Heute, fast 100 Jahre später, hat sich nichts geändert, oder besser gesagt, sind wir noch schlimmer dran; ja, schlimmer, weil der soziale Wandel, das Bewusstsein und die Praxis, insbesondere in der Frauenfrage, in der Zivilgesellschaft enorm sind und die Kirche hinterherhinkt. Darüber hinaus glauben wir, dass es viele Gründe gibt, warum die Kirche dieses Thema noch einmal gründlich überdenken sollte, indem sie sich dem Heiligen Geist öffnet.

Unser Buch soll dazu *beitragen*, diesen „Grundstein" zu entfernen, der der Kirche im Allgemeinen und den Katholiken im Besonderen so sehr schadet, ob sie sich dessen bewusst sind oder nicht. Dies würde sich auch positiv auf die beiden anderen von Teilhard angesprochenen Punkte auswirken: Demokratie und Prophetie.

Demokratie und Prophetie werden von verschiedenen Stellen und Sphären der Kirche eingefordert. Neben den Basisgruppen und insbesondere den Frauengruppen, die ihre Stimme erheben[6], war der gesamte Prozess der Amazonas-Synode in letzter Zeit ein starkes Zeichen dafür, auch wenn er nicht zu den erwarteten Schlussfolgerungen geführt hat. Auch die verschiedenen Diözesanversammlungen und Synoden haben sich - einige mehr als andere - mit der Frage der Frauenordination befasst. Besondere Aufmerksamkeit verdient der im März 2023 abgeschlossene Synodale Weg der deutschen Kirche, auf dem der Handlungstext „Frauen in sakramentalen Ämtern - Perspektiven für das weltkirchliche Gespräch" mit 93% der abgegebenen Stimmen (177 ja, 12 nein, 13 Enthaltungen), darunter auch 81% der Bischöfe, beschlossen wurde. Bezüglich des Diakonats beinhaltet er den Einsatz für die Öffnung des sakramentalen Diakonats für Frauen in den Teilkirchen, die dies wünschen. Bezüglich der Zulassung zu allen Ämtern beinhaltet er die Bereitschaft, gesamtkirchlich eine Prüfung anzustreben, ob das strikte Verbot der Priesterweihe von Frauen aus *Ordinatio sacerdotalis* wirklich eine endgültig bindende Lehraussage ist...[7] Sie meinen, „dass es darum geht, die Botschaft des Evangeliums hier und jetzt zu vermitteln und

---

5   Pierre Teilhard de Chardin, Lettres inédites, (Unveröffentlichte Briefe) Oktober 1929, Le Rochel, 1988, S. 80
6   Unter ihnen der Aufstand der Frauen in der Kirche (Revuelta de las mujeres en la iglesia), eine Bewegung von gläubigen Frauen, deren Motto lautet: „Bis die Gleichberechtigung in der Kirche selbstverständlich geworden ist". Im September 2022 hat sie das Buch Revuelta de las mujeres en la Iglesia, Alzamos la voz (Aufstand der Frauen in der Kirche. Lasst uns laut werden) veröffentlicht, 325 Seiten.
7   VIDA NUEVA, Mateo Gz. Alonso, "Alemania pedirá a Francisco la ordenación de las mujeres" (Deutschland wird von Franziskus die Priesterweihe für Frauen fordern), Oktober 2022, S. 36

14

nicht immer in die Vergangenheit zu schauen" (aktuelle Deutsche Bischofskonferenz).

Es stimmt, dass die Kardinäle Luis Ladaria und Marc Ouellet[8] mit der Dynamik und den Schlussfolgerungen des deutschen Synodalen Weges überhaupt nicht einverstanden sind, und der Vatikan hat ihre Reden veröffentlicht, in denen sie als eines ihrer Hauptsorgen den Vorschlag des Zugangs von Frauen zum Priesteramt hervorheben. Als Hauptargument für die Ablehnung nennen sie „die endgültige und definitive Entscheidung von Johannes Paul II. darüber, dass die katholische Kirche keine Vollmacht hat" in dieser Frage[9]. Aber wie Karl Rahner zu diesem Thema sagt, „die Diskussion muss weitergehen".

Eine große Schwierigkeit beim „Umstoßen" dieses Grundsteins ist die Leugnung der möglichen priesterlichen Berufung von Frauen durch die hierarchische Kirche sowie - zugegebenermaßen - die dürftige „Presse", die diese Möglichkeit selbst in progressiven Kreisen manchmal genießt. In der Tat stellt sie manchmal ein echtes „Tabu" dar, das es zu brechen gilt.

Das vatikanische Dokument *Inter insigniores* (1976), von Paul VI. umworben, lehnt eine mögliche Berufung von Frauen eindeutig ab: „Eine solche Anziehungskraft, so edel und verständlich sie auch sein mag, *stellt noch keine echte Berufung dar...* "[10]

Die Erfahrung und die Geschichte lehren uns jedoch, dass es in der Vergangenheit und heute Frauen gab und gibt, die diesen Ruf, eine echte Berufung, gespürt haben und spüren, und dass sie ihn auf die eine oder andere Weise zum Ausdruck gebracht haben und bringen, oft auf wertvolle und sinnvolle Weise. Aber sie stoßen immer wieder auf dieselbe Schwierigkeit: die, als Frau geboren zu sein.

Obwohl wir die Worte Pauls VI. respektieren, teilen wir sie nicht, weil wir glauben, dass wir Frauen auch darüber sprechen können und müssen, was wir leben oder nicht. Wir fragen uns also:

Worüber sprechen wir Frauen, wenn wir von „Berufung" zum priesterlichen Dienst sprechen?

Was ist es, das wir Berufung nennen? Nach Jahrhunderten der Literatur und der asketischen Theologie, in denen der Begriff „Berufung" verwendet wurde, um die Berufung zu einem bestimmten Lebensstand – als Angehöriger eines Ordens oder als Priester - zu bezeichnen, hat man heute eine viel umfassendere, reichere und tiefere Bedeutung für diesen Begriff gefunden: die des „Rufs (von lat. *vocatio, vocare*) zum Sein". Ein ursprünglicher Ruf, der die Person konstituiert, sobald sie ins Dasein getreten ist. Die Berufung hat also mit der Wirklichkeit der Person selbst zu tun, ja, sie ist mit ihr

---

8   Kardinal Ladaria ist Präfekt der Glaubenskongregation, Kardinal Ouellet der emeritierte Präfekt des Dikasteriums für die Bischöfe und Vorsitzender der Päpstlichen Kommission für Lateinamerika.
9   Gefunden in Infovaticana, 25. November 2022.
10 ASS 69 (1977), 114 y 115.

15

identifiziert. Nach der schönen Definition des Philosophen Emmanuel Mounier sind „Berufung, Inkarnation, Gemeinschaft die drei Dimensionen der Person "[11].

Nur auf der Grundlage dieses umfassenden und offenen Verständnisses von Berufung - die uns als Menschen betrifft - können wir von Berufung in einem definierteren, spezifischeren und konkreteren Sinn sprechen, wobei wir jedoch immer ihre Wurzel, das, was sie hervorbringt, den „Ruf zum *Sein*", im Auge behalten. Daher ist jede Berufung - sei sie spiritueller/religiöser oder beruflicher Natur - ein Impuls aus dem Innersten des Wesens in Richtung Fülle, nach der sich jeder Mensch sehnt, bewusst oder unbewusst. Als Gläubige sprechen wir also von einer „christlichen Berufung": Sie gründet sich auf die Taufe, wird aus freien Stücken angenommen und jeden Tag in der Nachfolge Christi erfüllt, je nach den verschiedenen Lebensformen und -ständen. Dazu gehört auch der Dienst an der kirchlichen Gemeinschaft durch das priesterliche Amt.

Zurück zum Anfang: Die *Berufung der Frauen zum Presbyterium* -gewöhnlich Priestertum genannt - ist in ihrer tiefsten Dimension die Berufung-zu-Sein, die jede lebt, fühlt, durchdringt, versteht, definiert und formuliert - nicht zuletzt, und wir werden sehen, warum - als ein Teil ihrer selbst, der *untrennbar* mit dem Ganzen, das sie Ist, verbunden ist. Ein Teil von ihr, der in Resonanz geht und erleuchtet wird, weil sie sich bis auf den Grund ihrer Seele von Gott angeschaut fühlt. Ein Teil von sich selbst, der stumm ist und leidet, wenn er nicht erkannt wird. Wie der große Hirte Kardinal Carlo Maria Martini schrieb: „Die Berufung, die ein Erkennen dessen ist, was wir sind und warum wir es sind, ist Teil des Geheimnisses und kann nicht verstanden werden"[12]. Angesichts dieses "Geheimnisses" können wir nur in Ehrfurcht zuhören.

Ist es zulässig nach Ordinatio sacerdotalis, die Frage nach der priesterlichen Berufung der Frauen weiter zu vertiefen?

Ausgehend von den Erfahrungen früherer und heutiger Frauen fragen wir uns: Hatten diese Frauen wirklich eine priesterliche Berufung? Haben sie die heutigen Frauen? Wir können und müssen das Thema vertiefen und den Dialog mit der Kirche suchen und als die Kirche, die wir sind, unsere Mitarbeit bei der Suche nach gerechteren Wegen anbieten. Dies wird einer der Kernpunkte des Buches sein.

Wir werden dieses Thema in der Überzeugung angehen, dass, wie die Theologin Susane Tunc bekräftigt und von Silvia Martínez Cano zitiert wird: „Das Priesteramt der Frauen zu fordern ist weder ein Akt der Rebellion, noch ein Verlangen nach Macht, noch ein Bruch mit der Kirche, sie ist eine Folge der Liebe zur großen Gemeinschaft der

---

11 Emmanuel Mounier, Textos seleccionados por Carlos Díaz (Von Carlos Diaz ausgewählte Texte) in: http://mounier.es/index.php/identidad/684-el-valor-de-lo-eterno-en-el-compromiso-de-la-acción-personal-emmanuel-mounier
12 C. M. Martini, La vocación en la Biblia. De la vocación bautismal a la vocación presbiteral (Die Berufung in der Bibel. Von der Berufung durch die Taufe zur priesterlichen Berufung), Madrid: Sociedad de Educación, Atenas, 1997.

16

Kirche, ein Ausdruck der Liebe Gottes zu seinem Volk"[13]. Wir müssen es nicht nur als eine Frage der Gerechtigkeit einfordern, sondern als einen Akt der Liebe zur Kirche selbst: Wir wollen, dass das Heil und die Gerechtigkeit, die sie verkündet, in den Strukturen selbst sichtbar werden. Es handelt sich also um einen Akt der glaubenden Verantwortung und der Zusammenarbeit mit der Kirche für die Sache des Evangeliums. Das ist unsere Überzeugung, und das ist der Geist, in dem wir sie umsetzen.

Wir möchten uns auch auf einige - wenige - Worte von Johannes Paul II. und Benedikt XVI. berufen. Wir erinnern daran, dass Ersterer in der *Ordinatio sacerdotalis* den Zugang von Frauen zum Priesteramt strikt ablehnte und verhindern wollte, dass die Diskussion über dieses Thema weitergeht. In dem Dokument *Vita Consecrata*[14] erklärte er jedoch: „Es ist sicherlich nicht möglich, die Gültigkeit vieler Forderungen bezüglich der Stellung der Frau in den verschiedenen gesellschaftlichen und kirchlichen Bereichen zu ignorieren. Es ist auch notwendig, anzuerkennen, dass das neue weibliche Bewusstsein auch den Männern hilft, ihre mentalen Schemata zu hinterfragen...". Schwer zu sagen, inwieweit er zu diesen Forderungen stand, aber der Text ist sein eigener und lässt zu, dass das Wort „Forderung" sowohl für die zivile Gesellschaft als auch für die kirchliche Sphäre gilt.

Auch Benedikt XVI., der die Entscheidungen Johannes Pauls II. in dieser Frage einfach laufen ließ, räumte in einem Interview mit dem Bayerischen Rundfunk (ARD) ein, dass „die rechtsverbindliche Entscheidungsfindung (in der Kirche) an die Weihe gebunden ist" und stellte ausdrücklich fest, was keineswegs üblich ist, dass es „unter diesem Gesichtspunkt Grenzen gibt". Das heißt, die Weihe IST eine Grenze, nicht nur eine Grenze, sondern die Grenze für die Frauen in der Kirche... Dies anzuerkennen, ist in der Hierarchie schon ungewöhnlich; aber Benedikt XVI. fährt fort: „Aber ich glaube, dass die Frauen selbst, mit ihrem Elan und ihrer Kraft, mit ihrer Überlegenheit, mit dem, was ich als ihre ‚geistliche Macht' definieren würde, es verstehen werden, sich Raum zu schaffen. Und wir müssen versuchen, auf Gott zu hören, damit wir es nicht verhindern, sondern um uns zu freuen, dass das weibliche Element in der Kirche den vollen Platz der Wirksamkeit erhält, der ihm zusteht "[15].

Dies zu lesen, ist sicherlich eine Quelle der Freude und der Ermutigung, aber, um die Wahrheit zu sagen, sind Jahre vergangen, und es ist kein konkreter Schritt von Rom unternommen worden, so dass wir die Umsetzung ihrer Worte in Taten erkennen können.

---

13 Silvia Mz. Cano, Teología feminista para principiantes, (Feministische Theologie für Einsteiger), Edit. San Pablo, Madrid 2021, p. 157.
14 Johannes Paul II, Vita Consecrata, n. 54.
15 Castelgandolfo, 5.8.2006.

Evangelium und Tradition, fortgesetzte Offenbarung

Wir glauben, dass ein Verständnis der *dynamischen* Bedeutung des Evangeliums und der Tradition grundlegend ist, um in dieser Frage voranzukommen. Wir können sie nicht als etwas Statisches verstehen, als ein Modell, das exakt reproduziert werden muss, sondern als etwas Lebendiges, als etwas, das sich vorwärtsbewegt, etwas, das uns enthüllt und gezeigt wird. Wie Jesus im Evangelium sagt: „Der Geist wird euch in alle Wahrheit leiten" (Joh 16,13). Die Wahrheit kann also nicht in Stein gemeißelt sein. Die Tradition blickt in die Zukunft, indem sie die Vergangenheit neu liest, und bewegt sich in einem Prozess der kontinuierlichen Offenbarung vorwärts, der sich in Raum und Zeit inkulturiert. Sie ist ein lebendiger, dynamischer, unvollendeter Prozess, den niemand versteinern lassen darf.[16]

Dies ist die wichtigste Motivation für uns, das Evangelium und die Tradition neu zu lesen und zu interpretieren, beide mit einer sicheren Vision zu erkennen und anzuwenden und die Zeichen der Zeit zu deuten.

Andererseits hat die Deutsche Bischofskonferenz in einem Dokument die Bedeutung des priesterlichen Amtes des Mannes (1970) dargelegt, indem sie immer wieder die *geschichtliche Entwicklung* von Begriff und Ausübung dieses priesterlichen Amtes bekräftigte, sowohl im Bewusstsein als auch in der Praxis der Kirche[17]. Sie anerkannte diese geschichtliche Entwicklung auch in Bezug auf Leitung, Amt, kirchliche Struktur und sogar auf die Feier der Eucharistie. Sie tat dies aus dieser bewussten und evolutionären Perspektive heraus: „Die Kirche hält nicht in endgültiger Weise an jeder ihrer historischen Formen fest. Sie hat nicht die Absicht, um jeden Preis die Bräuche und Disziplinargesetze aufrechtzuerhalten, die ihr Leben im Laufe der Geschichte begleitet haben "[18]. Und dies aus einem ganz klaren Grund, denn sie weiß, dass „der Heilige Geist in jeder Epoche ihrer Geschichte gegenwärtig ist und wirksam handelt "[19].

Weiter erklärt sie, dass dieses Nachdenken über das Priesteramt, vorgenommen in Treue zur Geschichte, berücksichtigen muss, dass das Wesen des Priestertums „tief in einem lebendigen Prozess der Kirche verwurzelt ist, der durch vielfältige Einflüsse bestimmt wird, und dass dieses Wesen des Priestertums mit den Bedingungen eines konkreten Glaubens verbunden ist, der in der tagtäglichen Praxis gelebt wird."[20] Dieser Text ist sehr wichtig und lässt der Tradition in der Gegenwart und in der Zukunft die Möglichkeit offen, sich zu äußern und die Möglichkeiten des Wandels zu interpretieren[21].

---

16   María José Arana y Maria Salas, Mujeres Sacerdotes ¿por qué no? (Frauen als Priesterinnen – warum nicht?) Ed. Claretianas, Madrid, 1994, pp. 19, 20.
17   Deutsche Bischofskonferenz, El Ministerio del Sacerdocio (Das Priesteramt), Madrid, 1970, S. 21
18   Deutsche Bischofskonferenz, a.a.O. SS. 64, 66-70, n. 25.
19   Ebda
20   Ebda
21   María José Arana und Maria Salas, Mujeres Sacerdotes ¿por qué no? , a.a.O. ebenda

Karl Rahner, der sich auf dieselbe historisch-evolutionäre Linie des Weihesakraments beruft, spricht von dieser Möglichkeit und sogar von der Notwendigkeit eines Wandels, wenn er schreibt: „Die Praxis der katholischen Kirche, Frauen nicht zum Priester zu weihen, hat keinen verbindlichen theologischen Inhalt... Die gegenwärtige Praxis ist kein Dogma; sie beruht schlicht und einfach auf einer menschlichen und historischen Überlegung, die in der Vergangenheit unter sich rasch verändernden sozialen Bedingungen gültig war...“[22] Das heißt, sie ist als solche revidierbar, erkennbar und damit, wie viele andere Fragen in der Kirchengeschichte, veränderbar. In einem anderen Text versichert uns Rahner, dass „die Diskussion mit Vorsicht und gegenseitigem Respekt fortgesetzt werden muss...", weil diese Diskussion den „Wert hat, zu einem geschichtlichen Wandel beizutragen, der Teil jener Treue ist, die die Kirche ihrem Herrn schuldet "[23].

Geleitet von diesem sich entwickelnden, dynamischen Geist sowie in aufrichtiger Zusammenarbeit und Liebe zur Kirche, wollen wir diese Arbeit durchführen.

---

22 K. Rahner, "Lettre au pasteur Bogdam du synode luthérien de Bavière", (Brief an Pastor Bogdam der Lutherischen Synode in Bayern) La Croix, 20, IV, 1974, zitiert von E.B, Nilsen, Le Ministère ordonné dans la Tradition Catholique et Lutherienne, (Das Weiheamt in der katholischen und Lutherischen Tradition) Lille, 1986.
23 Karl Rahner, In Sorge um die Kirche, Einsiedeln 1954 - 1984 im Sammelband „Schriften zur Theologie"

2. DIE PRIESTERLICHE BERUFUNG VON FRAUEN - IST EINE PRIESTERLICHE BERUFUNG VON FRAUEN MÖGLICH?

Wir wissen bereits, dass nach Kanon 1024 des Kirchenrechts nur Männer zum Priester geweiht werden können. Mannsein ist eine unabdingbare Voraussetzung nicht nur für die Weihe, sondern auch für die Anerkennung der Berufung zum Priester selbst. Denn, wie wir bereits zitiert haben, heißt es in *Inter insigniores*: „Eine solche Anziehung (Berufung), so edel und verständlich sie auch sein mag, stellt noch keine echte Berufung dar"; und die Gründe, die dort angeführt werden, sind zum einen, dass es sich um „eine rein subjektive Neigung" handeln könnte, als ob die des Mannes das nicht sein könnte; und vor allem, weil „die Bestätigung durch die Kirche unerlässlich ist", und diese Bestätigung scheint für eine Frau nicht möglich zu sein, denn „Christus hat die erwählt, die er wollte"! (Mk 3, 13)[24] Und das waren alles Männer!?

Andererseits hat die von Johannes Paul II. im Apostolischen Schreiben *Ordinatio sacerdotalis* (1994) ausgesprochene „endgültige" Ablehnung des Frauenpriestertums sowie das Verbot, innerhalb der Kirche darüber zu diskutieren, die von dem Theologen Karl Rahner vorgeschlagene gesunde Diskussion über dieses Thema sehr erschwert.

Es gibt jedoch viele Zeugnisse von Frauen aus Vergangenheit und Gegenwart, die das Gegenteil beweisen. Es sind Frauen, die von ihrer eigenen priesterlichen Berufung sprechen. Auf einer Konferenz amerikanischer katholischer Frauen in Detroit (1975) haben „viele Frauen, vor allem Ordensfrauen, öffentlich bekräftigt, dass sie eine echte ‚priesterliche Berufung' verspüren"[25] Es ist ungewöhnlich, dass Frauen dies tun, denn im Allgemeinen ist es für Frauen schwierig, diese Berufung zu formulieren, und noch schwieriger für sie, sie öffentlich zu bekennen.

„Frauen können keine Priester sein, aber sie können Opfer sein" (Paul VI.)[26].

Wir werden versuchen, uns einigen historischen Frauen zu nähern und ihnen anhand von Schriften und autobiographischen Berichten zuzuhören, in denen sie - einige deutlicher als andere - ihre Gefühle und Wünsche zum Priestertum zum Ausdruck brachten.

Der Herr selbst hat mit der heiligen Katharina von Siena (1347-1380), die in dieser Hinsicht ein Anliegen gehabt haben muss, über diese Fragen gesprochen und sie ermutigt: „Seit du klein warst, habe ich dir den Eifer für die Seelen eingeflößt; du hast

---

24 ASS, 69, (1977) 114 und 115.
25 Manuel Alcalá, Mujer, Iglesia, Sacerdocio, (Frau, Kirche, Priestertum) Edit. Mensajero, Bilbao, S. 34.
26 Dieses Kapitel basiert hauptsächlich auf zwei alten Schriften von MARÍA JOSÉ ARANA, der Mitautorin dieses Buches, und ist diesen entnommen. Die erste, MARÍA JOSÉ ARANA und MARIA SALAS, Mujeres Sacerdotes ¿por qué no? (Warum keine Frauen als Priesterinnen?), Edic. Claretianas, Madrid, 1994. Das zweite: MARÍA JOSÉ ARANA, (DIR) AAVV, Cuando los sacramentos se hacen vida (Wenn die Sakramente das Leben darstellen), "Sacramento del Orden", Editorial Desclée De Brouwer, Bilbao, 2008.

davon geträumt, ein Mann zu sein; dich zu verkleiden, zumindest als Mann, in ferne Länder zu gehen und ein Predigerbruder zu werden, um dir und den Seelen nützlicher zu sein". Aber es scheint, dass sie sich unsicher fühlte angesichts der Beschränkungen, die ihr durch „ihr Geschlecht und ihren Zustand" auferlegt wurden, und sie erzählte Jesus von ihren Ängsten: „Ich bin eine Frau". - Mag sein, dass sie selbst ein Gefühl der Minderwertigkeit damit verband[27]- Weiter sagt sie: „Die Männer werden nicht auf mich hören, noch ist es richtig für eine Frau, unter ihnen zu wandeln"[28]. Tatsache ist, dass, wie das Konzil von Toledo (16. Jahrhundert) lehrte: „Frauen, so gelehrt sie auch sein mögen, belehren keine Männer."[29] Sie hatte dies verinnerlicht, doch Jesus ermutigte sie.

Hatte die heilige Katharina eine echte priesterliche Berufung? Es ist durchaus möglich. In anderen Zeiten wurde Frauen das Predigen immer wieder verboten, da es eine Ordination voraussetzte, obwohl es tatsächlich einige Predigerinnen gab: zum Beispiel die bekannte Benediktineräbtissin Hildegard von Bingen (Deutschland, 12. Jh.); und auch die Äbtissin der Klarissen „die Jotrense", die heilige Juana Vázquez (16. Jh.), die „Predigerin und Pfarrerin" im Kloster Cubas de la Sagra (Madrid)[30] war, und einige wenige andere.

Mit anderen Worten, die Predigt- und Seelsorgetätigkeit war eng mit dem Priesteramt verbunden, und die Idee, sich als Mann zu verkleiden - etwas, das in der Geschichte recht häufig vorkam – hatte natürlich ihren Ursprung in etwas, das man verbergen wollte. Andererseits entdecken wir durch die Werke von Hildegard, der großen Kirchenlehrerin, die Dichte ihrer Theologie und ihrer kirchlichen Anliegen in diesem Zusammenhang.

Wir werden einige weitere Fälle darlegen, die ausreichen sollen, um so die Wirklichkeit dieser Berufung zu zeigen. Einige von ihnen haben ihre Berufung gelebt und sehr explizit zum Ausdruck gebracht, aber dann sind sie angesichts der gegebenen Unmöglichkeit in eine eher mystische Sphäre abgedriftet... Das heißt, viele haben von der Möglichkeit geträumt, Priesterin zu sein, und angesichts dieser Unmöglichkeit, die mit "ihrem Geschlecht und ihrem Zustand" zusammenhängt, eine Opfermystik verinnerlicht, die sogar als „Holocaust[A]" bezeichnet wird. Die einzige Möglichkeit, zu der Paul VI. rät und die die Kirche den Frauen zugesteht.

So sagte Paul VI. in seinen Gesprächen mit Jean Guitton: „Die Frau kann nicht

---

27 In diesen Zeiten konnten sich Frauen nicht öffentlich äußern, nicht schreiben, nicht predigen und vieles andere mehr, so dass wir oft am Anfang ihrer Texte lesen: „Ich, obwohl ich Analphabetin bin...", oder „die Schwäche meines Geschlechts und meines Zustands", oder „von zerbrechlichem Zustand", usw., d.h. sie entschuldigten sich.

28 Santa Catalina de Siena, Obras de. El Diálogo (Werke der Hl. Katharina von Siena) BAC, Madrid, 1955. Zitiert einen Teil der Biografie von B. Raimundo de Capua, Edit. P. Álvarez, Vergara, 1926.

29 J. Tejada y Ramiro, Colección de cánones de todos los Concilios de la Iglesia Española (Sammlung aller Kanones der Konzile der spanischen Kirche), Madrid, 1855, Band V, S. 731.

30 M. Victoria Triviño, Mujer predicadora y párroco. Santa Juana (Predigerin und Pfarrerin, die Hl Johanna), BAC, Madrid, 2005.

A „Holocaust" wird hier im biblischen Sinn des „Brandopfers" gebraucht, wenn das Opfertier auf dem Alter vollständig verbrannt wurde. (Anm. der Übersetzung)

Priesterin sein. Sie kann das Opfer nicht vollziehen. Aber Frauen können *Opfer* sein."[31] Schrecklich! Abgesehen davon, dass es schrecklich ist, erschien es uns immer sehr ungerecht, dass es Männer sind, die bestimmen sollen, was für jene gültig ist oder nicht; und dass sie es sind, die den Frauen diesen eucharistischen Opferaspekt zuweisen. Ja, es ist absolut ungerecht, die Aufgabe, dem Leiden der Welt eine Heilsbedeutung zu geben, allein den Frauen zu überlassen. Diese Dimension obliegt eigentlich allen Christinnen und Christen, wird aber gerne vermieden und alleine den Frauen zugeschrieben. Es ist sehr ungerecht, darauf zu bestehen, diese leidende und geduldige Rolle den Frauen zuzuweisen.

Das Dokument *Inter insigniores* bekräftigt und „untermauert" auch einiges davon: „Das Amtspriestertum ist sakramentales Zeichen Christi, des Priesters. Der Amtspriester ist, besonders in seiner zentralen Handlung, dem eucharistischen Opfer, ein Zeichen für Christus, den Priester und das Opfer. Eine Frau aber ist kein adäquates Zeichen Christi, des Priesters und des Opfers, und kann deshalb kein Amtspriester sein" (Paul VI.). Aber Opfer kann sie sein!

Es ist ein bisschen hart, dass „nur" Frauen mit der Opferrolle „belastet" werden und darüber hinaus noch ein weiterer Grund hinzukommt, warum Frauen nicht Priester, aber doch Opfer sein können... Eine Sache, die den Männern erspart wird!!!!

Jesus, als Mann, war derjenige, der sich selbst geopfert hat, aber es ist die *gesamte Menschheit* - nicht nur die Frauen -, die diese Funktion übernehmen muss. Darüber hinaus hat die priesterliche Sendung viel umfassendere Dimensionen.

Doch schon bevor Paul VI. dies bekräftigte, lebten einige Frauen, die keinen Zugang zum Weihesakrament hatten, ihre „priesterliche" Berufung und Erfahrung auf diese Weise, indem sie sie sublimierten und den Aspekt des Opfers akzeptierten. Wir wollen versuchen, diese Erfahrungen zu erforschen und die Berufungen, die oft sehr klar und deutlich sind, herauszustellen. Und wir werden sehen, dass fast alle von ihnen, ausgehend von dieser Berufung, angesichts der Unmöglichkeit, Priesterin zu sein, in Prozesse der Sublimierung in Richtung „Opfer" und „Holocaust" eintreten. Spirituelle Prozesse, die sie bewusst oder unbewusst „sublimieren". Wir haben uns jedoch inzwischen weiterentwickelt, und heute leben wir andere Spiritualitäten und Theologien. Wir leben in einer anderen Zeit und haben eine andere Sensibilität.

Die große Mehrheit - aber nicht alle - der Frauen, denen wir begegnen werden, haben sich auf ein Ordensleben ausgerichtet. Diesen spirituellen Weg so zu gehen, war manchmal mit deutlichem Leid verbunden, und konnte nur von Frauen so durchlebt werden. Wir werden keinem Mann begegnen, der ihn auf diese Weise erlebt hat. Wir finden es sehr wichtig. den Ruf und seine ihm eigene Spiritualität zu entdecken. Wir sind der Meinung, dass wir das geistliche Leben dieser Frauen dankbar aufgreifen müssen.

---

31   Jean Guitton, Dialogues avec Paul VI, (Gespräche mit Paul VI.) Fayard, 1967, p. 304.

22

Und im Bewusstsein geschichtlicher Mitverantwortung tun wir das hier, um es heute zum Blühen zu bringen.

Frauen von gestern sprechen von ihrer Berufung

Wir haben bereits die heilige Katharina von Siena und ihre „mögliche" priesterliche Berufung erwähnt. Jetzt schauen wir uns andere an.

Die Dominikanerin **Soeur Caroline Clèment o.p.** (1825-1887) drückt es in ihren autobiographischen Aufzeichnungen sehr deutlich aus: „Wie beneidete ich das Glück der Priester, die jeden Tag die heilige Hostie berühren, die dieses Brot des Lebens brechen und es an die Gläubigen austeilen! Wie schmerzte es mich, dass mein Geschlecht mir nicht erlaubte, das heilige Opfer darzubringen! Ich beklagte mich bei Jesus, ich weinte bitterlich; mein Kummer war so groß, dass ich manchmal krank wurde. Jeden Tag musste ich diesen Gedanken von mir weisen, denn er zerriss meine Seele"[32]. Wir sehen, dass sie zumindest versuchte, einen Gedanken zu vermeiden, der ihr großes Leid bereitete ... Nach und nach trat sie in den für sie so charakteristischen Prozess der „Sublimierung" ein. Und so definiert sie der Autor ihrer Biographie: „Geschichte einer Opferseele. Caroline Clèment".

Auch die französische Karmelitin **Elisabeth von der Dreifaltigkeit** (1880-1906) ist ein sehr deutliches Beispiel: „Aus den Tiefen der stillen Opferung der Seele, die sie als Hostie empfindet, entspringt ein geheimnisvoller und wirklicher Ruf, eine priesterliche Berufung"[33]. Ihr geistliches Leben ist auf die Darbringung des Opfers ausgerichtet, das sich selbst vernichtet: „Der Priester und das Opfer bedingen einander". Und sie entdeckt ihre kontemplative Berufung als eng mit ihrer priesterlichen Berufung verbunden: "das Leben des Priesters, wie das der Karmelitin...". Und an anderer Stelle: „So verstehe ich das Apostolat der Karmelitin und des Priesters...". „Welch erhabene Sendung hat eine Karmelitin: Sie muss eine Vermittlerin sein". All diese Beteuerungen entspringen dem tiefen Kern ihrer Spiritualität: „Möge ich nie aufhören, mich im heiligen Messopfer zu wandeln, damit ich eine Hostie des Lobes zur Ehre Gottes werde". Vereint mit dem, was sie - wie viele andere - „Virgo Sacerdos"[34] nannte, ging sie

---

32 R. Henry, Histoire d'une Âme Victime. Caroline Clèment, (Geschichte einer Opferseele. Caroline Clément) Edit. Téqui, París, 1890, S. 53-56. Zitiert in www.womenpriests.org.

33 Isabel von der Heiligsten Dreifaltigkeit, Obras completas (Gesammelte Werke), Madrid, 1958, SS... 171, 173, 185, 192, 223, 254, 365, 541, 547, 904-905, usw...

34 Seit den ersten Jahrhunderten des Christentums, mit Epiphanius und anderen, hat diese Anrufung eine große Bedeutung und einen spirituellen und theologischen Inhalt in der christlichen Frömmigkeit erlangt. Ihre größte Blütezeit erlebte sie im 19. und zu Beginn des 20. Jahrhunderts, und es war auch die Zeit, in der die Kirche, die Päpste, wegen des Geschlechts Mariens einige Schwierigkeiten zu machen begannen: Denn mit dieser Anrufung „bisogna andare piano" (muss bedachtsam vorgegangen werden), und es schien ihnen, dass man in Fehlinterpretationen verfallen könnte, wenn man Maria, eine Frau, mit „Sacerdos", reserviert für Männer, verbindet; so wird diese Anrufung ab 1950 von Rom aus in die Enge getrieben, bis sie völlig in Vergessenheit gerät und ein einfaches Relikt der Vergangenheit bleibt; siehe María José Arana, "María y la ordenación de las mujeres" (Maria und die Weihe von Frauen), Ephemerides Mariologicae, vol. XLIV, 1994, Juli-September.

völlig auf in Christus, von Eifer erfüllt, und obwohl sie in ihrer kontemplativen Berufung glücklich war, ließ sie dennoch ihre fast geheime priesterliche Berufung als unerfüllten Wunsch durchscheinen: „Ich sehe nichts auf Erden, das heiliger sein könnte, als das Priestertum"

Die **heilige Theresa von Lisieux** (1873-1895), ebenfalls Karmelitin und Patronin der Missionen, ist heute auch die Patronin der Frauen, die Priesterin werden wollen und sich dafür einsetzen; und sie ist für uns eine bedeutende Bezugsperson, da ihre priesterliche Berufung eine der klarsten und deutlichsten ist. Kurz vor ihrem Tod schrieb sie an ihre Schwester: „Ich fühle in mir die Berufung zum Priester"[35], und immer wieder einmal rief sie spontan aus: „Ich fühle aber auch andere Berufungen in mir; ich fühle die Berufung zum Krieger, zum Priester, zum Arzt, zum Märtyrer...".

Sie sehnte sich danach, als Seelsorgerin zu predigen und schrieb: „Wenn ich Priester gewesen wäre, wie hätte ich von ihr gesprochen!" (Sie meinte Maria). Dies erfüllte sie manchmal mit Bestürzung: „Warum muss ich eine Jungfrau sein und nicht ein Engel oder ein Priester?"; oder wie sich Schwester Genoveva erinnerte: „Sie hat es immer zutiefst als Opfer empfunden, kein Priester sein zu können "[36].

Aber sie sieht sich auch innerlich „gezwungen", darauf zu verzichten, weil sie eine Frau ist, und sie sublimiert es, indem sie zum Opfer und zum Holocaust wird.

Der Text, den sie an Schwester Maria vom Heiligen Herzen Jesu schrieb, ist von großer Bedeutung, denn darin wird der Weg dieser „Sublimierung" und „Vergeistigung" deutlich, von dem hier die Rede ist: „Ich fühle in mir die Berufung zur Priesterin. Mit welcher Liebe, o Jesus, würde ich dich in meinen Händen tragen, wenn du beim Klang meiner Stimme vom Himmel herunterkommen würdest! Mit welcher Liebe würde ich dich den Seelen schenken... Aber ach! Obwohl ich so gerne Priesterin wäre, bewundere und beneide ich die Demut des heiligen Franz von Assisi und fühle mich dazu berufen, ihn nachzuahmen, indem ich die erhabene Würde des Priestertums ablehne". Und wir erkennen in ihr eine starke Spiritualität der Hingabe: „mich deiner Liebe als Opfer darzubringen". Ein klares Beispiel für die von Paul VI. formulierte Sublimierung: Sie können nicht Priester sein, aber sie können Opfer sein.

Auf jeden Fall gibt es einige fast prophetische Worte zu ihrem Tod. Bevor sie krank wurde, hatte sie bereits eine Vorahnung und sagte: „Wenn ich Priesterin hätte werden können, wäre es im kommenden Juni gewesen, und bei dieser Ordinierung hätte ich die heiligen Weihen empfangen. Aber damit ich nichts entbehre, lässt Gott mich krank werden, und ich werde sterben, bevor ich mein Amt hätte ausüben können.[37]

---

35 Die meisten Zitate sind der Heiligen Therese vom Kinde Jesu, Manuscritos autobiográficos (Historia de un Alma) (Autobiografische Manuskripte. Geschichte einer Seele), Burgos, 1958, entnommen. Auch M. M. Philipon, Santa Teresa de Lisieux: Un camino enteramente nuevo (Die heilige Therese von Lisieux: Ein völlig neuer Weg), Balmes, Barcelona, 1957.
36 Seligsprechungsprozess 14-28, September, 1910, 2741.
37 Es ist ein bereits bekannter Text, er gehört zu den Ms B2, v° et derniers entretiens (und letzte Gespräche) in Oeuvres completes, (Gesammelte Werke) Edit. Du Cerf-Desclée De Brouwer, 1971, S. 619.

24

Sie starb tatsächlich in jenem Jahr.

Trotz allem war sie immer davon überzeugt gewesen, dass „Gott mir nie Wünsche eingibt, die nicht erfüllt werden können"; deshalb hat sie in der Tiefe ihres Herzens diese echte Berufung nie aufgegeben, sie wusste sie zu integrieren. Aber sie schloss auch die Intuition nicht aus, dass diese Wünsche eines Tages verwirklicht werden könnten, auf eine andere Weise: „Ich gehe mit dem Gedanken, dass diejenigen, die es auf Erden ersehnt haben, im Himmel an der Ehre des Priestertums teilhaben werden "[38].

Mutter Ignatia Nazaria (1889-1943) „glaubte seit ihrer Kindheit an ihre Berufung zum Priestertum. Sie wollte Jesuitenmissionarin werden"[39]. Als Gründerin des Instituts der Missionsschwestern des Päpstlichen Kreuzzuges prägte sie ihre Arbeit mit einem einzigartigen „priesterlichen" und kirchlichen Geist. „Den Normen der Kirche folgend", sagt sie in den Konstitutionen, „wollen wir uns der Verbreitung des Evangeliums verschreiben, *soweit es unserem Geschlecht erlaubt ist*, indem wir ein neues Priestertum oder Diakonat für Frauen entwickeln. Die Originalität und Tiefe dieser Äußerungen in Zeiten vor dem Zweiten Vatikanischen Konzil und der Bewegung für das Priesterinnenamt sind offensichtlich. Auch in ihr entdecken wir jene Spiritualität der aktiven „Opferung", von der wir sprachen: „Mein ganzes Sein liegt auf der Patene, um mich zur Hostie für die Kirche zu machen". Diese Mystik steht im Mittelpunkt ihrer Konstitutionen: „Sich mit Christus identifizieren und in Ihn verwandelt werden". „Das Leben, das Messe war" ist ein sehr aussagekräftiger Titel, der die Existenz dieser Frau einfängt; ihre Mitschwestern haben sie so beschrieben.[40]

In ihrer Kindheit wollte auch **Marie de la Trinité o.p.**[41] (1903-1980) Priesterin werden, und „da sie es nicht sein konnte, weil sie kein Mann war, dachte sie an ein Leben als Ordensfrau"[42]. Später formuliert sie eine tiefe und gelebte Theologie über das „Priestertum" Christi und spricht über das „gemeinsame Priestertum der Gläubigen", und das in der Zeit vor dem Zweiten Vatikanischen Konzil, welches dann in der Tat dieses vergessene Konzept in die katholische Theologie zurückbrachte. Sie vertieft das Denken über das „Taufpriestertum" – das „gemeinsames Priestertum der Gläubigen" - und das „Amtspriestertum". Mit anderen Worten, wir erhalten von ihr ein theologisches Weiterdenken, das sie ihrerseits als Gnade betrachtet, die sie empfangen hat, um eine intensive priesterliche Spiritualität im Alltag zu leben.

---

38 Prozess in der Diözese von Bayeux, 2741, Schwester Genoveva.
39 M. García-Gutiérrez, Ignacia Nazaria March. Mujer de la Iglesia en el corazón del pueblo, (Ignatia Nazaria March, Frau der Kirche und mi Herzen des Volkes) Madrid, 1992, S. 49 und S. 96; M. V. Azuara, Bajando la calle, (Die Straße hinunter) Madrid, 1992.
40 Misioneras Cruzadas de la Iglesia (Missionarinnen des Kirchenkreuzzuges), La vida que fue misa, (Das Leben, das eine Messe war) Madrid, 1964.
41 In Lyon geboren, 1903, hieß sie Paule Mulatier. Ihre Biografie wurde von C. Sanson geschrieben Marie de la Trinité. De l'angoisse à la paix. (Maria von der Dreifaltigkeit. Von der Seelenqual zum Frieden), Edit. du Cerf, París, 2003; und von der gleichen Autorin, Marie de la Trinité. Filiation et sacerdoce des chrétiens (Maria der Dreifaltigkeit. Kindschaft und Priestertum der Christen), Edit. Lethielleux, Namur, 1986.
42 Ebda, S. 33

25

Das Bewusstsein dieser Unmöglichkeit ist auch in der Spiritualität vieler anderer Frauen zu finden, die, wie es scheint, ebenfalls eine priesterliche Berufung hatten, ohne sie jedoch ausdrücklich ausgesprochen zu haben. Dies ist der Fall von **Marie Thérèse Dupouy** (1873-1953). Sie war Ordensfrau vom Heiligsten Herzen Jesu. Ohne diese Ordensfamilie zu verlassen - ein einzigartiger Fall - gründete sie die Kongregation der Missionsschwestern der Heiligen Herzen Jesu und Mariens, die sich der Ausbildung von Jungen widmete, die zukünftige Priester werden sollten. Ihre Biographie[43] trägt einen Titel, der schon sehr aussagekräftig ist: „Das priesterliche Charisma einer Frau". Darin finden wir diese Spiritualität entwickelt, die in der Tat auch das Charisma der Kongregation ist: „Es werden Seelen sein, die leidenschaftlich für Jesus in der Eucharistie brennen. Hostien Jesu für die Priester", und an anderer Stelle *„amoris victima"*, das Opfer der Liebe für ihre Priester, „zur Opferung hingegeben"... *„Hostia, pro hostia"*.

Es ist diese Bedeutung der Opferung, der die priesterliche Berufung von Marie-Thérèse beherrscht, eine Bedeutung, die sie zur völligen Hingabe ihrer selbst und ihrer Kongregation führen wird. Wir finden die Erklärung deutlich in diesem Text: „Wir gehen einen Schritt weiter in der Gestaltung ihrer priesterlichen Berufung. Wie Pater Lojendio SJ betont hat, geht das Priestertum von Mutter Dupouy in gewisser Weise über das Priestertum der Gläubigen hinaus. Als Frau kann sie das Amtspriestertum des Weihesakramentes nicht erlangen"[44]. Und er fährt fort mit der Erklärung der spirituellen und mystischen Bedeutung dieser „Vermittlung", indem er sie – den gebührenden Abstand wahrend - mit der Mittlerfunktion von **Maria** vergleicht.

Gertrud Heinzelmann (Schweiz, 1914-1999), eine Laienpredigerin, äußerte schon sehr früh das Bedürfnis nach weiblichen Priestern: „Schon als ich meine erste Beichte ablegte, wünschte ich mir sehnlichst, dass der Priester eine Frau wäre"; einfach, weil es für sie einfacher gewesen wäre, sich mitzuteilen, und weil sie dies ihr ganzes Leben lang als eine große Diskriminierung in der katholischen Kirche empfand. Sie war sich der Beschneidung von Rechten in der Kirche bewusst, und was dies bewirkte, wie durch die Abwesenheit von Frauen die Kirche anders ist und dadurch verarmt. 1965 schrieb sie ein Buch mit dem vielsagenden Titel - „Wir wollen nicht länger schweigen": „Wenn ... die Taufe es den Männern ermöglicht, die sieben Sakramente zu empfangen, und den Frauen nur sechs, dann ist die Taufe nicht gleichermaßen wirksam, um Männer und Frauen zu Mitgliedern der Kirche zu machen. Wenn es den Frauen tatsächlich verboten ist, ein Sakrament zu empfangen, bedeutet dies sowohl eine Beschneidung der kirchlichen Rechte als auch eine Schmälerung des Status von Mitgliedern der Kirche"[45].

---

43   Das Werk wurde von den Schwestern des Ordens verfasst: Maria Teresa Dupouy, El carisma sacerdotal de una mujer, (Maria Teresa Dupouy. Das priesterliche Charisma einer Frau) San Sebastián, 2001, SS. 23, 295, 303-306, 714-719 und weitere.
44   Ebda, S 303
45   Zitiert von R. Gibellini, Teología del siglo XX, (Theologie des 20. Jahrhunderts) Sal Terrae, 1998, S. 446.

26

Sie schrieb und arbeitete weiter in diese Richtung, aber wie so viele andere Stimmen wurde auch ihre nicht gehört[46].

Es scheint nicht, dass **Edith Stein** (1891-1942) eine besondere Berufung zum Priestertum hatte, aber sie fand, nachdem sie sich mit dem Thema befasst hatte, keinen Grund, warum Frauen abgelehnt werden sollten, weder aus theologischer, anthropologischer noch biblischer Sicht... Außerdem war sie der Meinung, dass es sich um eine Frage handelte, „die noch nicht ernst genommen wurde", und sie hoffte, dass sich die Kirche ihrer in Zukunft annehmen würde[47]." Es scheint uns interessant, hier etwas über die Meinung der großen Karmelitin zu dieser Frage zu bekunden.

Die aus dem Kaukasus stammende **Gertrude Detzel** (1903-1971), eine Katholikin, wollte sich von Kind an Gott als Ordensfrau weihen. Sie war sehr traurig, als sie erfuhr, dass Frauen nicht Priester werden konnten. Sie wandte sich mit diesem Problem an den Pfarrer, der sie beruhigte und ihr sagte: „Hab Geduld, Gott selbst wird dir zeigen, was er von dir will". In der Tat widmete sie sich als Laiin der Verkündigung des Herrn, indem sie als franziskanische Terziarin in Armut lebte (EWTN). Man sagt von ihr, dass sie „die Frau war, die Christus in den russischen Konzentrationslagern (Gulags) verkündete", und heute läuft ihr Seligsprechungsprozess in Kasachstan[48].

Ein ganz besonderer Fall ist der der einzigen Frau, die in der katholischen Kirche rechtmäßig und gültig von ihrem inzwischen verstorbenen Bischof, Felix Davidek, zur Priesterin geweiht wurde, **Ludmila Javorova** (Brünn, 1932-). Sie wurde aus seelsorgerischen Gründen geweiht, und zwar wegen des Priestermangels und der fehlenden Möglichkeiten für Frauen in den Gefängnissen während der Zeiten der Verfolgung und des Untergrunds in der ehemaligen Tschechoslowakei.[49] Auf das Argument des Priestermangels antwortet sie: „Ich sehe das anders. Es ist immer Christus, der hinter der Wandlung steht, die in den Sakramenten stattfindet, und Christus hat keinen Unterschied zwischen Männern und Frauen gemacht."

Eine weitere Überlegung: „Das Priestertum spielt eine Rolle im Lebensraum und in der Tiefe unserer menschlichen Existenz als Frauen. Das ist meine Erfahrung, und ich kann bezeugen, dass das so ist "[50].

Denn sie gestaltet und identifiziert sich immer weiter mit ihrer Berufung und ihrem

---

46 Dieser Text wurde von Ida Raming und Iris Müller anlässlich des Todes von Gertrud Heinzelmann verfasst. Er befindet sich auf www.womenpriests.org.
47 C. Feldmann, Edith Stein, Judía, Filósofa y Carmelita, (Edith Stein. Jüdin, Philosophin, Karmelitin) Barcelona, 1988, S. 72. A. Jiménez Vicente, Destellos en la noche, (Blitze in der Nacht) Publ. Claretianas, Madrid, 1990, S. 70, und weitere.
48 Verschiedene Internetseiten, Eintrag Gertrude Detzel. Prensa ACI, 26. Sugust, 2021, von Walter Sanchez Silva.
49 M. T. Winter, Desde lo hondo. La historia de Ludmila Javorova, una mujer católica ordenada sacerdote (Aus der Tiefe. Die Geschichte von Ludmila Javorova, einer zum Priester geweihten Katholikin), Edic. Claretianas, Madrid, 2002. „Ich (María José Arana) lernte diese Frau in ihrem Haus in Brünn (Tschechische Republik) kennen; vier Frauen des Forums für Frauenstudien in der Versammlung in der Nähe von Prag besuchten sie und wir hatten wunderbare Gespräche über all diese Fragen".
50 M.T. Winter, a.a.O., S. 226.

Dienst: „Nach meiner Priesterweihe wurde in meinem Herzen alles um mich herum zu einer neuen Dimension erhoben. Ich begann, alles von einem pastoralen Standpunkt aus zu sehen. Ich sprach mit Christus über meine Einstellung zu meiner pastoralen Arbeit..."[51]

Das Charisma und die priesterliche Berufung

Heute gibt es Frauen, die ebenfalls ihre priesterliche Berufung zum Ausdruck bringen und, zusammengeschlossen in verschiedenen Organisationen, von der Theologie und aus ihrer eigenen Erfahrung heraus fordern, dass die Kirche ihre Ansätze überdenkt und auf die Stimme derer hört, die sich wirklich mit dem Thema befasst haben, und nicht nur auf diejenigen, die Argumente wiederholen, die heute überholt sind.

Da wir Frauen nicht aus der eigenen Erfahrung als Pfarrerinnen und Priesterinnen sprechen können, sprechen wir aus dem Wunsch und der Berufung, die einige empfunden haben und bis heute empfinden: eine Berufung, die möglich ist, gelebt und ausgedrückt wird, auch wenn die kirchliche Hierarchie ihnen selbst diese Möglichkeit verweigern will. Erinnern wir uns: „Wie edel und verständlich sie auch sein mag, sie stellt noch keine echte Berufung dar", sagte Paul VI. Und wir wissen auch schon, warum: weil die Kirche meint, nicht „befugt" zu sein, diese Berufung anzuerkennen, eben weil es sich um Frauen handelt.

So berechtigt auch eine einfordernde Haltung der Frauen wäre – als Erklärung für diese Neigung (oder Berufung) taugt sie jedoch nicht. Sie entspricht nämlich überhaupt nicht der Art Frauen, die diese "Neigung" verspürten. Auch passt sie nicht in die von uns erwähnten Epochen noch zum theologischen und spirituellen Inhalt, den diese Frauen zum Ausdruck bringen. Auch kann man nicht argumentieren, dass der Kontext, in dem diese Frauen lebten, sie beeinflusst hat, nämlich dass sie „in einer Zeit lebten, in der sich die Frauen der Diskriminierung bewusst wurden, die sie in der bürgerlichen Gesellschaft erlitten hatten, und sie nur deshalb dazu neigen, das Amtspriestertum für sich zu wollen."[52]

Unsere Sensibilität ist heute eine andere, das ist eine Tatsache. Und aus dieser heraus müssen wir handeln, und das suchen, was wir für das Wohl der Kirche halten.... Aber wir werden alle, die einen wie die anderen, in der Vergangenheit und in der Gegenwart, aus einer tiefen Berufung heraus von einem echten Charisma bewegt, einem dienenden und auch mystischen Charisma. Und es ist dieses priesterliche Charisma, dass das Leben vieler Frauen angetrieben hat und auch heute antreibt, sie wollen, dass ihre Berufung angenommen und anerkannt wird.

Die priesterliche Berufung liegt allem anderen zugrunde und umfasst eine große

---

51 M.T. Winter, a.a.O., S. 136.
52 ASS 69 [1977], 115.

28

Vielfalt von Aspekten und Diensten: ein prophetisches Amt, das vor allem in der Predigt ausgeübt wird, ein pastorales Amt der Gemeindeleitung, und die Seelsorge. Ein priesterlich-kultischer Dienst, der die Sakramente feiert und den Glauben belebt. All dies entspringt einer echten Hingabe an das Evangelium und an Christus selbst. Mit anderen Worten, es handelt sich um eine *echte pastorale, spirituelle und mystische Berufung*, die die Frauen aus der Tiefe ihrer Seele zum Ausdruck bringen. Ludmila Javorova, M. Teresa Dupouy und Mutter Nazaria sprachen über das *Charisma* - die Gabe für die anderen - des Priestertums, das so wichtig ist, um sich dem Weihesakrament zu nähern. Alle genannten Frauen lebten ihre priesterliche Spiritualität in tiefer Hingabe.

Ludmila Javorova erklärt dieses Charisma und seine Entwicklung auf lebendige Weise aus ihrer Erfahrung: „Ich habe die Priesterweihe angenommen, weil ich dienen wollte. Das Wesen des Priestertums ist der Dienst, und dafür habe ich mich entschieden ... Man nimmt diesen Dienst an, und dann entwickelt sich das Charisma, das eine besondere Gabe ist, die der Berufung innewohnt."[53] Und in der Widmung ihres Buches spricht sie „von den *Gaben Gottes, insbesondere dem priesterlichen Charisma*", die in ihrem Leben und im Verständnis ihres Dienstes entscheidend waren.

Oder wie es in einem guten Text der Deutschen Bischofskonferenz (1970), den wir oben zitiert haben[54], heißt: „Das priesterliche Amt verpflichtet unser ganzes Wesen ... es ist keine berufliche Hingabe, sondern eine ganz persönliche Hingabe... Damit bestätigen wir die christologische Struktur unseres Dienstes und bezeugen zugleich, dass das priesterliche Wirken Jesu Christi seinen Höhepunkt in der Hingabe seiner selbst bis zum Tod am Kreuz erreicht hat. Der gute Hirte" - wir fügen hinzu: die gute Hirtin -, „die sein/ihr Leben für die Seinen/Ihren hingibt".

Diese totale Hingabe an den Dienst, die die Frauen in ihren Zeugnissen erläutert haben, ist Teil der priesterlichen Berufung und der Identifikation mit Christus. Sie haben es bezeugt und bezeugen es weiterhin als Selbsthingabe in jedem Augenblick der Geschichte und in jedem Teil der Welt, indem sie die „Nachfolge" leben, die schon die Frauen des Evangeliums gelebt haben (vgl. Lk 8, 1 ff; Lk 10, 38-42; Joh 20, 1-18 usw.). Derselbe Text erinnert daran: „Das Erfordernis der völligen Hingabe an den Dienst des Evangeliums mag individuelle Unterschiede zulassen, aber es ist grundsätzlich im Begriff der Nachfolge und in besonderer Weise in der Berufung zum apostolischen Dienst enthalten."[55]

Die priesterliche Berufung äußert sich gewiss nicht nur dadurch, dass man sich angezogen fühlt vom apostolischen Dienst; sie ist etwas Tieferes und impliziert eine Mystik, eine Spiritualität, die das ganze Wesen umfasst. Weil das nicht anerkannt wird, fühlten und fühlen sich nicht wenige Frauen in einem sehr tiefen inneren Bereich wie

---

53 M.T. Winter, a.a.O.., S. 140.
54 Deutsche Bischofskonferenz, a.a.O.., Edit. Sígueme, Salamanca, 1970.
55 Deutsche Bischofskonferenz, Ebda, S.47

„abgeschnitten" und verletzt und leiden darunter. Wie Maria würden sie gerne mit ihren Händen Christus noch gegenwärtiger machen in der Welt; sie würden gerne segnen, vergeben, konsekrieren, aus der Tiefe eines priesterlichen Dienstes heraus begleiten.

Aus dieser priesterlichen Weihe heraus möchten sie Räume der Heilung, der Versöhnung... sein, sie möchten Mittlerinnen des Heils und der Gemeinschaft in der Menschheit sein, Missionarinnen seiner Liebe, und „mit Christus, durch ihn und in ihm" möchten sie sich für das Heil der Welt hingeben, aber nicht als passives Opfer. Auch nicht in dem Sinne, den Paul VI. gefordert hat. Diese Art von Opfer-Spiritualität ist im Allgemeinen überwunden, auch wenn es immer noch Bereiche gibt, die Reste davon aufrechterhalten. Darüber hinaus sehen wir heute darin eine eklatante Ungerechtigkeit, die der ganzen Kirche schadet und die Institution des Priestertums beschädigt und verarmt.

Die Frage, die wir uns stellen, lautet: Ist es denn nicht eindeutig klar, dass Frauen zu allen Zeiten und an allen Orten diesen Wunsch nach mystisch-priesterlicher Hingabe an Christus zum Wohl der Kirche und sogar der Menschheit gelebt haben?

3. FRAUEN MIT EINER BERUFUNG ZUM PRIESTERTUM - HEUTE

Auch heute noch gibt es Frauen, die in der Tiefe ihres Wesens diese Berufung spüren. Kommen wir zusammmen und hören wir den einundzwanzig Frauen zu, die darüber und über das, was sie „umgibt", sprechen. Was sie fühlen, was sie leben und auch was sie denken. Sie sprechen aus ihrer Erfahrung, ergänzen diese aber auch mit theologischen Gedanken. Es ist eine Darlegung und ein Dialog, den wir alle gemeinsam führen. Keine leichte Aufgabe, denn, wie Pili Jordà mit den Worten des Heiligen Johannes vom Kreuz sagt: „Ich kann empfinden, aber nicht sagen".

Es ist auch eine komplizierte Angelegenheit, denn „mitten im 21. Jahrhundert ist in der Frauenfrage in der Zivilgesellschaft (und in der Kirche) noch vieles offen und manchmal wird die Sichtbarkeit der Frauen verwässert" (Conxa Adell). Aber die Frauen hier melden sich zu Wort mit Klarheit und Tiefe.

Der Ruf

Jede von ihnen kann sagen: „In einem Kontext totaler und unbeschreiblicher Liebe, an den ich mich mit aller Kraft erinnern kann, *wurde ich bei meinem Namen gerufen*" ... „um Apostelin zu sein," ergänzt Rosi M. Miguel. Amelia Hidalgo ihrerseits fügt hinzu: „Ich hatte eine *Begegnung* mit dem auferstandenen Jesus". „Es macht mich verlegen, aber ich wage zu sagen, dass es meine DNA ist", und die Grundlage dafür ist die Taufe, so Pili Jordà. Und: „Meine priesterliche Berufung ist ein Teil von mir, das von Gott neu geschaffen wurde" meint Elena Andrés. Es ist eine Erfahrung tiefen Glaubens und, wie bei allen religiösen Berufungen, ein Gefühl des inneren Rufs. „Wenn ich von meiner Berufung spreche, stammele ich von etwas, was ich nicht benennen kann". „Berufung ist die Identität, die von innen heraus aufsteigt, wo Gott sie von Anfang an gesät hat, sie ist etwas, das dich zu einem anderen Seinszustand drängt, ohne genau zu wissen, wie dieser aussieht, aber sie bringt dich unabänderlich dazu, auf dieses Sein zuzugehen..." (Pili Jordà).

Viele wurden sich ihrer Berufung schon in der Kindheit mit einer verblüffenden Klarheit bewusst, und sogar durch eine tiefe Gotteserfahrung, über die sie jetzt offen sprechen. „Seit meinem vierten Lebensjahr spürte ich einen sehr starken Ruf Gottes. Als ich etwa sieben Jahre alt war, setzte meine Erstkommunion einen besonderen Akzent, ich hätte am liebsten die Liebe Gottes mit dieser ganzen Menschheit geteilt..." (Pilar Yuste). Eine andere erklärt: „Von klein auf spürte ich, dass die religiöse Erfahrung und die Nähe Jesu für mich sehr wichtig waren, ich glaube, das Wichtigste... Die Erinnerung an meine Kindheit durchbricht völlig die Schemata derer, die meinen, dass Kinder nicht fähig sind, eine Gotteserfahrung zu machen, oder dass religiöse Dinge nur etwas für Erwachsene sind. Das ist ein großer Irrtum. Für mich hat alles dort begonnen, und ich erinnere mich mit großer Klarheit und großer Dankbarkeit daran" (M. José Arana). Elena Andrés sagt: „Im Alter von sieben Jahren beschloss ich mit der Unschuld eines Kindes, dass Jesus immer mein Lebensmodell sein würde. Mit fünfzehn spürte ich bereits den Ruf zu einer besonderen Weihe, als ich die Seligpreisungen las. Mit siebzehn war das Priestertum für mich bereits klar, aber durch das uns aufgelegte kirchliche Modell, in dem wir leben, zwangsläufig ausgeschlossen.". Und noch mehr Zeugnisse: „Seit ich klein war, habe ich meinen Wunsch geäußert, Priesterin zu werden, obwohl man mir erklärte, dass ich das nicht könne, weil ich kein Mann sei, aber diese Berufung wuchs in mir" (Merche Saiz). Es scheint seltsam, ist es aber nicht. Wie Elena sagt, und die anderen bestätigen es mit ihrer Erfahrung und ihrem Wunsch: „Natürlich kann eine Frau den Ruf zum Priestertum spüren!" Und weiter fügt sie hinzu: „Die Schwierigkeit liegt in der Kirche".

Als der Bruder von Mercedes Carrizosa sich auf den Eintritt ins Priesterseminar vorbereitete, fragte sie: „Warum kann ich keine Priesterin werden? Und sie sagten mir: ‚Das kannst du nicht, weil du ein Mädchen bist'. So begann meine Berufung".

Pilar Yuste erinnert sich an eine Anekdote aus ihrer Kindheit: „Als ich zwölf Jahre alt war, überraschte ich meinen Religionslehrer mit der Antwort auf meine Berufung, Priesterin zu werden".

Wir stellen auch fest, dass diese Erfahrungen nicht nur vorübergehend waren, sondern im Laufe der Zeit beständig blieben: „Während meiner Jugend blieb dieser Wunsch nach dem Priestertum bestehen" (Anna Seguí). Und das in der Überzeugung, dass „Gottes Gaben unwiderruflich sind" (Pili Jordà); „es ist das, was Gott für mich wollte" (Deborah Chapman); „eine innere Gewissheit, die von Gott kommt, und eine Freude an allem, was Gottes ist..., sie ist eine großartige Entdeckung der Begegnung mit Christus" (Merche Saiz).

Die Zeugnisse sprechen von einer gut erkannten Berufung, denn diese Erkenntnis lässt „den Frieden und die Liebe Gottes" (Deborah Chapman) spüren. Eine Berufung, die nach dem Zeugnis der Mehrheit treu bewahrt und sorgfältig gepflegt wurde: „Ich habe diese Berufung in meinem Herzen bewahrt, als wäre sie eine kleine Flamme einer Tabernakel-Kerze, wissend, dass nicht ich es bin, sondern Christus, der in mir lebt" (Pili Jordà). Oder, wie Rosi Miguel nach Selbsterforschung und Schwierigkeiten sagt: „Meine Berufung liegt jetzt in Gottes Händen". Auch Mercedes Carrizosa fragt sich: „Meine priesterliche Berufung? Sie liegt in Gottes Händen... Und ich möchte das Nunc dimittis singen". Unsere Geschichten, jede auf ihre eigene Weise, zeigen unser überzeugtes Gottvertrauen.

Der Anfang dieser Berufung besteht immer darin „den Ruf Gottes zu spüren". Wie wir schon sagten, bei einigen ist sie seit ihrer Kindheit herangereift, begleitet von einem großen religiösen Feingefühl. Andere mussten länger warten, hörten den Ruf sogar als nicht mehr Glaubende: „ich wurde zur Apostelin berufen... als ich Atheistin war, es bedeutete also auch meine Rückkehr zum Glauben" (Rosi Miguel). Und auch: „die Berufung, über die Wirklichkeit Gottes in meinem Leben zu sprechen und sie mit

32

anderen Suchenden zu teilen" (Karin Schreiber).

Und man kann auch von einer Berufung sprechen, wenn man dieses Zeugnis hört: „Verantwortung für andere Menschen zu übernehmen, erschien mir immer grundlegend. Die Rolle einer Vermittlerin, einer Moderatorin zu spielen, um sicherzustellen, dass Harmonie herrscht, dass Ungerechtigkeit vermieden wird, dass jeder Mensch er selbst sein kann. Sich um einen Tisch versammeln, um Ideen, Träume, Brot zu teilen..." (Elfriede Harth).

Woher...

Einige entdeckten ihre Berufung in der pastoralen Praxis, in der missionarischen Tätigkeit, in der Katechese und in anderen apostolischen Situationen: „Das alles trägt zu dieser priesterlichen Leidenschaft bei", es ist eine ganzheitliche Berufung, „sie berührt mein ganzes Wesen" (Luz M. Cigaran). Für Deborah führt die Berufung zur anglikanischen Pfarrerin dazu, alles zu geben: „Es ist das Bedürfnis, mein Leben und meine Fähigkeiten Jesus zu geben".

Das Theologiestudium war manchmal die treibende Kraft für die Berufung: „Dieser Wunsch wurde mir während meines Theologiestudiums bewusst" (A. R. Díaz, Conxa Adell, Adelaide Baracco, Mercedes Carrizosa und andere), aber für alle war die Theologie eine große und notwendige Hilfe. „Mein Interesse, Priesterin zu werden, wurde in der M.A.S.-Bewegung (Movimiento Apostólico Seglar - Laienapostolat) geweckt, wo man mir mitteilte, dass ich Theologie studieren könne... Damals entdeckte ich meinen Wunsch, Priesterin zu werden, wieder, ich konnte jetzt studieren wie die Männer! Aber ich stieß auf *Schwierigkeiten, weil ich eine Frau war*" (Mercedes Carrizosa).

Es gibt Momente und Umstände im Leben, die dazu beitragen, eine Berufung zu „wecken" oder/und eine beginnende Berufung zu stärken. Einige hörten den Ruf über andere, von Menschen, die in ihnen die Gaben und Charismen des Zuhörens und der pastoralen Hingabe entdeckten, die ihnen selbst verborgen waren. Zum Beispiel: „Wenn du älter bist, wirst du Beichten abnehmen können wie die Priester...", oder „Wenn du Priesterin bist, werde ich der erste sein, der bei dir beichtet", und in einer Vorstellung: „Es ist, als wäre sie ein Priester. Aber warum ist sie es nicht, obwohl sie doch dasselbe tut wie diese?", und diese Worte drangen zu ihr durch (Tere Nuín). Pilar Yuste wurde auch „von Menschen, die sich am ‚kirchlichen Rand' befanden, um den Empfang einiger Sakramente gebeten, aber da sie als angefragte Person nicht autorisiert war, entschieden sie sich gegen den Empfang". Ebenso bat ein Mann Rosi Miguel, ihm die Beichte abzunehmen und ihm die Absolution zu erteilen, „obwohl ich ihm klar machte, dass ich kein Priester bin und ihm keine sakramentale Absolution erteilen kann, bestand er darauf. Ich hörte ihm zu und konnte ihm nur brüderlich verzeihen. Ich habe keine Erklärung für dieses Verhalten außerhalb meiner priesterlichen Berufung".

Dies sind nur einige der vielen Situationen, mit denen wir konfrontiert wurden, jede mit ihrer eigenen Geschichte und ihrem eigenen Schmerz, dem gegenüber wir uns machtlos fühlen. Diese Unmöglichkeit, auf konkrete pastorale Bedürfnisse zu reagieren, ist ein großes Leid für uns.

Manche reagieren auf die Diskriminierung mit dem Wunsch, die Kirche zu verbessern: „Ich will also Priesterin werden... um eine lebendigere, stimmigere, menschlichere und damit gottähnlichere Kirche zu schaffen" (Curin). Auch „um die emanzipatorische Botschaft Jesu zu leben" (Elfriede Harth). Die Mehrheit beharrt auf dem Recht eines jeden Menschen, der eigenen Berufung zu folgen[56]. So drückt sich Rosi selbst aus: „Zwischen Licht und Schatten ist meine Spiritualität eine dienende, sie kann nicht anders sein, die Berufung ist Teil der persönlichen Identität. Die Berufung entwickelt sich weiter, im Laufe der Jahre läutert sie sich, aber bleibt lebendig. Gott wird es wissen".

Für andere war die Teilnahme an verschiedenen christlichen Gruppen, Pfarrgruppen, Basisgemeinschaften usw. sehr wichtig (A. R. Díaz, Mercedes Carrizosa und andere).

Es gibt auch diejenigen, die sagen, dass feministische Bewegungen, insbesondere die feministische Theologie, ihnen bei ihrer Berufung geholfen haben: „Ich war begeistert von meiner Begegnung mit der feministischen Theologie" (Amelia Hidalgo), weil sie ihnen neue Horizonte eröffnet hat. Viele von ihnen verweisen insbesondere auf die „Begegnung" mit den Frauen der Bibel (Olga Lucía und andere).

Bei einigen von ihnen ist sie aus der pastoralen Not heraus entstanden, d.h. wegen des Priestermangels: „um den Gläubigen in ihrem geistlichen Wachstum beizustehen und für die Rettung und Verkündigung des Evangeliums" (Olga Lucía). So motiviert auch „das Gebet und das Nachsinnen, die Feststellung des Mangels an Berufungen " (Merche Saiz). Und daraus entsteht ein tiefer Wunsch: „Gott in anderen zur Welt zu bringen" (Luz María Cigarán).

Mit unserer Berufung beginnen wir eine Reise, die ein besonderes „Klima" und günstige geistliche Beziehungen braucht, um zu wachsen und Früchte zu tragen.

Theologie und Gebet unterstützen und nähren die priesterliche Berufung: „Ich lebe eine sehr reiche priesterliche Spiritualität, die jeden Tag mit einer Stunde Gebet und Bibellesen beginnt... Wir haben einen Rhythmus von fünf Stunden Gebet...", denn „Gott ist für unser Leben zuständig" (Deborah). Auch Karin bringt ihre Spiritualität und ihr Bedürfnis, ihre Berufung aufrechtzuerhalten, auf unterschiedliche Weise zum Ausdruck: „Ich besuche gerne heilige Orte und gebe auch der Kontemplation als einer sehr wichtigen Praxis in meinem Leben viel Raum, ich habe mich von klein auf immer in Verbindung mit der göttlichen Gegenwart erlebt, ganz unspektakulär und alltäglich".

---

56 Siehe die Allgemeine Menschenrechtserklärung, art. 22 bis 27

Die große Mehrheit von uns, die an dieser Aufgabe teilnehmen, bezieht sich auf die eine oder andere Weise auf ein tiefes und freudiges Ausleben unserer dienenden Spiritualität, jener Spiritualität, die uns in der Liturgie, im Gebet, in unserer missionarischen Arbeit beseelt und antreibt und unsere Berufung lebendig hält.

Wofür

Die Beweggründe, aus denen wir das Priestertum anstreben, sind vielfältig: „eine lebendigere, kohärentere, menschlichere und damit eine Kirche zu schaffen, die mehr von Gott ist" (Curín); Amelia Hidalgo sagt uns: „um eine Pfarrgemeinde zu betreuen, zu unterweisen und zu gestalten". Und A. R. Díaz: „Ich möchte Priesterin werden, um die Messe feiern und die Sakramente spenden zu dürfen. Ich spüre, dass sie eine besondere Art und Weise sind, Gottes Liebe und Gegenwart zu den Menschen zu bringen, seine Zuneigung und Nähe und seine Hoffnung auch in den schwierigsten Lebenssituationen zu vermitteln. Obwohl es möglich ist, auf andere Weise zu kommunizieren, fühle ich mich zu dieser besonderen Art und Weise hingezogen, es ist ein zutiefst innerer Wunsch". Eine andere drückt es so aus: „Ich habe mich mit dieser Realität abgefunden. Aber ich fühle mich berufen, neue, lebendige und wirksame Wege zu eröffnen. Selbst, wenn ich die Verwirklichung nicht mehr erlebe, möchte ich doch meinen Teil zu diesem Weg beitragen. Ich fühle, dass von mir erwartet wird, Neues zu säen. Ich habe das Gefühl, dass ich dazu bestimmt bin, Neues zu säen. Was in mir geboren wird, muss mitgeteilt werden, ich kann es nicht zum Schweigen bringen. In unserem ganzen Sein sind wir Priesterschaft und Zelebrantinnen." (Anna Seguí).

Adelaide erinnert an das kostbare Wort der niederländischen Mystikerin Etty Hillesum: „Balsam für so viele Wunden zu sein". Papst Franziskus erinnerte in *La Civiltà Cattolica* an ein ähnliches Bild: „Ich sehe deutlich, was die Kirche heute am meisten braucht: die Fähigkeit, die Wunden zu heilen und die Herzen der Gläubigen zu erwärmen... Ich sehe die Kirche als ein Feldlazarett nach einer Schlacht... Ihre Wunden müssen geheilt werden..."[57] Und wer wäre dafür besser geeignet als Frauen... „Balsam für so viele Wunden."

Eine Frage, die sich viele stellen, auch die heilige Therese von Lisieux, lautet: „Warum hat Gott etwas in mich hineingelegt, das ich nicht leben kann... Warum bin ich berufen worden, wenn ich es nicht erreichen kann?" Eine angemessene Antwort wäre genau: um diese Berufung in der Kirche zu bezeugen, ihr zu helfen, die Augen zu öffnen, „den Willen, mit Worten und Überlegungen zu kämpfen" (Adelaide), und so „die Verantwortung zu leben, die Gott uns anvertraut hat, um ihn zu bezeugen" (Maria José).

---

57 Interview, das Papst Franzskus dem Jesuiten Antonio Spadaro, Direktor der Zeitschrift La Civiltà Cattolica gab.

Einfordern

Wie wir bereits erwähnt haben, aber es lohnt sich, jetzt noch einmal daran zu erinnern, „es ist sicherlich nicht möglich, die Berechtigung vieler Forderungen bezüglich der Stellung der Frau in den verschiedenen gesellschaftlichen und kirchlichen Bereichen zu ignorieren" (Johannes Paul II.)[58].

Wir erinnern auch daran, dass das Zweite Vatikanische Konzil in *Gaudium et spes* (Nr.9) feststellt: „Die Frauen beanspruchen dort, wo sie sie noch nicht erreicht haben, *de facto* und *de jure* die Gleichheit mit den Männern."[59] Das kann nicht nur für die Zivilgesellschaft, die in diesen Fragen schon weiter ist, gefordert werden, während es in der Kirche, die offensichtlich hinterherhinkt, noch nicht erreicht wurde. Darüber hinaus geht es hier um Rechte, die umso heiliger sind, als diese Berufung in der Taufe verwurzelt ist, dem Prinzip von Gleichheit und Würde und damit auch von gleichen Rechten. Und wir sprechen bewusst von Rechten, denn Männer erhalten die Weihe ohne Schwierigkeiten, Frauen hingegen haben kein „Recht" darauf, schlicht und einfach, weil sie Frauen sind.

Mit dem Gefühl der Ungleichheit gepaart sprechen einige von einem „Ersticken" angesichts des Canons 1024, der besagt: „nur getaufte Männer können geweiht werden" (Olga Lucía, Merche). „In der Katechese, in der Schule und im Studium lerne ich, dass der Tempel und der Altar ausschließlich Aufgabe der Männer sind" (Olga). Carmelita bekräftigt: „Ich möchte Priesterin werden, weil ich fühle und glaube, dass das Amt nicht nur für Männer ist, denn Jesus hat nicht nur Männer berufen". Und wie Conxa Adell warnt, sind wir nicht nur mit der Unmöglichkeit des Zugangs zum Diakonat konfrontiert, sondern auch mit einer radikalen Ungleichheit: „*Von der Minute meiner Geburt an war mir diese Möglichkeit bereits verwehrt*". Wir stimmen total überein, angesichts der Ungleichheit, um nicht zu sagen der radikalen Diskriminierung, die wir erfahren, und des Gefühls eine große Ungerechtigkeit zu erleiden: wir stehen vor einer „fest verschlossenen Tür", nur weil wir Frauen sind. Wie wir sehen werden, denken auch die Männer so, die sich über unser Priestertum äußern.

Das verursacht in uns ein Gefühl enormer Machtlosigkeit. Es weckt Gefühle von Traurigkeit, Ekel und sogar Wut, weil wir eine starke Diskriminierung, eine offensichtliche und unerklärliche Ungerechtigkeit wahrnehmen, d.h. ein großes Leiden wegen einer aufgezwungenen Unmündigkeit. „Diese Diskriminierung ordnet uns unweigerlich den Männern unserer Kirche unter" (Jugendgruppe Feminista y cristiana)[60]. Und wir werden nicht nur untergeordnet, sondern manchmal werden wir

---

58 Apostolisches Schreiben Vita consecrata von Johannes Paul II, (Nr. 57), 1996
59 Diese Idee wird ebenfalls in der Enzyklika Pacem in terris, Johannes XXIII, ausgesprochen, (1963)
60 Ihre Sprecherin, María Barral, sagt uns: „Unsere Gruppe nennt sich „Feministisch & christlich", und obwohl wir in Madrid entstanden sind, gehören inzwischen Frauen aus anderen Orten dazu, besonders in Spanien, aber es sind auch Lateinamerikanerinnen dabei". https://feministasycristianas.blogspot.com

36

sogar abgelehnt, wenn bekannt wird, dass eine Frau eine Berufung hat: „Nur weil wir erkennen, dass wir von Gott berufen sind... wird uns jegliche kirchliche Mitarbeit verweigert" (Rosi Miguel). Und das hat Auswirkungen auf die Kirche, „weil es den Menschen die so notwendige weibliche Spiritualität in der Pastoral vorenthält" (Karin Schreiber).

Merche geht noch weiter, wenn sie sagt: „Die von Männern diktierten Gesetze überwältigen mich, verletzen mich, schließen mich aus und drängen mich in den Hintergrund, in dem ich nicht bleiben will ... Meine Kirche ist keine Universalkirche, von dem Moment an, in dem die Hälfte der Menschheit völlig ausgeschlossen ist" von der vollen Bürgerinnenschaft... Oder, um es genauer zu sagen: „immer dieser dumpfe Schmerz, nicht ganz sein zu können, was ich bin" (Adelaide). Mit anderen Worten, man nimmt „eine patriarchalische Ungerechtigkeit wahr, die den Frauen und der Kirche selbst schadet..." (Curin).

Ordinatio sacerdotalis[61] von Johannes Paul II. (1994) hat sicherlich nicht geholfen, sondern dazu beigetragen, die Schwierigkeiten festzuklopfen, da sie als endgültig verkündet wurde und eine Diskussion über das Thema ausdrücklich verbietet. Das war in der Tat ein aufgezwungenes Schweigen! Curin erinnert sich an ihre Gefühle und ihre Erfahrung: „Als ich 23 Jahre alt war, las ich die *Ordinatio sacerdotalis* und meine Seele fiel mir zu Füßen. Die Gründe, die in dem Dokument für den Ausschluss der Frauen vom Weiheamt angeführt wurden, überzeugten mich nicht. Ich war entrüstet".

Heute herrscht immer noch Unfreiheit, sich zu diesem Thema zu äußern, das sowohl von Rom als auch von den Bischöfen allgemein als unbequem empfunden wird.[62] Und diejenigen, die sich darauf berufen, wiederholen die gleichen Argumente.

Angesichts dieser schmerzlichen Situation haben einige, namentlich Merche und Rosi, irgendwann erwogen, zur anglikanischen Kirche zu wechseln, die Frauen zum Priesteramt zulässt, was sie aber nicht getan haben. Pilar Yuste und Olga Lucía stellen klar, dass sie dies nie in Erwägung gezogen haben

Wie wir es erleben

So ist das. Doch der Glaube führt uns auch dazu, auf diese Weise zu leben: „Die Ablehnung, weil ich eine Frau bin, war ein Schock, gefolgt von Wut und Bitterkeit, und es bleibt eine vernarbte Wunde, die, sobald man sie berührt, schmerzt. Ich akzeptiere dies mit einer inneren Ruhe, denn Gott ist größer! Und das immer in dem Bewusstsein, dass die menschliche Begrenztheit auch die Institution Kirche betrifft und dass es einen Teil des Lebens gibt, den wir nicht verstehen. (A. R. Díaz). Die Erfahrung von Pili Jordà ist wunderschön: „Ich weiß, dass Gott diesen Samen und dieses Siegel in mein Herz gelegt

---

61 Mehrere erwähnen Ordinatio sacerdotalis als einen schmerzlichen Moment im kirchlichen Leben, als etwas Schmerzliches, nur schwer Erträgliches (Merche, Pili und andere)
62 Man erinnere sich an die zitierten Reden der Kardinäle Luis Ladaria und Marc Ouellet

hat. Er hat mich so erschaffen. Ich glaube immer noch mit ganzem Herzen, mit ganzer Seele, mit meinem ganzen Wesen daran. Vielleicht werde ich mich nie geweiht und von der Kirche anerkannt sehen, ich weiß nicht, ob ich jemals in der Lage sein werde, dieses Amt offen von der Kirche und für die Kirche auszuüben, aber ich weiß, dass ich so bin, wie ich auch weiß, dass ich eine geweihte Frau bin".

Angesichts unserer Unfähigkeit, unsere Berufung zu leben, hörten wir das tiefe Zeugnis von Deborah, einer anglikanischen Pastorin: „Die Freude über meine Weihe, zunächst zur Diakonin und dann zur Priesterin, bestätigte, dass dies die Erfüllung dessen war, was Gott für mich wollte. Und dann, als ich zum ersten Mal die Eucharistie feierte, in der Stille des endlich Erreichten und vor dem Abschied spürte ich, dass ich einen zeitlosen Raum betreten hatte, umhüllt von Gottes Frieden und Liebe, einen Raum, den ich mir nicht nehmen wollte, indem ich den Moment mit Worten unterbrach, denn dort konnte ich, Ich' sein; dort hatte ich bereits mein ewiges Zuhause betreten".

Auf jeden Fall verwandelt sich unser Schmerz keineswegs in eine Spiritualität der Viktimisierung oder des Opfers, wie sie von den berufenen Frauen der Vergangenheit gelebt wurde, noch verwandelt er sich in jene stille Akzeptanz, die zu einer passiven und/oder unterwürfigen Annahme führt. Unsere Mentalität von heute ist anders, so dass diese Ungerechtigkeit in uns oft Schmerz und gleichzeitig ein starkes Verantwortungsbewusstsein - bei den einen mehr als bei den anderen - und den Wunsch weckt, uns für diese Sache einzusetzen, eine Sache, die für die Reform und den Wandel der Kirche so hilfreich wäre. Uns geht es darum, *„im Auftrag Jesu, gemeinsam mit anderen, in ihrer Würde als Töchter Gottes ausgeschlossene Frauen, den gleichen Weg der Befreiung"* zu gehen. " (Tere Nuín).

Diese Verantwortung muss, unserer Meinung nach, auch die Theologie übernehmen - die feministische Theologie tut es bereits - und Gottesbilder formulieren, die die Sensibilität und Spiritualität von heute ansprechen, im Sinne einer „inklusiveren Art, von Gott zu sprechen" (Jugendgruppe).

Karin spricht in einer sehr einfachen, alltäglichen Weise über die Art und Weise, wie sie ihre Berufung und Spiritualität lebt, und drückt dies so aus: „Mein Bild: Mein Esstisch ist eine Erweiterung des Altars, so wie der Altar eine Erweiterung meines Esstisches ist. Ich möchte an diesem Tisch mit verschiedenen Menschen Gemeinschaft leben, Vertrautheit wachsen lassen, damit sie sich nach und nach in all ihren Facetten, auch in den eigenen Nöten und Ängsten, zeigen können. Hier wird gutes Essen und Freude wie auch Trauer geteilt, der Anfang gefeiert und das Ende betrauert, und zwar von Dingen, die uns wichtig sind. Alles bekommt seinen Raum in Ehrfurcht und natürlich auch mit Ritualen wie dem Teilen von Brot und Wein. So verstehe ich das allgemeine Priestertum. Ich persönlich leide also nicht darunter, dass ich in der katholischen Kirche nicht Priesterin sein darf, aber ich bin empört und verletzt, weil Frauen, die diese Berufung leben wollen, dies völlig grundlos und menschenrechtswidrig verwehrt wird. Denn dadurch wird den Menschen die weibliche Spiritualität im pastoralen Dienst vorenthalten, die so notwendig ist".

Daher engagieren sich einige von uns in einer Art gesundem Aktivismus für die „Sache" (Mercedes Carrizosa, Pilar Yuste, Adelaide, Anna Seguí, M. José und andere). Das vorliegende Buch ist Teil dieses aktiven und bis zu einem gewissen Grad bekennenden Geistes. Denn natürlich können wir unsere Berufung nicht ausüben, aber wir bezeugen sie, weil wir sie haben, und wir setzen uns ein, um das Ziel zu erreichen, das wir uns rechtmäßig wünschen. Gleichzeitig geschieht es, dass, wie A. R. Díaz bemerkt, eine gewisse Schwierigkeit für Frauen darin besteht, die eigene priesterliche Berufung zum Ausdruck zu bringen, weil sie im Allgemeinen zu einer Art Tabu geworden ist: „Wenn man sagt, dass man eine Berufung zum Priestertum hat, wird man überall angefeindet".

Ein weiteres wichtiges Thema. Elena und Adelaide, die verheiratet sind, sprechen natürlich die Vereinbarkeit von Ehe und Priesteramt an. Sie sehen den Zölibat nicht als unabdingbare Voraussetzung für den Empfang des geweihten Amtes und verweisen auf die Möglichkeit, „beide Berufungen" auszuüben. Auch Pastorin Deborah sieht diese Schwierigkeit offensichtlich nicht: „Sowohl er (ihr Pfarrer) als auch mein Mann waren davon überzeugt, dass Gott mich zur Pastorin berufen hat".

Keinen überkommenen Vorbildern nacheifern

Einige der Befragten und viele der nicht befragten Personen haben noch nie über das Priesteramt nachgedacht oder/und verspüren einen gewissen Widerstand oder Widerwillen dagegen aufgrund dessen, wie sie die Kirche und insbesondere das derzeitige Priesteramt wahrnehmen. Wie Anna Seguí sagt: „Warum einen Stil (des Priestertums) wiederholen, der uns nicht überzeugt?". - „An welche Art von Priestertum glauben wir?" und sie fährt fort: „Ich fühle mich in meinem Priestertum bestätigt, während ich gleichzeitig der Meinung bin, dass wir Frauen diese Art der Ausübung des Amtes nicht reproduzieren sollten, sondern dass wir eine neue Realität schaffen müssen. Es hat keinen Sinn, die derzeitige Ausprägung zu reproduzieren". Es ist ein Aufruf, „keine veralteten und überholten Formen oder oberflächliche Lösungen nachzuahmen, denn wir haben keine Zeit, uns von unwesentlichen Dingen ablenken zu lassen" (Carmelita). Mit anderen Worten: Wir können und dürfen die patriarchalischen Praktiken nicht reproduzieren. Vielleicht ist das der Grund, sagt Curín: „Eine der Konkretisierungen dieser Diskriminierung in mir hatte damit zu tun, dass es für Frauen unmöglich war, eine Berufung zum Priestertum überhaupt in Betracht zu ziehen". Einige bemerken auch, dass sie, da sie keine Priesterinnen als Vorbild hatten, die Möglichkeit einer priesterlichen Berufung nicht einmal in Betracht zogen, bis sie mit einem unerwarteten Ruf zum Priesteramt konfrontiert wurden.

Elena Andrés betont: „Heute, mit 54 Jahren, würde ich kein Priester sein wollen, so wie es die Kirche sieht".

Die Gruppe der jungen Frauen, die auch für diese Sache engagiert sind - und das ist eine ziemlich verbreitete Meinung - stellt fest, dass sich keine von ihnen berufen fühlt, und sie bekräftigen: „Vielleicht ist einer der Gründe, warum wir uns nicht berufen fühlen, Priesterin zu werden, der, dass uns diese Option von Anfang an verwehrt wird und uns Vorbilder fehlen", und sie fahren fort: „Wir glauben jedoch, dass der Faktor, der uns am meisten daran hindert, uns für dieses Amt berufen zu fühlen, nicht so sehr die Tatsache ist, dass es uns verweigert wird - was auch der Fall ist -, sondern dass wir es als sehr weit von unseren Interessen und Bedürfnissen entfernt wahrnehmen", und sie fügen hinzu: „Es ist für uns unverständlich, dass die Leitung der Gemeinden immer von Männern ausgeübt wird, und es schmerzt uns, dass wir uns von diesem Amt ausgeschlossen fühlen"; Männer nehmen das Amt eher als ein Privileg denn als einen Dienst wahr, weit weg von der Wirklichkeit, und sie sind der Meinung, dass sich die Situation ändern würde, „wenn es Priesterinnen gäbe".

Angesichts der notwendigen kirchlichen Reform

Die Frage der Kirchenreform ist sehr wichtig, und wir sehen sie nicht alle auf die gleiche Weise, obwohl wir alle darin übereinstimmen, dass die derzeitige Situation ungerecht ist. Es gibt Frauen - wie die meisten von uns, die hier schreiben -, die die Ordination *jetzt* fordern, und zwar als unumgängliche Notwendigkeit für eine tiefgreifende Reform der Kirche, welche natürlich eine neue Theologie des ordinierten Amtes braucht. Andere wiederum würden die Möglichkeit der Ordination erst auf die Zeit *nach der Reform* verschieben, denn sie sehen nicht, dass ein anderes Weiheamt innerhalb der Kirche, wie sie jetzt ist, möglich wäre. Und schließlich gibt es diejenigen, die das Amt *nicht mehr* wollen, weil sie es in einer Gemeinschaft von Gemeinden, in der die Synodalität im Zeichen der Taufe gelebt wird, die uns alle zu „priesterlichen Menschen" macht, nicht mehr für nötig halten; sie wollen eine andere Art von kirchlicher Leitung, mehr Laien.

Denn einerseits gibt es tatsächlich eine echte Schwierigkeit in Bezug auf das Priestertum der Frauen: *Warum sollte man eine Form von Priestertum wiederholen, die nicht überzeugt?* Das ist richtig, aber muss die Ordination warten, bis die Kirche und das Priesteramt reformiert und erneuert sind?

Klar, dass eine kirchliche Reform absolut notwendig und unvermeidlich ist. Aber wird diese Reform nicht effektiver sein, wenn Frauen als vollwertige Mitglieder in die Entscheidungs- und Exekutivorgane integriert sind? Das heißt, dass sie in vollem Umfang an den Befugnissen teilhaben, die nach K. Rahner „die Grundlage und die Sichtbarkeit der Kirche" ausmachen, nämlich die *Ordnungs- und die Rechtsprechungsvollmacht*[63]. Denn natürlich sind wir von beiden Gewalten völlig abwesend und befinden uns daher „in der Unsichtbarkeit", ohne Rede- und Stimmrecht. Mit anderen Worten, unsere „kirchliche Staatsbürgerschaft" ist nicht vollständig. Wir fordern ein, was uns rechtmäßig zusteht: die volle Beteiligung der Frauen an dieser Reform.

Dies sollte uns also erst recht dazu bewegen, uns dafür einzusetzen, das Thema „sichtbar" zu machen und die Kirche dazu zu bringen, ihre Türen für Frauen zu öffnen, was „ein wahrer Segen für die gesamte kirchliche Gemeinschaft sein wird" (A. R. Díaz).

Wir stimmen mit der Frauenrechtlerin des 19. Jahrhunderts, Emmeline Pankhurst, absolut überein, als sie im beginnenden Feminismus eine ähnliche Forderung stellte und sagte: „Wir wollen die Gesetze nicht brechen, wir wollen sie schreiben"; auch wenn einige von uns (Anna Seguí) vom „Mut zum verantwortlichen Ungehorsam" sprechen. Dieser ist zuweilen – gepaart mit Unterscheidungs-vermögen - notwendig. Das heißt, wir Frauen sollten nicht darauf warten, dass sie - die Hierarchie und andere männliche Kirchenmitglieder - das Amt und die Kirche reformieren; nein, wir wollen aktive Elemente in dieser Reform sein, wir wollen Gleichheit, Sichtbarkeit, wir wollen die Gesetze entwerfen und wir wollen unsere volle Beteiligung daran. Wir sind Kirche.

Wir wollen keine Macht. „Ich will keine Macht. Ich möchte, dass sie (die Kirche) anerkennen, was ich lebe, und es mir ermöglichen, meiner Berufung treu zu sein. So wie sie es mit jedem Mann tun, der an die Tür eines Priesterseminars klopft" (Adelaide).

Es darf sich nicht wiederholen, was auf dem Zweiten Vatikanischen Konzil geschah, als Kardinal Suenens (Belgien) mit einer Sensibilität und Mentalität, die sich von der fast aller anderen Bischöfe der Welt unterscheidet, ausrief: „Es fehlen die Frauen!"[64] Ja, wir wollen „die Gesetze schreiben", wir wollen Mitglieder sein, vollwertige „Bürgerinnen", und wir wollen wirklich spüren, dass die Kirche auch die unsere ist. Wir wollen sie in echter Mitverantwortung verbessern. Und gleichzeitig braucht die Kirche einen echten und gleichberechtigten Beitrag der Frauen. Der Mangel an Frauen im priesterlichen Dienst verarmt die Kirche zutiefst.

Um diese neue Realität aufzubauen, ist die gleichberechtigte Präsenz von Frauen und Männern unerlässlich. Wie die Jugendgruppe sagt, ist „nichts von alledem möglich, ohne dass Frauen Zugang zu allen Ämtern haben".

Das ist richtig, aber wir müssen vorsichtig sein, denn „wir sollten diese Form des Amtes", wie sie derzeit besteht, nicht reproduzieren. Die Reform des Klerus und der Strukturen muss von Christinnen und Christen durchgeführt werden. Wir müssen „diese ungerechten und überholten Strukturen anprangern" (Tere Nuín) und noch einen

---

63 KarL Rahner, "La Incorporación a la Iglesia según la Encíclica de Pío XII", Mistici Corporis, (Die Einverleibung in die Kirche nach der Enzyklika von Pius XII Mistici Corporis) in Escritos de Teología, (Theologische Schriften) Madrid, 1963, t. II, p. 15.
64 Dieser Bemerkung von Kardinal Suenens ist zu verdanken, dass die 23 Konzil-Auditorinnen eingeladen wurden, darunter die einzige Laiin aus Spanien, Pilar Bellosillo.

Schritt weiter gehen: das Priestertum neu überdenken. Natürlich: „gemeinsam darüber nachdenken, welche Art von PriesterInnen die Kirche in dieser Zeit braucht" (Carmelita). Denn „das ordinierte Amt ist ziemlich ungeordnet" (Curín). Außerdem, und das ist sehr wichtig, müssen wir uns an die Arbeit machen, um „eine neue Realität zu schaffen" (Anna Seguí).

Elena Andrés spricht auch das Gefühl der Traurigkeit und der Hilflosigkeit an, nicht selbst der Eucharistie vorstehen zu können, wenn sie Jugendgruppen, Exerzitien, Übungen usw. leitet. Etwas Ähnliches drückt Anna Seguí aus, und andere von uns spüren es auch, bei den Feiern der Ordensgemeinschaften, besonders bei den Versammlungen und anderen Gemeinschafts-veranstaltungen. Und Elena fährt fort: „Und wie ohnmächtig ist man, wenn man die Eucharistie unter dem Vorsitz einer außenstehenden Person feiern muss, der die Erfahrung der Gruppe völlig fremd ist, nur weil die Kirche beschlossen hat, dass ich als Frau nicht Priesterin sein kann. Traurig, sehr traurig". Luz María spricht das Thema auch in ihrem pastoralen Kontext an: „Die Gemeinde, die mit der Gruppe und mit jedem Kind und Jugendlichen entsteht, sie kennen zu lernen, sie zu begleiten, hat in mir diese Berufung, diese Leidenschaft geweckt, bis zu dem Punkt, an dem ich mich frage: Warum kann ich nicht der Eucharistie vorstehen?"

Carmelita erzählt uns: „In meiner Glaubensgemeinschaft fordern wir den Zugang für Frauen zu allen kirchlichen Diensten und Ämtern, einschließlich des Priesteramtes".

Die gegenwärtige Situation der Diskriminierung von Frauen schadet und „begrenzt die Kirche selbst" (A. R. Diaz). Sie ist sogar noch ernster. Wie eine von uns schreibt: „Ich bin der Meinung, dass die Kirche in der Frage des Priestertums der Frauen ihre eigene Berufung und Mission aufs Spiel setzt" (Curín). Und das ist sehr ernst!

Führt das Priestertum zu einer „Klerikalisierung der Frauen"?

Eine der häufigsten Rechtfertigungen für die Verweigerung der Weihe von Frauen in der Kirche, die auch von Papst Franziskus ausgesprochen wird, ist die Vermeidung der Klerikalisierung von Frauen, während er gleichzeitig seinen Wunsch nach einer Entklerikalisierung der Kirche zum Ausdruck bringt.

Die unmittelbare Frage, die sich stellt, lautet: Werden geweihte Männer nicht klerikalisiert, und besteht für sie nicht die gleiche Gefahr? In der Tat, wie Adelaide sagt, „klerikalisiert das Priestertum keine Frauen, die nicht klerikalisiert werden wollen; und sicherlich nicht mehr als es Männer tut". Ja, der Klerikalismus ist schon sehr präsent, ja, „der Klerikalismus in unserer deutschen Kirche hat mir das Priestertum - trotz der Berufung - nie als erstrebenswertes Ziel erscheinen lassen" (Karin). Und einige betonen: „Was mich am meisten unter der Unmöglichkeit, Priesterin zu sein, leiden lässt, ist der Machismo, der Klerikalismus, die Abwesenheit von Dialog, die monarchischen Haltungen" (Carmelita).

42

Ja, Carmelita und andere beklagen sich über den derzeitigen kirchlichen Klerikalismus. Wir sind jedoch überzeugt, dass die Aufnahme von Frauen in den Klerus eine große Hilfe bei der vom Papst vorgeschlagenen Entklerikalisierung wäre.

Angesichts des Priestermangels

Diese Frage hat einige dazu bewegt, sich zum Priestertum berufen zu fühlen (Olga Lucía), während andere im Moment kein Problem damit zu haben scheinen, oder es zumindest nicht kritisieren: „In den Jahren hat der Priestermangel in den Städten und Dörfern zugenommen. Diejenigen, die in den Gemeinden präsent sind und sie beleben, sind die Frauen - Laien und/oder Ordensleute. Bei ihnen liegt die ganze Verantwortung für die Gemeinde" (Luz Maria).

Der Priestermangel sollte uns dazu bringen, nicht über mögliche „Flickschusterei" nachzudenken, sondern über die richtige Art und Weise, das Problem anzugehen.

Gerade wegen dieses Mangels ernannten die Bischöfe von Bilbao 1982 María José Arana zur Pfarrerin[65] - es scheint mir realistischer zu sein, sie als „Leiterin der Gemeinde" zu bezeichnen - des kleinen Dorfes Arantzazu (Bizkaia). Offensichtlich war es eine Art „Lückenbüßerei", eine „Luxusküsterin" zu sein; denn in Wirklichkeit sieht die Kirche ein solches Amt nicht aus Überzeugung oder ekklesiologischen Ansätzen heraus vor, sondern einfach als Notlösung!

Diese Lösungen verursachen manchmal noch mehr Probleme, denn sie können eine Art „Flickschusterei" sein, die die Antwort der Hierarchie auf die Situation verzögert, da sie die Frauen als Stellvertreterinnen aufnimmt, ohne dass diese wirklich anerkannt werden, ohne dass sie wenigstens am Diakonat teilnehmen können. Denn „die Kirche wird sich der Frauen bedienen, wenn sie keine andere Wahl hat" (Mercedes Carrizosa). Auf jeden Fall wäre es schade, wenn der Grund für die Anerkennung des Dienstes der Frauen der Priestermangel wäre und nicht ein ernsthafter theologischer oder ekklesiologischer Ansatz oder gar eine Frage der Gerechtigkeit.

Viele von uns Frauen wollen nicht noch mehr „Jobs" übernehmen - davon haben wir schon genug - und noch weniger solche der Stellvertretung, wir wollen die Ordination. Denn „alle kirchlichen Dienste sind würdevoll. Aber wirklich konsekrieren zu dürfen, da reichen Worte nicht aus, um das Gefühl, den Ruf, die Berufung auszudrücken." (Conxa Adell).

Wenn zudem ein echter Priestermangel herrscht und Frauen nicht zugelassen werden, muss der Ersatz in einer einfachen „Wortgottesfeier" bestehen, die zweifellos - so sehr das Gegenteil auch behauptet wird - niemals mit einer Eucharistie gleichzusetzen ist.

---

65 Damals wurden noch weitere Frauen an die Spitze einer Pfarrei ernannt, mit unterschiedlichen Zuschreibungen, je nach Ort

Die Taufe als Wurzel des Priestertums

Es ist notwendig, die Taufe als Wurzel der Ordination zu betonen, und die Tatsache, dass wir uns „bereits" als Priesterinnen fühlen, auch wenn wir die Ordination nicht empfangen haben. Mehrere von uns machen dies deutlich: „Ich weiß, dass ich durch die Taufe Priesterin bin, und Gott hat mich in dem Teil meines Priestertums bestätigt, der meine Leidenschaft ist: helfen, begleiten..." (Elena Andrés). Luz María bemerkt demütig: „Aus meiner Menschlichkeit heraus lädt er mich ein, mich zu verschenken, aus meiner Zerbrechlichkeit heraus bedient er sich meiner". Pilar Yuste und Mercedes Carrizosa erinnern sich an das, was sie bereits 1993 sagten: „Wir sind eigentlich Priesterinnen". „Ich fühle mich in meinem Priestertum gestärkt", betont Anna Seguí, „Für uns alle bestimmt das Priesterliche und Eucharistische als untrennbare Wirklichkeit unser ganzes Sein". Luz María drückt es so aus: „Jedem Gläubigen, der in die Nähe kommt, den ‚Leib Christi' zu zeigen, erfüllt die Seele, und dafür lebe ich und dafür bin ich da". „Wir müssen verstehen, dass wir alle die Kirche sind; wir gestalten sie in unserem täglichen Leben" (Karin).

Olga Lucia weist auf die Gleichheit aller in der Taufe hin, eine Gleichheit, die die Möglichkeit einschließt, alle *sieben* Sakramente zu empfangen, einschließlich der Ordination, und nicht nur sechs, wie es derzeit für Frauen der Fall ist. Diese Feststellung ist von grundlegender Bedeutung: „*Alle*, die ihr auf Christus getauft seid, haben Christus angezogen, da gibt es nicht mehr Jude oder Grieche, Sklave oder Freier, Mann oder Frau" (Gal 3, 27-28); und so fährt Tere Nuín fort und zieht die entsprechenden Konsequenzen: „Mit den Augen einer Getauften lese ich den Text des Johannes: ‚Empfangt den Heiligen Geist, wem ihr die Sünden vergebt, dem sind sie vergeben.'"

Offensichtlich wird hier auf das Allgemeine Priestertum der Gläubigen angespielt, ein Priestertum, an das das Zweite Vatikanische Konzil nachdrücklich erinnert hat (*Lumen gentium*, Nr. 10, 11 und andere). Für die Mehrheit der Gläubigen ist dieser Begriff jedoch nicht sehr verständlich - das heißt, er bleibt eine Art Ehrentitel, der bei den Gläubigen eher in Vergessenheit geraten ist -, denn sie sehen weder seine Auswirkungen auf das kirchliche Leben noch seine „Fähigkeit", die Gleichheit zwischen Männern und Frauen zu stärken und transparent zu machen.

Ein kenianischer Bischof sprach 1971 öffentlich aus, was die meisten Bischöfe privat dachten, und sagte ruhig, dass Frauen sich mit dem „gemeinsamen Priestertum der Gläubigen" begnügen sollten, und fügte hinzu, „in *saecula saeculorum*."[66] Dies löste unter den Herren Bischöfen Gelächter aus – die Höhe! -, aber das war's dann auch schon. Mut ist gefragt, bei ihm und natürlich auch bei den anderen! Es ist notwendig, die Bedeutung des gemeinsamen Priestertums der Gläubigen zu vertiefen und die

---

66 Synodos episcoporum, Generalversammlung, 1971, Verlautbarung Nr. 13., 12. Zitiert in Manuel Alcalá en Mujer, Iglesia y Sacerdocio, (Frau, Kirche und Priestertum) Edit. Mensajero, Bilbao, 1995, p. 51.

44

entsprechenden Konsequenzen zu ziehen, auch bei dem Thema, mit dem wir uns beschäftigen.

Olga Lucia erinnert an etwas davon, wenn sie sagt, dass wir in Wirklichkeit, und weil wir Frauen sind, die Taufe nicht in ihrer Gesamtheit ausdrücken können. Denn es ist die Taufe und nicht das Geschlecht, das die Türen zum Priestertum „öffnet".

Pili Jordà drückt diese priesterliche Identität, die weder Männer noch Frauen verlässt, sehr schön aus: „Ich bin bereits Priesterin aufgrund von etwas, das ich nicht verstehen kann, ich weiß nur, dass ich bereits Priesterin in den Händen und im Herzen Gottes bin, ohne es zu verdienen, durch Gnade". Das entbindet uns natürlich nicht von dem Wunsch und der Anstrengung, zu versuchen, es sakramental „von" und „in" der Kirche zu empfangen, in voller Anerkennung der Gleichheit unserer Taufe als Frauen und Männer. Und weiter fügt sie hinzu: „Ich erkenne mich selbst, wie ich mit allen Priestern der Welt die Liebe Gottes feiere, ich erkenne mich trotz meines Elends ‚in persona Christi'."

Diese Frage, ‚in persona Christi', müssen wir auch in den kirchlichen Texten vertiefen! Wie ist es möglich, dass es der Kirche so schwerfällt, sie auf die Frauen anzuwenden? Wie kann man denn nur darauf verzichten, ernsthaft daran zu arbeiten, den Frauen alle Möglichkeiten zurückzugeben, die sie in der Taufe erhalten haben?

Synodalität und Versöhnung

Die menschliche Gesellschaft muss Schritte in Richtung „Versöhnung" unternehmen. Dies ist ein universeller, globaler Aufruf, der uns nicht nur, aber auch sakramental zusammenruft. Amelia Hidalgo möchte eine „dienende Spiritualität" leben, die „auf einen Dienst der Versöhnung" ausgerichtet ist; sie unterstreicht das nicht so sehr als Sakrament, sondern sieht es als existentielle Versöhnung: in jedem Menschen, im Leben um uns herum, in der Geschichte im Allgemeinen; andere sprechen in demselben Sinne. Wir sind aufgerufen, „Versöhnung in Freude" (Tere Nuín) zu vermitteln. Elfriede verweist uns auf die Symbolik der Versöhnung schlechthin: „die Begegnung um den Tisch, die uns einander näherbringt und uns zu Brüdern und Schwestern macht, die Barrieren abbaut".

Eng mit all dem verbunden ist die Frage der Synodalität. Etwas Grundlegendes, auf das wir nicht mehr verzichten können und das schwer zu verstehen ist, solange die Diskriminierung aufrechterhalten wird, denn es verlangt „eine Position des Dienens und nicht der Macht, und eine Verwirklichung von der Gemeinschaft her und nicht aus dem Autoritarismus... vom gemeinsamen kirchlichen Weg, aus der Synodalität heraus" (Conxa Adell).

Mit anderen Worten: Gleichheit und Nicht-Diskriminierung in den Ämtern sind eine unabdingbare Voraussetzung für echte Synodalität. Um in dieser Dimension voranzukommen, „muss ein synodaler Dialog eröffnet werden, an dem das ganze Volk Gottes teilnehmen kann und in dem es möglich ist, das menschliche, spirituelle, theologische, pastorale und kirchliche Profil zu erkennen, das im ganzen Volk Gottes, vom Bischof bis zu allen pastoralen Agenten gefördert werden muss" (Carmelita). Deshalb hält sie die Ordination für unverzichtbar, um die Synodalität in der Kirche zu leben.

Versöhnung, Eucharistie, *Ekklesia*... verweisen uns natürlich auf die Gemeinschaft, auf eine „Position des Dienstes" und der Geschwisterlichkeit (Conxa Adell). Es ist dringend notwendig, auf den Ruf zu antworten, Gemeinschaft zu schaffen, „die klerikale Dynamik zu überwinden und vom Konzept der Pfarrei zu dem der Gemeinschaft überzugehen" (Carmelita). Eine Gemeinschaft, die sich um ihre Mitglieder kümmert und die gemeinsam den Tod und die Auferstehung Jesu feiert (Curin), indem sie sich an das letzte Abendmahl erinnert, wenn sie sich „um den Tisch versammelt" (Elfriede).

Der stille Exodus der Frauen

„Heute habe ich die Überzeugung, dass ich dieses Amt völlig frei und profan ausüben kann, unabhängig von der kirchlichen Institution" (Elfriede).

Der stille und kontinuierliche Exodus der Frauen, die nach und nach die Kirche verlassen, beunruhigt uns. Kardinal Suenens erinnerte bereits auf dem Zweiten Vatikanischen Konzil daran, dass bereits im 19. Jahrhundert viele Intellektuelle und Arbeiter die Kirche verließen, und er sagte eine ähnliche Abwanderung der Frauen für das 20. und 21. Jahrhundert voraus. Leider ist dies der Fall: „Viele verlassen die Kirche" auf der Suche nach anderen Spiritualitäten (Amelia Hidalgo). „Angesichts einer katholischen Kirche, die (wie andere auch) zum Teil immer mehr verliert, weil ihr der Mut fehlt, diesen unvermeidlichen Schritt zu tun", sagt Pilar Yuste, die wie wir alle den „Schmerz empfindet, zu sehen, wie ohne theologische Grundlage Charismen verloren gehen. Es tut weh zu sehen, wie zum Beispiel Menschen aus den kirchlichen Rändern meine Anwesenheit als Seelsorgerin verlangen und, da ich nicht befugt bin (nicht einmal zu taufen oder zu verheiraten), auf den Empfang dieses Sakraments verzichten". Das tut uns weh und beunruhigt uns zutiefst.

Dieser Exodus der Frauen ist ein Aufruf, sich für die „Sache" einzusetzen: „Ich fühle mich solidarisch mit denen, die diese Institution verändern wollen" (Elfriede). Denn „es geht natürlich nicht nur um die Aufnahme von Frauen in das Priesteramt", sondern „eine innere Erneuerung der Kirche ist unerlässlich" (Amelia, Elfriede, Curin und andere).

Eine Erneuerung, bei der „wir mehr Evangelium und weniger Kirchenrecht sehen" (Anna Seguí). Wie Tere Nuín sagt: „Ich fühle mich berufen, ihm zu folgen und diese gute Nachricht weiterzugeben. Alle einzuladen, die Güte unseres Gottes zu kosten".

46

Werden wir das jemals sehen?

Wir sind sicher, dass die Ordination von Frauen in der katholischen Kirche dringend notwendig ist. Aber „werden wir jemals die Weihe von Frauen zum Priesteramt erleben"?

„Ich bin davon überzeugt, dass eines Tages, vielleicht werde ich es nicht erleben, Frauen der Eucharistie vorstehen, eine Pfarrei mit Leben erfüllen, das Volk Gottes anleiten, und in völliger Autonomie begleiten werden. Sicherlich wird es in einer kleineren Kirche sein, die viel bescheidener und ungekünstelter ist." (Elena Andrés).

Wir wissen nicht, wann das sein wird, aber wir glauben, dass wir sie, wie Edith Stein sagte, „eines Tages im Weiheamt sehen werden". Aber in welcher Generation?

María José Arana stellt fest, dass die Zeit in unserem Leben vergeht: „Früher habe ich in der Hoffnung gearbeitet, es noch zu meinen Lebzeiten zu erreichen. Jetzt tue ich es, indem ich an diejenigen denke, die wie Abraham, Mose und so viele andere des Alten Testaments ,im Glauben starben, ohne den Gegenstand der Verheißungen erlangt zu haben, aber nachdem sie ihn gesehen und aus der Ferne begrüßt hatten' (vgl. Hebr 11, 13)... Oder wie Jules Verne zu sagen pflegte: „denken, sich vorstellen, träumen…, dass andere es erreichen werden!" Aber wir, mit Überzeugung und Hoffnung, bereiten den Weg. Gemeinsam stoßen wir die Zukunft an! Das ist die Verantwortung, die Gott uns anvertraut hat, die er mir anvertraut hat.

Zum Schluss...

Wir wollen dieses Kapitel nicht abschließen, ohne zu betonen, was wir für grundlegend halten.

„All das ist sehr wichtig, aber vor allem muss die Kirche die Heiligen Texte heute ,neu lesen' und dieselbe Tradition in der Gegenwart aufgreifen, indem sie ihre befreiende Kraft, den dynamischen und sich entwickelnden Charakter des fleischgewordenen Wortes und der Tradition selbst hervorhebt; sie in das Leben der Kirche anzunehmen, durch Zeit und Raum hindurch, das heißt, zu entdecken, was die Frauen uns hier und heute sagen wollen, und zu verstehen, was die Welt und die Zivilgesellschaft heute verlangen. Für die Kirche ist es von grundlegender Bedeutung, auf das inkulturierte Wort und die Tradition von heute zu hören, und innezuhalten und den Frauen selbst aufmerksam zuzuhören." (Maria José).

Eine Aufgabe, die wir mit Zuversicht erfüllen, und wir sagen gemeinsam: „Kirche, hab keine Angst, unbekannte Wege zu öffnen, denn du folgst jemandem, Jesus, dessen ganzes Leben darauf ausgerichtet war, neue Wege zu öffnen" (Conxa Adell).

Für die Kirche ist es von grundlegender Bedeutung, auf die sich entwickelnde Wirklichkeit zu hören, auf das Wort zu hören, es in die Praxis umzusetzen und „den Geist nicht zurückzuhalten". Und das erfordert natürlich, „das Priestertum aus der weiblichen Realität heraus zu leben, mit einer eigenen Prägung, die immer auf die Gemeinschaft in der Kirche achtet" (Luz María).

Und trotz allem bleiben wir hoffnungsvoll, denn wir glauben, dass die *Ruah* Gottes weiterhin wirkt und die Geschichte belebt.

„Denn glücklicherweise weht die göttliche *Ruah* weiterhin über das von uns geschaffene Chaos und haucht ihm einen ewigen Atem unaufhaltsamen Lebens ein. In diesem weiten, unaufhaltsamen, schönen Leben werden diese Grenzen verschwinden, die von einem Kirchenmodell auferlegt wurden, das sich so vieler patriarchalischer Arroganz gegenüber den Frauen schuldig macht, diese kurzsichtigen, ungerechten Grenzen, die so schwere Lasten auf die Schultern der Kleinen legen." (Elena Andrés).

4. DIE MEINUNG DER MÄNNER

In diesem vierten Kapitel werden die Überlegungen und Meinungen der männlichen Befragten vorgestellt. Die befragten Frauen wurden gebeten, aus dem Standpunkt *ihrer Berufung und ihrer Erfahrungen* zu sprechen; die Männer wurden gebeten, über die Frage des Frauenpriestertums auf einer *theoretischen und gegebenenfalls auf einer erfahrungsbezogenen Ebene* zu sprechen. Dies sind natürlich unterschiedliche Ausgangspunkte, die jedoch ineinander greifen. Wie im vorangegangenen Kapitel werden wir daher einen Überblick über die eingegangenen Beiträge geben.

Vom Priestertum der Frauen zum Priestertum an sich

Wie der Theologe Roberto Casas zu Recht schreibt, ergibt sich die erste Schwierigkeit bei der Behandlung der Frage - in Übereinstimmung mit dem Hebräerbrief - schon aus dem Begriff „Priestertum": „Ich habe Schwierigkeiten mit dem Begriff ‚Priestertum', wenn er auf jemand anderen als Jesus Christus selbst angewendet wird". Als Theologinnen stimmen wir natürlich mit ihm überein, aber unsere Absicht ist es, eine theologische Reflexion darzubieten, die über den rein akademischen Bereich hinausgehen kann. Es geht darum, eine ernsthafte und offene Debatte in unsrer Kirche zu fördern, dem Volk Gottes, die Weisheit des Geistes (*sensus fidelium*) innewohnt. Eine Weisheit, die sehr darauf bedacht ist, den Dingen auf den Grund zu gehen, ohne sich um die „Form", in diesem Fall die Sprache, zu kümmern. Wir haben uns also bewusst dafür entschieden, von „Priestertum" zu sprechen, mit allen Grenzen, die diesem Begriff innewohnen.

Zunächst mal das „Modell" des Priestertums, das wir haben. Ein Modell, das im Laufe der Jahrhunderte geschmiedet wurde und das, wie die meisten von ihnen sagen, eher das „Vorher" als das Gebot Jesu widerspiegelt. „Im Grunde bedeutet der Gebrauch dieses Wortes (Priestertum) für die Kirche eine gefährliche Rückkehr zum alttestamentlichen Kult, wobei sie mit Ideen wie der Sakralisierung von Personen, die dem Dienst an der Gemeinschaft geweiht sind, kokettiert..." (Roberto Casas); "Die Vielzahl der pyramidalen Symboliken, die der priesterlichen Person zugeordnet sind, sowohl sozial als auch liturgisch..., bestimmte Dinge, die dem Priestertum anhaften: Sakralität... die das Priestertum in alttestamentarische Zeiten und in fremde Protokolle zurückversetzen" (Jesús Sánchez Valiente); „... das Modell des christlichen Priesters, das eng mit einer priesterlichen und rituellen Interpretation Jesu verbunden ist, die im Evangelium schwer zu finden ist" (Antonio Bellella). Eine unbestreitbare Wahrheit, denn auf die Botschaft und die Praxis Jesu folgten eine Botschaft und eine kirchliche Praxis, die, anstatt „die schöpferische und befreiende Botschaft des Jesus von Nazareth (er war ein Laie, Gründer einer Bewegung von Anhängern und nicht einer neuen Religion)" zu verkünden, „sie verfremden" (Agustín Gil).

Für viele der Befragten - sowohl geweihte als auch nicht geweihte - ist die Frage nach dem Priestertum der Frauen in unserer Kirche also von Anfang an notwendigerweise mit der „ursprünglichen" Frage verbunden, nämlich der nach dem Priesteramt selbst, das nach einer neuen Theologie schreit. Es ist dringend notwendig, sowohl „die Theologie des geweihten Amtes als auch die Frage des Priestertums der Frauen gleichzeitig zu überdenken, sie von Atavismen zu reinigen und sich zu bemühen, sie in Treue zum Wesen des Evangeliums und zur gegenwärtigen Kultur neu zu formulieren" (Antonio Bellella); „Das Priestertum der Frauen ist eine Gelegenheit, das Priestertum in seiner Ganzheit neu zu überdenken... Es ist genauso wichtig, wenn nicht wichtiger, die Rolle und die Theologie des Priestertums neu zu überdenken als die Frage, ob es männlich oder weiblich ist" (Javier Melloni).

Und neu denken heißt neu bezeichnen, neu formulieren, neu darstellen... Auch neu erschaffen? Wir denken ja. Für eine Realität, die weiterhin das sein soll, was Jesus wollte - ein spezifischer Dienst an der Gemeinschaft, der Verkündigung, der Gestaltung, der Begleitung, der mitfühlenden Fürsorge und der fürsorglichen und liebevollen Führung - brauchen wir dringend einen anderen theologischen Ansatz, der viel mehr als bisher die „vitale" und befreiende Perspektive Jesu zum Ausdruck bringt, die sich von der legalistischen und ritualistischen Praxis der Tempelpriester völlig unterscheidet. Denn, wie Ángel Igualada sagt, „Jesus war kein Tempelpriester im Tempel, sondern Priester im Leben". Wie einfach, wie tiefgründig.

Ja, wir brauchen „ein Amt, das anders aussehen muss als das derzeitige" (José María Alonso). Was sich ändern muss, so sagen viele, ist das Konzept des ordinierten Amtes selbst: „Das traditionelle Verständnis des Priestertums als ausschließlichem Diener des Heiligen macht ihn selbst zu einem Heiligen und somit zu einem abgetrennten und zölibatärem Wesen, das in der christlichen Gemeinschaft einen höheren Rang einnimmt; Priester stehen aber nicht über anderen, sie sind qualifizierte Diener des Volkes Gottes in dieser Gemeinschaft" (Felix Placer); „Die entscheidende Herausforderung ist die Überwindung des klerikalen Modells, das zwischen ‚Klerus und Laien' unterscheidet" (....) (Die Kirche soll) „sich vom Buchstaben und dem Ballast veralteter Kulturen und Epochen befreien" (José Arregi).

Wir kommen aus einer langen Geschichte – zusammengesetzt aus Theologie, Spiritualität, lehramtlicher Lehre und Praxis -, in der das geweihte Amt in viele „ererbte" Gewänder gekleidet worden ist, die nichts mit dem von Jesus gewollten „Original" zu tun haben. Aus seiner umfassenden Kenntnis der Kirchengeschichte heraus bestätigt Antonio Bellella: Es kann vorkommen, „dass einige der Neuerungen eines religiösen Projekts verändert oder sogar unwirksam werden, wenn sie mit der sie umgebenden Kultur in Berührung kommen... (Das) geschah mit dem Modell des christlichen Priesters... Die christliche Tradition erfuhr stark den Einfluss der sie umgebenden Kultur". Und er fährt fort: „Haben wir es mit einem Mangel an Unterscheidungsvermögen zu tun oder mit einer bewussten Haltung, auch wenn diese

50

der Botschaft des Meisters widerspricht?"

Eine beunruhigende Frage, die zweite. Sie weist eindeutig auf eine voreingenommene Sichtweise hin. Gewiss, so war es. Aufgrund bestimmter prägender Faktoren wie dem Patriarchat oder dem hierarchischen Verständnis der Gesellschaft - übertragen auf die Realität der „Kirche" - oder der jüdischen Matrix mit ihren strengen Vorschriften über rituelle Reinheit und Unreinheit?

Bibel und Evangelien

Viele sind auf der gleichen Linie wie Marciano Vidal, der sagt: „Ich glaube, die biblischen, historischen, theologischen und bequemen Gründe zu kennen, die angeführt werden, um die derzeitige Ablehnung des Weiheamtes der Frau durch die katholische Kirche zu rechtfertigen. Keiner von ihnen, auch nicht die Summe von ihnen, überzeugt mich als endgültige Rechtfertigung für eine solche Ablehnung" (Marciano Vidal). Oder noch einmal: „ich sehe weder in den Evangelien noch in irgendeinem Dogma ein Hindernis. Es handelt sich um eine Norm der kirchlichen Hierarchie, die also diskutabel und veränderbar ist" (Pello Tellería). Es ist sehr wichtig, die Bemerkung „diskutabel und veränderbar" zu unterstreichen. „Es gibt keine biblischen Texte, die den Ausschluss von Frauen von der Priesterweihe rechtfertigen" (Josep Maria Solà). Das heißt, „im Evangelium gibt es keine tiefgreifenden und soliden Gründe, die Frauen vom Zugang zum Priesteramt ausschließen. Vielmehr ist das Gegenteil der Fall" (José M. Alonso).

Tomás J. Marín drückt es anders aus: „Meiner Meinung nach sind die grundlegenden Grenzen nicht in der Diskussion der biblischen und historischen Bereiche zu finden, d.h. in der Frage, ob es in der Heiligen Schrift Gründe gibt, den Frauen das Priesteramt zu verweigern, und ob in der Geschichte der Kirche jemals eine Frau geweiht worden ist".

Daher werden wir die Motive aus dem Evangelium finden, die uns bei der guten - dem Evangelium entsprechenden Begründung - helfen. Wie Alfredo Abad sagt: „Jesus spricht Frauen ohne Diskriminierung an, es gibt keinen Raum mehr für Diskriminierung. Diese stünde im Gegensatz zu dem, was die Bibel uns lehrt". Und natürlich: „Jesus schließt niemanden aus, denn es gibt weder Mann noch Frau"... (Jesús Sz. Valiente). Im Gegenteil: „Eine der größten Revolutionen, die Jesus ausgelöst hat, war die Ermächtigung der Frauen" (Ángel Igualada). Und das führt uns dazu, den Weg zu gehen, „den er uns vorgezeichnet hat", sagt Aritz Lucea, und fährt fort: „Jesus war gegenüber den Gepflogenheiten des Judentums seiner Zeit radikal *für* die Frauen", und nennt als Beispiel die Begegnung Jesu mit der Samariterin, die Vergebung der Ehebrecherin, seine Offenbarung als Auferstandener vor allem gegenüber Frauen... Agustín Gil erinnert daran, dass „trotz des patriarchalischen Charakters der Gesellschaft zur Zeit Jesu die Frauen einen sehr wichtigen Teil der Gemeinschaft seiner Anhänger bildeten". Diese Revolution „breitet sich aus" und erreicht auch diejenigen, die bei den Juden „nicht gut angesehen" waren. „Jesus heilt selbst den Diener des römischen Hauptmanns, isst mit den Zöllnern und Sündern..., lässt sich von der ‚sündigen' Frau die Füße waschen, kümmert sich um die Ausgegrenzten, indem er sein Leben durch Heilung am Sabbat gefährdet..." (Angel Igualada).

Jesus lässt sich nicht nur von der ‚sündigen' Frau die Füße waschen, sondern nimmt auch die Salbung an. José Cristo Rey García Paredes verbindet das Letzte Abendmahl in Jerusalem mit dem „vorletzten Abendmahl in Bethanien", wo sich diese kostbare Passage abspielt, die selten die ihr gebührende Aufmerksamkeit erhalten hat. Auch wurden nicht die Schlussfolgerungen gezogen, die sie verdiente. Er sagt, dass dies in der Tat die Frage des Priestertums der Frauen sehr verändern würde, wollte man sie allein auf das Evangelium stützen[67]. Und dabei kommt er auf die Frage der „Zwölf" beim letzten Abendmahl zurück, weil „die Empfänger nur zwölf Männer waren", oder wenn als Argument für die Ablehnung des Priestertums der Frauen gesagt wird, dass „dies der Wille Jesu war und befolgt werden musste".

Der Beitrag von José María Pérez-Soba geht in die gleiche Richtung, wenn er auf Johannes Paul II. anspielt, als dieser darauf hinweist, dass er immer „festgestellt hat, dass der Ausschluss der Frauen vom Priesteramt im Einklang mit dem Plan Gottes für seine Kirche steht. Christus wählte seine Apostel, indem er nur Männer auswählte". José María schlägt eine sorgfältige Exegese vor, um zu erkennen, dass „die Apostel nicht einfach mit den Zwölfen gleichzusetzen sind, und es wäre notwendig, die Bedeutung dieser Tatsache zu vertiefen".

Aritz Lucea bringt ein offensichtliches Argument vor, wenn er feststellt, dass „es absurd wäre zu sagen, dass die spanischen oder französischen Priester (oder Bischöfe oder Kardinäle) keine Legitimität für das geweihte Amt haben, weil Jesus keine Spanier oder Gallier erwählen konnte... er hat keine erwählt...".Und er fährt fort: „Aus demselben Grund scheint es mir unsinnig, alle Frauen vom Priesteramt auszuschließen, selbst wenn man das Argument gelten lässt, dass er keine Frau erwählt hat, und die Debatte über Maria von Magdala (und andere, wie Maria von Nazareth, seine Mutter) ausklammert". Wir glauben, dass er sich auf die Debatte über Maria Magdalena bezieht. Duns Scotus (13.-14. Jahrhundert) lieferte Daten, damit Frauen nicht geweiht werden sollten. Er erkannte dabei, dass er keine andere Wahl hatte, als die einzigartige Stellung von Maria Magdalena zu akzeptieren und argumentierte, diese Tatsache sei „als ein persönliches Privileg zu sehen, das mit ihr ausstarb."[68]

Roberto Casas verweist ebenfalls auf Maria Magdalena und erinnert daran, dass sie „die erste Zeugin der Auferstehung" war, und fügt hinzu: „In der Tat ist die erste Zeugin

---

67 In diesem Buch fügen wir einen Anhang an mit den wundervollen Worten von Abelard (12. Jhdt.), die sehr viel mehr Aufmerksamkeit verdienten. Und wir empfehlen ebenso die von José Cristo Rey García Paredes erwähnten Gedanken: Iniciación cristiana y Eucaristía: teología particular de los sacramentos. (Christliche Einführung und Eucharistie: Besondere Theologie der Sakramente) Edit. San Pablo, Madrid, 1997.

68 Duns Scoto, J. Librum IV sententiarum, d. 25, q. 2 Opera Omnia. París, 1894. zitiert in M. Alcala, ibid., 292-293. Romero de Maio, Mujer y Renacimiento, (Frau und Renaissance) Grafur, Madrid, 1988. Maria José Arana y Maria Salas, Mujeres Sacerdotes ¿por qué no? (Priesterinnen, warum nicht?), ibid.

52

der Auferstehung gerade eine Frau, die als erste die Aufgabe des Apostels gegenüber denjenigen ausübte, die später „Apostel" genannt werden sollten". Wir erinnern hier mit Aritz Lucea an den Titel, mit dem sie in der Ostkirche anerkannt wurde: „Apostelin der Apostel", ein Titel, der vor kurzem (2016) mit Papst Franziskus auch von der römischen Kirche im Westen übernommen wurde, wodurch der Status des Festes der Maria Magdalena in den Rang eines liturgischen Festes erhoben und sie somit dem kirchlichen Rang der zwölf Apostel Jesu gleichgestellt wurde. Aber natürlich nur auf liturgischer Ebene!

Angesichts dieses Panoramas erklärt Ángel Igualada zu Recht: „Man sagt, dass die Apostel Männer waren, aber man sagt nicht, dass es auch Jüngerinnen gab und dass ‚die Zwölf' ein Symbol für die zwölf Stämme Israels ist, usw." Und er fährt fort: „Sie waren die ersten Zeuginnen der Auferstehung, obwohl sie in der jüdischen Welt keine Zeugen sein konnten, weil Frauen kaum etwas zählten... Aber sie waren nicht mehr und nicht weniger als Zeugen dessen, was unseren Glauben begründet: die Auferstehung".

Roberto Casas lenkt den Blick weiter auf die „anderen Frauen, die im Neuen Testament als Apostelinnen bezeichnet werden oder verschiedene Führungsaufgaben in den christlichen Gemeinden wahrnehmen", und Ángel Igualada nennt neben den Führungsaufgaben und Funktionen, die sie ausübten, auch einige konkrete Namen, darunter die von Diakoninnen und Presbyterinnen.

Aritz Lucea ist der Ansicht, dass die Tradition nicht die Radikalität abbildete, die Jesus zugunsten der Frauen seiner Zeit an den Tag legte.

Antonio Bellella verweist auf den Wandel, der sich in der frühen Kirche vollzog: „Die Kirche entfernte sich von der Praxis Jesu, indem sie sich an die patriarchalische Kultur anpasste, in der das Christentum entstand und sich ausbreitete", und markiert den Zeitpunkt, an dem der Wandel einen Wendepunkt erreichte und sich bemerkbar zu machen begann: „Die Frage der Rolle der Frau und die des Priesters in der Kirche, obwohl sie sich voneinander unterscheiden, teilen dasselbe Schicksal: in beiden Aspekten erfuhr die christliche Tradition stark den Einfluss der sie umgebenden Kultur", die offensichtlich, wenn auch in verschiedenen Sphären, miteinander verbunden sind. Oder, um es anders auszudrücken, Gil erinnert daran, wie die Frauen Teil der Gemeinschaft der Anhänger Jesu waren, aber ihre „Vorrangstellung nahm ab, in dem Maß, in dem die Gemeinschaft zu einer patriarchalischen Religion wurde". Und Aritz Lucea geht noch weiter, wenn er etwas sehr Wichtiges andeutet: „Es hat in der Tradition nie geweihte Priesterinnen und/oder Diakoninnen gegeben? Ich glaube hier gibt es auch noch viel zu diskutieren."[69]

---

69 Auf diese Frage von Aritz, die bereits auf eine positive Antwort abzielt, möchten wir mit dem Buch von Maria José Arana und Maria Salas antworten, Mujeres sacerdotes por qué no? (Priesterinnen. Warum nicht? ibid.), in dem es umfangreiche Untersuchungen zu diesem Thema gibt.

Angel Igualada sieht auch eine Antwort: „Sie (in der frühen Gemeinde) waren Diakoninnen, die Verwalterinnen der kirchlichen Ökonomie zur Unterstützung der Armen, die rechte Hand des Bischofs. Einige waren Leiterinnen der Gemeinden, wie Priscilla, die Frau des Aquila, mit anderen Worten, natürlich Presbyterinnen oder Priesterinnen auf Amtsebene".

Die Frauen. Unreinheit, „moralische Gefahr", Nicht-Abbild Gottes

Es war nicht nur das Konzept von heilig versus nicht heilig, sondern auch das von „rein" versus „unrein", das die christliche Vorstellung vom geweihten Priesteramt prägte und ihm den konkreten Raum zuwies, der ihm entsprechen sollte. In diesem Fall jedoch mit einem grundlegenden Unterschied in Bezug auf das, was die Antinomie heilig/nicht heilig implizierte: denn die Trennlinie rein/unrein betraf nicht mehr alle Menschen, ohne Unterscheidung des Geschlechts, sondern nur und ausschließlich Frauen. „Im historischen Christentum wurden viele der alttestamentlichen Vorschriften über rituelle Reinheit und Unreinheit eingeführt. Eine dieser Vorschriften hatte die Form der ‚rituellen Unreinheit', die sich aus dem physiologischen Phänomen der Menstruation ergab. Diese Unreinheit verhinderte den Zugang der Frauen zum Priesteramt" (Marciano Vidal). Das Tabu des Blutes war wieder einmal ein Ausschlusskriterium, wie es die Thora vorschreibt, auch wenn der Umgang Jesu mit den Frauen das nie befolgt hatte. Es gab jedoch auch andere wichtige kulturelle Faktoren, die den Ausschluss von Frauen vom geweihten Priesteramt historisch beeinflussten. So kam zur „Obsession" von Reinheit in der jüdischen Matrix die Antinomie Körper/Seele in der griechischen Matrix hinzu, die im Christentum zum Binom Fleisch-Materie-Geist wurde, mit all seinen verhängnisvollen Folgen für Spiritualität und Theologie.

Von diesem Standpunkt aus war der Schritt zur Identifizierung der Frau als „Versuchung" und „moralische Gefahr" für den Mann nicht weit. Und er wurde gegangen. „Zu bestimmten Zeiten in der Geschichte des Christentums wurde die Frau von vielen Moraltheologen als eine ständige moralische Gefahr für den Mann angesehen. Aus einer solchen Auffassung heraus war es normal, den Vorsitz von Frauen in grundlegenden Handlungen des christlichen Gottesdienstes auszuschließen" (Marciano Vidal).

„Ständige" moralische Gefahr. Das heißt: konstant, dauerhaft, über die Zeit hinweg bestehend. In der Tat! Wie Javier Madrazo sagt: „steht ihr (der weibliche) Körper immer noch unter Verdacht...". Diese Sichtweise der Frau besteht auch heute noch bei vielen männlichen „Heiligen" in der Kirche, die lautstark ihre Verehrung für die Jungfrau Maria verkünden, während sie mit tiefer Überzeugung die Verse des Predigers lesen: „Klein ist jede Bosheit im Vergleich der Bosheit der Frau... Eine Frau steht am Anfang der Sünde, und durch sie sterben wir alle" (Sir 25,19-24).

Marciano Vidal sagt, weil „die" Frau - jede Frau - als moralische Gefahr angesehen wurde, war es „normal", dass ihr der Zugang zum Priesteramt verwehrt wurde. Wir

54

verstehen, was er meint, aber als Frauen fragen wir uns: Ist es nicht so, dass das Christentum selbst die Gründe besaß, eine für die Würde der Frau so schädliche Auffassung an der Wurzel anzufechten: „Liebt einander von Herzen wie Geschwister, und schätzt einander mehr als euch selbst" (Röm 12,10); und vor allem: „Denn ihr alle, die ihr auf Christus getauft seid, habt Christus angezogen... In Christus Jesus seid ihr alle eins" (Gal 3,27-28). So wie sie willens und fähig war, gegen die gefährlichen lehrmäßigen Abweichungen zu kämpfen, die in ihrer Mitte aufkamen - besonders in den ersten Jahrhunderten -, hätte sie auch gegen diese sehr schwerwiegende Abweichung gegen die Würde der Frau kämpfen können... Aber die kulturelle Prägung und der Wunsch der Männer - auch wenn uns gesagt wird, dass dies nicht der Fall ist -, ihre Privilegien zu erhalten, waren wichtiger.

Männer und Frauen in der Kirche: Anders? Nein, ungleich

„Und natürlich haben sich die Männer die Rechte angeeignet, die ihnen zustehen, während die Frauen die Pflichten, die ihnen auferlegt wurden, akzeptieren - und sich ihnen beugen musste" (José M. Castillo). Es stellt sich die Frage: aus welchem Grund?

Im vorliegenden Fall hat die Kirche ihre Weigerung wiederholt mit dem „traditionellen Argument begründet, dass die Frau dem Mann nicht ‚gleich' sei" (Castillo). Der bekannte Theologe kontert aus der Perspektive der Rechtsphilosophie: „Der ‚Unterschied' ist eine Sache und die ‚Ungleichheit' eine andere. ‚Unterschied' ist eine Tatsache, ‚Gleichheit' ist ein Recht... Der Unterschied ist ein Produkt der Natur, während die Gleichheit oder Ungleichheit auf dem Gesetz beruht. Die Natur ist nicht von uns Sterblichen abhängig. Das Recht ist ein Produkt der Kultur, der Gesellschaft, der politischen Interessen, usw."

Fast alle befragten Männer äußerten eine ähnlich starke Meinung. Sehen wir uns einige von ihnen an.

Der Grundsatz der Gleichheit, der der Botschaft und der Praxis Jesu innewohnt, taucht in vielen Beiträgen auf. Unter anderem lesen wir: „Zunächst möchte ich mein Bedauern und meine Traurigkeit darüber zum Ausdruck bringen, dass wir in einer so offensichtlichen Frage noch immer so weit zurückliegen. Die Gesellschaft ist uns in einer Frage der Gleichheit und Gerechtigkeit, in der wir Vorreiter hätten sein sollen, um Jahrzehnte voraus. Aber die Kirche lebt in den Parametern eines Patriarchats, das sie nicht in Frage stellen kann, weil sie sich selbst in ihm konzipiert hat, und es fällt ihr schwer, sich selbst aus anderen Parametern neu zu denken" (Javier Melloni). „Es müssen entschiedene Schritte unternommen werden, um alles zu fördern, was ermöglicht, dass die Gleichstellung von Mann und Frau, wie sie Jesus vorgeschlagen und gelebt hat, in der Kirche immer sichtbarer, realer und wirksamer wird" (Antonio Bellella); und Juantxu Óscoz sagt uns berufenen Frauen, dass wir bereits Teil „einer Kirche sind, die Gemeinschaft von Gleichen ist, und in der die Frauen als vollberechtigte

Subjekte anerkannt werden, die überall eine Stimme haben und mitentscheiden können".

Wie man sieht, sind sich die Männer einig, dass die Verweigerung des Priesteramtes für Frauen mit Ungleichheit und Diskriminierung zu tun hat, und sie weisen darauf hin, dass die Gesellschaft der Kirche in diesen Fragen voraus ist. Es ist an der Zeit, „damit aufzuhören, die Hälfte der Gläubigen aufgrund ihres Geschlechts auszugrenzen" (Pello Tellería). Außerdem sei „die derzeitige Situation bei der Zulassung zur Priesterweihe eindeutig eine unsinnige Diskriminierung..., typisch für eine alte patriarchalische Kultur. Mit dieser Ungleichbehandlung aufgrund des Geschlechts verstößt die Kirche gegen die elementarsten Menschenrechte" (Jesús Sánchez Valiente). Auch Félix Placer zeigt auf den Wandel in der Gesellschaft und sieht darin ein „Zeichen der Zeit": „Eine Veränderung der sozialen Sensibilität gegenüber der Gleichstellung der Geschlechter". Es besteht kein Zweifel, dass „die Gleichstellung der Frauen in der Kirche überhaupt nicht diskutiert werden sollte", sie sollte eine Tatsache sein (Juantxu Oscoz). Denn, „wenn wir die Gleichstellung der Geschlechter nicht akzeptieren, nehmen wir Aspekte des Bildes Gottes weg, das, wie uns die Genesis lehrt, in der Vielfalt der Geschlechter vollendet wird" (Alfredo Abad).

Ein anderes Zeugnis bezeichnet die Gleichstellung traurig als „Traum": „Ich träume von einer Kirche, die aus Männern und Frauen in Gleichberechtigung besteht, bereichert durch ihre unterschiedlichen und sich ergänzenden menschlichen Werte. Aber wenn ich aus diesem Traum aufwache, sehe ich die Realität, die ganz anders aussieht" (Goyo García Maestu). Es gibt diejenigen, die mit Nachdruck an die Verantwortung der Männer appellieren, die Dinge zu ändern: „Wir täten besser daran, nach innen zu schauen, selbstkritisch zu sein und zu akzeptieren, dass wir mittelalterliche, kranke, überholte und absolutistische Strukturen haben, die weit von echten Werten des Evangeliums entfernt sind, einschließlich der Gleichheit zwischen Männern und Frauen... Wir Männer müssen die Forderung nach Gleichheit mit Mut und Entschlossenheit unterstützen und begleiten" (Javi Madrazo).

Und es gibt diejenigen, die aus ihrer Perspektive als engagierte Laien in der Kirche den Finger auf den wunden Punkt der Distanz zwischen offiziellem Diskurs und konkreter Praxis, zwischen dem Lehramt und dem Volk Gottes legen: „Es reicht nicht aus, dass die Würde der Frau in kirchlichen Dokumenten und Manifesten aller Art bekräftigt wird, es reicht nicht aus, dass ein paar Posten in relevanten kirchlichen Gremien vergeben werden, sondern diese Würde muss sichtbar und spürbar gemacht werden, denn die Menschen lesen zwar nicht die Dokumente, aber sie sehen Frauen, die am Altar stehen, oder sie können sehen, wie Frauen eine christliche Gemeinde leiten und einer Eucharistiefeier vorstehen. Die Würde der Frau muss klare und offensichtliche Formen annehmen" (Josep Maria Solà).

56

Praktisch alle befürworten die Frauenordination, die sie mit Argumenten untermauern, die in ihrer Gesamtheit eine großartige Argumentation darstellen. „Ich erkläre meine volle Zustimmung zum geweihten Amt der Frau in der katholischen Kirche" (Marciano Vidal).

Und nicht wenige sprechen von „Menschenrechten", wie Jesús Sánchez Valiente, der schreibt: „Mit dieser Ungleichbehandlung aufgrund des Geschlechts verstößt die Kirche gegen die elementarsten Menschenrechte". „Die Kirche kann die großen Fortschritte, die die Gesellschaft in Bezug auf die Würde und die Verteidigung der Rechte der Frau macht, nicht ignorieren" (Josep M. Solà); und Melloni betont: „Die Gesellschaft ist uns in einer Frage der Gleichheit und Gerechtigkeit, in der wir Vorreiter hätten sein müssen, um Jahrzehnte voraus. Aber die Kirche lebt in den Parametern eines Patriarchats, das sie nicht in Frage stellen kann". Auch Castillo weist auf diese Situation hin und erfasst so den Kampf und den „Druck, den die Frauen ausgeübt haben, um die gleichen Rechte und die gleiche Würde wie die Männer zu haben".

Daher kann, wie Bellella sagt, „im Kontext eines wahrhaft priesterlichen Volkes der geschlechtliche Status kein Hindernis für das Anstreben des geweihten Amtes sein".

Die Nichtanerkennung der Rechte der Frauen hat mit dem Klerikalismus zu tun: „Gerade deshalb scheint mir, dass der Zugang der Frauen - in voller Gleichberechtigung mit den Männern - zu allen kirchlichen Aufgaben ein entscheidender Schritt zur Überwindung des hierarchischen und radikal männlichen klerikalen Modells sein könnte" (José Arregi). Goyo García Maestu sagt, dass „die Frauen erkennen, dass die patriarchalische Kirche sie als minderwertig gegenüber den Männern betrachtet" und dass ihre Forderungen, wie die nach dem Priesteramt, abgelehnt werden. Aus diesem Grund fühlen sich viele Frauen in ihren Rechten beschnitten. Er schließt mit den Worten: „Immer mehr Frauen treten aus der Kirche aus. Es muss sich in dieser Kirche etwas ändern, damit sie zurückkehren". Und Tatsache ist, dass „niemand diskriminiert werden darf, schon gar nicht in der Kirche und im Namen Gottes"... Wollen wir junge Menschen und andere Menschen, die für die in der Gesellschaft und im Evangelium propagierten Werte der Gleichheit, Gerechtigkeit und Demokratie empfänglich sind, abschrecken?

Aber, und das ist sehr wichtig, die Gleichheit zwischen Männern und Frauen wird nicht nur von der neuen Sensibilität, die wir heute haben, vorausgesetzt, sondern steht auch in direktem Zusammenhang mit dem Gottesbild selbst: „Es ist an der Zeit, damit aufzuhören, die Hälfte der Gläubigen aufgrund ihres Geschlechts auszugrenzen... Ich frage die Hierarchie: Wo ist das andere Gottesbild, das Bild, das die Frauen repräsentieren sollten und das die Hierarchie verhindert?" (Pello Telleria). Alfredo Abad seinerseits vertritt die Ansicht, dass es die Aufgabe der Kirche ist, die Wunden der Menschheit zu heilen: „In einer gebrochenen Menschheit muss die Kirche Jesu Christi Zeugnis ablegen, dass sie nicht diskriminiert und die Würde jedes Menschen achtet".

Für unsere Mitwirkenden ist das Argument der Gleichheit/Nichtdiskriminierung mehr als offensichtlich. Man könnte, vielleicht in Anlehnung an Jüngel, von einer „neuen Binsenweisheit"[70] sprechen, die danach schreit, in unserer Kirche anerkannt zu werden. Eine Binsenweisheit, die für zu viele Kleriker und zu viele klerikale Laien überhaupt nicht selbstverständlich ist, wenn es um die Rolle der Frau in der Kirche geht.

Ich war beeindruckt, als ich hörte...

Auf unsere Bitte um Mitarbeit haben die männlichen Befragten mit großem Interesse geantwortet und ihre theoretischen Überlegungen eingebracht. Einige von ihnen wollten jedoch auch ihre persönlichen Erfahrungen mit dem Frauenpriestertum bezeugen und damit einen Raum betreten, der (fast) keine öffentliche Stimme hat. Dafür danken wir ihnen von ganzem Herzen. Javier Melloni gesteht: „Ich habe nie vergessen, was mir zu Beginn meines Priesteramtes passiert ist... Am Ende einer von mir mit großer Hingabe zelebrierten Messe kam eine ältere Frau auf mich zu und sagte, sie müsse mit mir sprechen. Sie war eine sehr achtsame Frau, ganz und gar nicht aggressiv... Sie sagte mir, dass sie sich als Frau von vielen Gebeten ausgeschlossen fühle und dass es ihr weh tue, zur Messe zu gehen. Ich war sehr beeindruckt".

So schreibt Ángel Igualada: „Ich hatte das Glück, vor vielen Jahren mit Mercedes Carrizosa[71] Theologie für Laien zu studieren... Wir wollten beide Priester werden, der gleiche Weg, die gleiche Illusion, aber... ich durfte es werden, weil ich ein Mann bin, und sie nicht, weil sie Frau ist. Allein deswegen... Das erfüllte mich mit Scham und Empörung. Nur weil sie eine Frau ist... Man behauptet, dass Christus ein Mann war, aber sie sagen nicht, dass sein Umfeld, eine jüdische Gesellschaft, supermacho war. Man sagt, dass die Apostel Männer waren, aber sie sagen nicht, dass es auch Jüngerinnen gab und dass die Zwölf ein Symbol für die zwölf Stämme Israels ist, usw." Und Roberto Casas bestätigt: „Ich kenne viele Frauen, die diese Berufung gespürt haben".

Die Worte dieser Zeugen von etwas, das in unserer Kirche fehlt, weil es nicht existieren darf[72], klingt die Ausgrenzung an, die viele Frauen erfahren. Es ist der Widerhall der - um es höflich auszudrücken - „unterschiedlichen" Behandlung, die die Kirche einem Mann und einer Frau mit dem gleichen Wunsch nach Hingabe und spezifischem Dienst an der Gemeinschaft zukommen lässt.

---

70 Eberhard Jüngel schreibt: "Dass es keineswegs selbstverständlich ist, jemandem zu helfen, der in die Hände von Räubern gefallen ist, zeigt nicht nur das Verhalten des Priesters und des Leviten, die an ihm vorbeigehen, ohne ihn zu beachten, sondern auch das Vorhandensein des Straftatbestandes der unterlassenen Hilfeleistung im heutigen Strafrecht. Dass es sich dabei aber um die offensichtlichste Sache der Welt handelt, zeigt die Betonung der Erzählung (Lk 10,30 ff); hier wird also etwas Offensichtliches so vermittelt, dass es zum ersten Mal offensichtlich wird... Auch das Verhalten Jesu musste in seiner Offensichtlichkeit zunächst offensichtlich werden. Das heißt, eine neue Offensichtlichkeit musste gegen die vorherrschende Offensichtlichkeit behauptet werden... Wenn dies geschieht, dann ist das, was überhaupt nicht offensichtlich ist, paradoxerweise identisch mit dem Offensichtlichsten: der Freude", E. Jüngel, Dios como misterio del mundo (Gott als Geheimnis der Welt), Sígueme 1984. Die Kursivschrift ist original.

71 Eine der Autorinnen in diesem Buch mit ihrem Zeugnis der Berufung zum Priesteramt.

72 Wir erinnern an die Aussage Pauls VI: "eine solche Anziehung, so edel und verständlich sie auch sei, ist noch keine authentische Berufung" ASS 69 (1977) 114 y 115.

58

Und es ist auch ein Echo auf die Berufung zum Priestertum, die eine (oder mehrere) Frauen ihnen gegenüber zum Ausdruck gebracht haben. „Ich war beeindruckt, als ich zum ersten Mal von einer Ordensfrau mittleren Alters, die sich sehr für die charismatische Sendung ihres Instituts engagierte, hörte, dass sie sich zum geweihten Dienst in der Kirche berufen fühlte und dass dies ein Ruf Gottes war. Im Laufe der Jahre habe ich festgestellt, dass diese Berufung zum geweihten Dienst häufiger vorkommt, als es scheint" (García Paredes).

Dieses Buch ist der Beweis dafür.

Wovor sollte man sich fürchten?

Wenn unsere ordinierten Brüder häufiger solche „Bekenntnisse" formulieren würden, wäre das Tabuthema der weiblichen Berufung zum Priestertum vielleicht nicht mehr solch ein Tabu. Vielleicht würde es mehr Aufmerksamkeit vom Lehramt erhalten... Vielleicht würde es das „Recht" erhalten, in der Universalkirche zur Diskussion gestellt zu werden...

Wovor sollte man sich fürchten: „Wenn der Geist der Wahrheit kommt, wird er euch leiten, damit ihr die Wahrheit erkennt" (Joh 16,13).

Auf der anderen Seite: klerikaler Opportunismus, (Selbst-) Zensur, Angst... „Es wäre wünschenswert, dass der Papst, die Kardinäle, die Bischöfe und die Priester ihre Meinung ohne Angst und Zensur in Freiheit äußern könnten und dass auch der Rest der Kirche einbezogen wird..." (Pello Tellería). „Ich wage es, der hierarchischen Kirche zaghaft zu bedenken zu geben, dass sie sich der Vernunft und dem Geist öffnend, sich zur Zulassung von Frauen zum Priesteramt bekehren sollte. Denn auch wenn die Kirche auf die Gegenwart des Geistes bis zum Ende der Zeiten vertraut, sollte sie es tun, bevor sie, um ihrer Selbsterhaltung willen, die Frauen anflehen muss, das Priesteramt zu übernehmen, und das dann auch noch auf armselige Weise rechtfertig." (Jesús Sánchez Valiente). „... in der kirchlichen Gesellschaft gibt es ein Verhalten der Unterwürfigkeit, der Schmeichelei, des Mangels an Freiheit. Auch Schweigen und Unterwerfung; und Angst, viel Angst" (Goyo García Maestu).

Das Projekt Jesu ist befreiend. Wenn Strukturen den Geist töten, aus dem sie entstanden sind, bleibt nur der Buchstabe übrig. Ein Buchstabe, der begrenzt, umschreibt, einschränkt, verbietet... Und die Menschen leiden lässt: „Möge sie (die Kirche) das tiefe Leid, das das klerikale Modell in der Psychologie, in der Arbeit und in den menschlichen Beziehungen der Kleriker verursacht, sehen und dafür sensibel werden. Mögen sie atmen und atmen lassen." (José Arregi).

Von Grenzen...

Einer unserer Mitwirkenden, Tomás J. Marín Mena, geht in seiner Antwort von „den Grenzen oder heiklen Linien aus, die das priesterliche Amt der Frauen in der katholischen Kirche weiterhin behindern", Grenzen, die für ihn *weder* biblisch *noch* historisch sind, sondern von anderer Art, und er nennt davon drei: Erstens die („überwindbare" wie er sie nennt) Grenze, die durch die Art des „Logos (Diskurs, Sprache, Logik)" in der Debatte über diese Frage gesetzt wird. Er ist der Meinung, dass wir „weder praktisch noch theoretisch vorankommen werden, solange das Problem in Form von (bürgerlichen) ‚Rechten' abgehandelt wird"; denn die gültige Perspektive ist die „rein theologische und aus dem Evangelium her gerechtfertigte".

Aber wir fragen uns: Warum stellt man die Bürgerrechte - wie Gleichheit, Nichtdiskriminierung, Geschlechtergerechtigkeit usw. - dem Evangelium gegenüber? War es nicht gerade Jesus, der die „Rechte" (auch wenn sie nicht so genannt wurden) der Ausgegrenzten, die zu ihm kamen, vor allem das Recht auf Leben, voranstellte? Erinnern wir uns an seine Antwort an die Priester in der Synagoge: „Was ist am Sabbat erlaubt, ein Leben zu retten oder es zu zerstören"? (Mk 3,4)

Eine weitere Grenze ist das „anthropologische Argument", das er unter Berufung auf von Balthasar ins Feld führt. Schließlich spricht er von der „ekklesiologisch-ökumenischen Grenze", die sicherlich die solideste der drei genannten ist. Seine Meinung ist klar: „Die katholische Kirche kann nicht einen Schritt wie den des Zugangs der Frauen zum Priesteramt tun und dabei die Ostkirche ausschließen..., wir dürfen die *Comunio* nicht aufs Spiel setzen". Mit diesem letzten Punkt sind wir zum Teil nicht einverstanden, denn es stellt sich auch die Frage: Wie steht es um die *Comunio* mit den Kirchen der Reformation (evangelisch, lutherisch, anglikanisch usw.), die schon seit mehreren Jahrzehnten Frauen ordinieren? Marín schließt mit einer hoffnungsvollen Feststellung: „Die Fortschritte... werden über den theologalen[a] Weg kommen, konkreter: durch gute Theologie und Gemeinschaft".

Für eine Kirche, die treuer zu Jesus steht

Der Theologe Felix Placer schreibt: „Zweifellos haben das traditionelle Modell der Kirche und ihre Geschichte diesen Dienst (das Priesteramt) ausschließlich Männern vorbehalten, was vom Lehramt als normal und als undiskutabel anerkannt wurde". Ja,

---

a   „theologal" = „gottgewirkt" Siehe auch Norbert Arntz: Kuriale Zensur päpstlicher Aussagen? Kritische Prüfung von Übersetzungen der päpstlichen Lehrschreiben „Evangelii gaudium" und „Fratelli tutti", (2024) S. 4 Abschnitt f: "Theologal, das meint in der verflixten Theologensprache das, was von Gott kommt, was von Gott ausgeht, was nicht vom Menschen bestimmt ist", sagt der geistliche Lehrer Henri Boulad. Und Papst Johannes Paul ergänzt in seiner Botschaft zur Fastenzeit 2000 (Nr. 5): „Der Weg der Umkehr führt zur Versöhnung mit Gott und gewährt uns, das neue Leben in Christus in Fülle zu leben: ein Leben des Glaubens, der Hoffnung und der Liebe. Diese drei [sind] »theologal« oder »göttlich« genannte Tugenden (weil sie sich direkt auf Gott in seinem Geheimnis beziehen)". (Anm. d Übersetzung)

die Ungleichheit uns gegenüber wurde als etwas „Normales" angenommen: Es ist so, weil es so sein muss. Und da dies nicht mehr akzeptiert wird, wird es mit subtilen Argumenten pseudogerechtfertigt, die für den normalen Menschen fast unverständlich sind. Schließlich wird die Frage auf unelegante und ganz und gar nicht theologische Weise mit einem klaren Nein und für immer abgeschlossen. Wir haben es mit einem „hierarchischen und radikal männlichen klerikalen Modell von Kirche zu tun..., unzeitgemäß und antiprophetisch". Dieses macht es „unabdingbar und dringlich"... es radikal zu überwinden..., „wenn wir wollen, dass die Gegenwart und das Wort der Kirche, die die patriarchalischste aller Institutionen des Westens ist, für die Männer und Frauen von heute eine Bedeutung hat" (José Arregi). Der Klerikalismus, den Franziskus zu Recht anprangert, ist ein Kind von all dem.

Das den Frauen verwehrte Weiheamt wird so zum „leuchtenden" Spiegelbild einer Kirche, die sich (für alle Befragten, auch wenn sie es mit unterschiedlichen Nuancen ausdrücken) dringend zu einer viel treueren Nachfolge Jesu und dessen Willen bekehren muss. „In der heutigen Sprache würden wir sagen, dass Jesus die Frauen radikal ermächtigt und die Gleichberechtigung als charakteristisches Zeichen seines Projekts einer neuen Menschlichkeit eingesetzt hat. Dieser Weg Jesu ist derjenige, der die Kirche in der heutigen Zeit weiterhin inspirieren muss" (Javi Madrazo); „Ihnen (der Kirche) möchte ich sagen, dass wir uns an Jesus und dem Evangelium orientieren sollen, dass ihnen nichts im Wege steht, dass wir den bestehenden Machismo und die Diskriminierung der Frauen in diesem Bereich des Priestertums hinter uns lassen sollten. Wir wertschätzen die Frauen so, wie Christus sie wertschätzte und wertschätzt" (Ángel Igualada). „Die Kirche, die bisher hierarchisch und patriarchalisch war, muss ihre mittelalterliche Haltung und ihre mittelalterliche Denkweise neu formulieren, für eine multifunktionale Kirche, die offen ist für das Evangelium" (José María Alonso Carpintero); Sie soll sich an Jesus erinnern, „den reformierenden Propheten...," und diesen als Ausdruck eines „radikalen Bruchs jeglichen vertikalen Schemas verstehen, welches auf Macht gegründet ist, noch dazu sakralisierter Macht" (José Arregi). „Der ‚Geist der Norm', der Weg, den Jesus in Bezug auf die Frauen vorgezeichnet hat, darauf bestehe ich, erscheint mir ungeheuer klar... so glaube ich, dass es für die Kirche im 21. Jahrhundert soziale und historische Gerechtigkeit wäre, die Frauen - von Jesus - auf die Ebene zu stellen, die sie verdienen." (Aritz Lucea).

Juantxu Oscoz, ein Laie, sehr aktiv in verschiedenen kirchlichen und sozialen Bereichen, ist seinerseits kategorisch: „Wir fordern eine Neue Kirche (sic)... Eine Kirche, in der Frauen und Männer, Laien und Laiinnen, Geweihte und Priester gemeinsam die Leitung innehaben"; und er erinnert an das, was das Zweite Vatikanische Konzil in *Gaudium et spes* „mit größter Klarheit" gesagt hat, diese Worte, die so bewegend sind (und so ungewöhnlich) in einem so tiefgründigen Dokument des Lehramtes: „Es gibt nichts wahrhaft Menschliches, das nicht in ihren Herzen seinen Widerhall fände. Ist doch ihre eigene Gemeinschaft aus Menschen gebildet, die, in Christus geeint, vom Heiligen

Geist auf ihrer Pilgerschaft zum Reich des Vaters geleitet werden und eine Heilsbotschaft empfangen haben, die allen auszurichten ist. Darum erfährt diese Gemeinschaft sich mit der Menschheit und ihrer Geschichte wirklich engstens verbunden" (GS 1).

Die Kirche in Solidarität mit der Menschheit. Gleichheit und Nichtdiskriminierung sind keine „Modeerscheinung", die von einer Gesellschaft vorangetrieben wird, vor der wir uns in Acht nehmen müssen. Sie sind die „frohe Heilsbotschaft", das heißt, sie sind die freudige Neuheit, zu der Christus uns aufruft, damit die Existenz - nicht nur unsere, sondern die der ganzen Menschheit - voll und ganz *menschlich* (gerettet) werden kann. In den zwischenmenschlichen Beziehungen, in den Strukturen, in den verschiedenen Lebensbereichen... „Nicht nur die Kirche Jesu Christi, sondern auch die Menschheit selbst profitiert von einem vollen Zugang zu allen Dimensionen des Religiösen, zu allen Dimensionen des menschlichen Wesens, dem Bild Gottes in Frau und Mann" (Alfredo Abad Heras).

Eine neue Theologie des priesterlichen Dienstes: Woher und wohin?

Zu Beginn dieses Kapitels sagten wir, dass „für viele unserer Befragten - sowohl ordinierte als nicht ordinierte - die Frage des Priestertums der Frauen in unserer Kirche notwendigerweise mit der ,ursprünglichen' Frage zusammenhängt, der Frage des priesterlichen Dienstes selbst, die nach einer neuen Theologie schreit". Wir schließen uns der Aussage von Javier Melloni an: „Das Priestertum der Frauen ist eine Gelegenheit, das Priestertum in seiner Gesamtheit neu zu überdenken... Es ist genauso wichtig, wenn nicht wichtiger, die Rolle und die Theologie des Priestertums neu zu überdenken als die Frage, ob es männlich oder weiblich ist". Neu denken: Woher und wohin?

Das „Woher", das sich in den verschiedenen Beiträgen widerspiegelt, ist vielfältig, obwohl man es insgesamt im Lichte des „alttestamentlichen Modells" lesen könnte.

Um die Schwierigkeiten eines ausschließlich männlichen Klerus zu überwinden, ist es notwendig, „sich von einer neuen Sensibilität durchdringen zu lassen... Wenn es Priesterinnen gäbe, gäbe es auch Bischöfinnen, und es gäbe sogar Päpstinnen. Das bedeutet, dass viele der kirchlichen Dokumente weiblicher wären und sich der Stil, die Akzente und die Bereiche vieler Vorschriften usw. ändern würden" (Javier Melloni). „Wenn es Frauen als Priesterinnen gäbe...", schreibt der bekannte Theologe und fügt eine wichtige Nuance hinzu: dann dürfen wir *nicht* in das klerikale Modell zurückfallen. „Wir würden keinen Fortschritt machen, wenn wir in eine weibliche Klerikalisierung fallen würden". Das „Wohin" wäre für ihn das Erleben von Priestern oder Priesterinnen, die ganz im Dienst der Gemeinschaft, stehen. Das stellte einen anderen, alternativen und hoffnungsvolleren Ansatz dar, statt in die alten Fallen zu tappen, die uns im männlichen Priestertum begegnen, im weiblichen Geschlecht zu wiederholen und auszuweiten.

62

Denn „es geht nicht darum, in ihnen (den Frauen) die gegenwärtige Ausprägung von Priestern zu reproduzieren... Aus dieser Perspektive sehe ich die Ausübung des Priestertums durch Frauen als einen notwendigen Schritt, der die Erneuerung der Kirche und die Konzeption des Priestertums und des Weihesakraments für Männer und Frauen innerhalb des ‚priesterlichen Volkes Gottes' bedeutet...", in Anlehnung an die Richtlinien des Zweiten Vatikanischen Konzils (Placer). Schematischer formuliert J. M. Alonso: „Der Tag wird kommen, an dem die Kirche Frauen zum Priestertum zulassen wird", und er fügt hinzu: „Es ist wahr, es wird sich um ein Amt handeln, das anders aussehen muss als das jetzige.".

Aber es gibt eine unterschwellige Angst, dass sich das gegenwärtige Modell des Amtes wiederholt. Aus diesem Grund befürchten nicht wenige, dass „eine Zulassung des Priestertums der Frauen nur eine weibliche Version der Parameter sein wird, innerhalb derer sich das Priestertum der Männer entwickelt hat" (Bellella). Im gleichen Sinne stellt Melloni fest: „Hinter all dem steht eine andere grundlegende Frage: Es ist das Priestertum als solches, das wir überprüfen müssen, unabhängig davon, ob es männlich oder weiblich ist".

Sie spielen auf die „Fallen" an, in die wir Frauen, die zum Priestertum berufen sind, auf keinen Fall tappen wollen. Und zwar so sehr, dass dies für einige von ihnen, wie wir bereits gesagt haben, das stichhaltigste Argument dafür ist, die Priesterweihe nicht zu wollen, obwohl sie sich dazu berufen fühlen. Und die Fallen sind Macht, Arroganz, mangelnde Kreativität, Verfallen in eine sakramentale Routine usw. Ja, wie J. M. Alonso sagt, wird das Amt der Zukunft „ein freies, dienendes, schöpferisches, nicht verbeamtetes Amt, mit neuen Lebensformen, die den Glauben bezeugen, in Demut und ohne Macht- und Herrschaftsgehabe.".

Neben dem Begriff „Priestertum/Presbyterium" taucht in den Beiträgen immer wieder der Begriff „Dienst" auf, um das tiefe Wesen dieser kirchlichen Wirklichkeit, den Dienst (*Diakonia*), zu betonen. Und auch das „apostolische" Amt, ein Attribut, das seinen Ursprung unterstreicht: „Die christlichen Gemeinden entstanden gerade deshalb, weil sie von den Zeuginnen und Zeugen der Auferstehung zusammengerufen wurden. Diese ermöglichen es Christus, die Kirche durch die Geschichte weiterhin zu berufen und zu gestalten": die Apostelinnen und die Apostel. „Dieses apostolische Amt hat ...verschiedene Formen angenommen..." (Roberto Casas).

In ihren Überlegungen machen unsere Befragten deutlich, dass der Wandel tiefgreifend sein muss: nicht nur in der Art und Weise, wie das Amt ausgeübt wird, sondern vor allem in der Art und Weise, wie es verstanden wird. Dies impliziert ein anderes Verständnis von Kirche. Mit dem Zweiten Vatikanischen Konzil wurde die alte Formulierung von der „lehrenden" Kirche und der „lernenden" Kirche überwunden, aber sechzig Jahre später „haben wir immer noch nicht wirklich die Schlussfolgerungen der Ekklesiologie des Zweiten Vatikanischen Konzils über den Dienst der Hierarchie in der Kirche gezogen" (Chema Pérez-Soba). Diese lehrmäßigen Schlussfolgerungen boten ein enormes Potenzial für die neue Ekklesiologie des Volkes Gottes, das ganz und gar „priesterlich" (Lumen gentium) sein sollte.

Viele der Beiträge über das „Wohin" der Theologie des Priestertums gehen in diese Richtung. So heißt es zum Beispiel: „Das Priestertum der Frauen mit allem, was es beinhaltet, öffnet uns also für einen Pluralismus in der Praxis des priesterlichen Dienstes. Es muss vor allem erwachsen aus einer Spiritualität aus dem Geist Jesu. Daraus entspringt eine gemeinsame Würde und Gleichheit in der Kirche, eine mitfühlende Beziehung der befreienden Zärtlichkeit mit allen Leidenden. In der Ausübung einer solchen sakramentalen Praxis ist das erste Sakrament das Dienen, das Sein für andere.'" (Felix Placer).

Eine weitere sehr anregende Formulierung ist die von García Paredes, der sagt, dass es notwendig ist, „zu einem ganzheitlichen Amt zu gelangen, das Gemeinschaft schafft, aber nicht Verwirrung": das heißt, ein Amt, das sowohl männlich als auch weiblich ist, mit seinen verschiedenen Arten der Ausübung, die der Kirche ein Gesicht der Gemeinschaft und Einheit in der Differenz geben würden.

José Arregi ist der Meinung, dass „die entscheidende Herausforderung die Überwindung des klerikalen Modells ist, das zwischen „Klerus und Laien" unterscheidet. Das setzt einen Bruch voraus mit der Unterscheidung in „Grad" und „Qualität" zwischen dem „allgemeinen Priestertum" und dem „geweihten Priestertum"."

Die Notwendigkeit, das priesterliche Modell zu überdenken, ist sehr offensichtlich, und wie wir gesehen haben, muss eine gründliche Überarbeitung des Weiheamtes und der Kirche selbst dringend durchgeführt werden.

Und das – wann? „Die radikale Überwindung des männlichen Kleriker-Modells ist unverzichtbar und dringend..., es ist schon sehr spät, vielleicht sogar zu spät" (José Arregi). Félix Placer drückt es so aus: „Aus meiner Erfahrung als Pfarrer in verschiedenen Kontexten und als Theologe sehe ich nicht nur die Möglichkeit des priesterlichen Dienstes von Frauen, sondern auch seine Notwendigkeit und Dringlichkeit."

Und Castillo betont: „Das Problem ist also nicht, ob Frauen das Weihesakrament empfangen „dürfen". Das Problem ist, dass die Kirche dringend damit beginnen „muss", so viele Frauen zu weihen, die bereit und perfekt qualifiziert sind...". Oder, wie es im Text von Antonio Bellella heißt: „Dennoch reicht es nicht aus, darüber nachzudenken, sondern es müssen entschiedene Schritte unternommen werden, um alles zu fördern, was ermöglicht, dass die Gleichstellung von Mann und Frau, wie sie Jesus vorgeschlagen und gelebt hat, in der Kirche immer sichtbarer, realer und wirksamer wird".

Der Weg dorthin ist jedoch noch weit: von der Vorstellung des männlichen Christus - die theologischer Unsinn ist, da sie den historischen (männlichen) Jesus mit dem Christus des Glaubens (der jenseits von Geschlecht ist) identifiziert - und seiner zwölf

64

männlichen Apostel als einzige Empfänger des „letzten Abendmahls", müssen wir zu einer anderen, viel umfassenderen und auch tieferen Vorstellung übergehen. García Paredes hat sie in verschiedenen Artikeln und Büchern formuliert; nun bezieht er sich in seinem Beitrag darauf, um auf die traditionellen Argumente gegen das weibliche Priesteramt zu antworten: „Ich habe festgestellt, dass die lehramtlichen und theologischen Argumente, die angeführt wurden, um Frauen vom Weiheamt auszuschließen, auf den Berichten über das „letzte Abendmahl" beruhten..., ich habe die Verbindung des letzten Abendmahls in Jerusalem mit dem vorletzten Abendmahl in Bethanien hervorgehoben - dem traditionell wenig Bedeutung beigemessen wurde und in dem spätere Elemente vorweggenommen werden und die Rolle der Protagonistin der Frau zufällt."[73] Die Verbindung zwischen diesen beiden für Jesus so bedeutsamen Begegnungen eröffnet uns eine ganzheitliche Interpretation - das Gesamte als Ganzes gesehen - des Jesus-Ereignisses, das die Frau, die ihn gesalbt hat, vor dem Vergessen und dem Schweigen bewahrt und sie als das anerkennt, was sie war: Verkünderin von Christus, dem Gesalbten[74].

Aber die „offizielle" christliche Vorstellung sieht Jesus von einigen männlichen Aposteln umgeben, denen er die Sendung anvertraut... Auch wenn dies nicht mehr als unbestritten gilt. „Diese Vorstellung schien mir immer sehr schwach zu sein" (Madrazo); „Sie (die Kirche) soll sich zum Evangelium Jesu bekehren. Sie soll sich der historischen Gegenwart bewusst werden..., wie unhaltbar die historischen und theologischen Argumente sind, mit denen dieses (männliche klerikale) Modell der Kirche weiterhin verteidigt wird" (Arregi). Marciano Vidal hat uns bereits gesagt, dass ihn in Kenntnis der biblischen, historischen, theologischen und praktischen Gründe, mit denen die gegenwärtige Ablehnung des ordinierten Amtes der Frau durch die Kirche gerechtfertigt wird, „nicht als endgültige Rechtfertigung überzeugen". Und Felix Placer stellt gleich zu Beginn seiner Antwort fest: „Aus meiner Erfahrung als Pfarrer in verschiedenen Kontexten und als Theologe sehe ich nicht nur die Möglichkeit des priesterlichen Dienstes von Frauen, sondern auch seine Notwendigkeit und Dringlichkeit".

Ist die liturgische Anrufung von Maria Magdalena als *Apostola Apostolorum* nicht absurd, weil inkohärent, WENN sie NICHT mit einer kirchlichen Praxis der Anerkennung von Frauen als mögliche „Gesandte" der Kirche übereinstimmt? Wir fordern eine *wirkliche* Anerkennung, mit offensichtlichen pastoralen Konsequenzen wie dem

---

73 Siehe den Begriff „Salbung" im Anhang Theologisches Vokabular (Beitrag von García Paredes); siehe auch Kapitel VII „Die Salbungen Jesu".

74 Der Beitrag der feministischen Theologie zur „Rettung" des weiblichen Protagonismus im Leben Jesu und im frühen Christentum ist grundlegend. Siehe als paradigmatisches Beispiel den Klassiker von Elisabeth Schüssler Fiorenza, In Memory of Her. Una reconstrucción teológicofeminista de los orígenes del cristianismo, Desclée De Brouwer, Bilbao, 1989. (Deutsch: Zu ihrem Gedächtnis: eine feministisch-theologische Rekonstruktion der christlichen Ursprünge / Elisabeth Schüssler Fiorenza. Aus d. Amerikan. übers. von Christine Schaumberger, 1988)

Weihesakrament, und nicht nur eine „Ersatz- und Ausgleichsrolle" wie die, die Maria vorbehalten ist, die *weiterhin randständig bleibt*" (Javier Melloni). Und wir denken dabei nicht nur an Maria, an die Magdalena und an die anderen biblischen Frauen, sondern an alle, die danach kamen, namentlich und unbenannt. Charismatische Frauen, Dienerinnen, Führungsfrauen, Frauen Gottes... „Natürlich, aber nicht, weil sie Frau sind, sondern weil sie es gut können und weil heute niemand diskriminiert werden darf, vor allem nicht in der Kirche und im Namen Gottes", antwortet Angel Igualada auf unsere Frage, ob er die Zulassung von Frauen zum Priesteramt unterstützen würde. Wir könnten nicht stärker zustimmen.

Eine neue Theologie des Presbyteriums stellt eine weitere grundlegende Herausforderung dar: das *Recht* der Gemeinschaft auf die ihr gebührende Seelsorge. Ein Recht, das im Zweiten Vatikanischen Konzil unmissverständlich bekräftigt wurde. Angesichts des derzeitigen Priestermangels wird dieses Recht jedoch nicht einmal in Betracht gezogen. Das Verbot der Weihe von Frauen wiegt schwerer. In diesem Sinne ist die Amazonas-Synode, die für viele Menschen einen außerordentlich wichtigen kirchlichen Meilenstein darstellte, weil sie ein großes Potenzial für die Erneuerung der alten klerikalen Muster bot, gescheitert. Aber *Lumen gentium* (LG 37) ist immer noch da und drängt.

Von seinem Laienstand aus stellt Roberto Casas fest: „... die kirchlichen Strukturen beschränken dieses Amt weiterhin auf Männer. Das Ergebnis: Gemeinden, die unter dem Mangel an wirklich Dienenden leiden, und andererseits Berufene, die ihren Dienst versteckt oder gar heimlich tun müssen". Seine Überlegungen enden mit einem beunruhigenden „Wie lange noch?"

Und Jesus sagte: „Wenn ihr das Aussehen der Erde und des Himmels zu deuten wisst, wie könnt ihr dann nicht die Zeiten deuten, in denen ihr lebt" (Lk 12,56).

Zurück zu Vatikanum II

Viele unserer Mitwirkenden bestehen darauf, auf dieses grundlegende Ereignis für die Kirche zurückzublicken. Und aus dem - wie wir sehr wohl wissen - noch nicht die richtigen Konsequenzen gezogen wurden. José M. Pérez-Soba sagt, nachdem er daran erinnert hat, dass „die Schlussfolgerungen der Ekklesiologie des Konzils über den Dienst der Hierarchie in der Kirche" noch ausstehen: „Das Problem scheint mir darin zu liegen, wie dieser Dienst ausgeübt wird. Wenn wir ernsthaft annehmen, dass der Laienstand eine Berufung ist, ein Ruf Gottes zu einem Leben in Fülle in der Mission der Evangelisierung, dann muss der Dienst an ihm diese Berufung ermutigen und fördern..., dazu beitragen, dass erwachsene christliche Gemeinschaften entstehen, ... die von Laien geleitet werden" und er fügt hinzu, das führe zu einer „Kirche, die wirklich synodal ist, in der wir wirklich „gemeinsam gehen", eine Kirche, in der der *sensus fidelium* wirklich gehört werden kann. In diesem Kontext muss meines Erachtens auch die Frage des weiblichen Priestertums gesehen werden". Félix Placer bekräftigt etwas

66

Ähnliches und in dieser Perspektive: „Ich sehe die Ausübung des priesterlichen Amtes durch Frauen als notwendig an, als einen Schritt, der die Erneuerung der Kirche, der Konzeption des Priestertums und des Weihesakramentes für Männer und Frauen innerhalb des ‚priesterlichen Volkes Gottes' im Dienst der Kirche bedeutet, damit diese, in Anlehnung an die Pastoralkonstitution des Zweiten Vatikanischen Konzils, „innig und wahrhaftig solidarisch mit dem Menschengeschlecht und seiner Geschichte" sein kann".

In diesem Sinne erinnert José María Castillo an die derzeitige Situation der Kirche, insbesondere - aber nicht nur - wegen des Priestermangels, sowie an die Notwendigkeit, sich um „Tausende von Pfarreien zu kümmern, die keinen Priester haben, um die Anordnungen des Zweiten Vatikanischen Konzils zu erfüllen". Juantxu Oscoz fordert eine paritätische Kirche, die pluralistischer und weniger hierarchisch ist, eine Neue Kirche, und beruft sich auf die Konstitution *Gaudium et s*

pes: „Die christliche Gemeinschaft besteht aus Männern und Frauen, die, in Christus vereint, vom Heiligen Geist auf ihrem Pilgerweg zum Reich des Vaters geleitet werden".

Goyo García Maestu erinnert auch an das Konzil, das vom „Volk Gottes, das aus allen Getauften besteht" spricht, und an den Jesuitengeneral Pater Arturo Sosa, der 2017 erklärte: „Es gibt einen politischen Kampf in der Kirche, zwischen denen, die die vom Zweiten Vatikanischen Konzil erträumte Kirche wollen, und denen, die sie nicht wollen"; und er fährt fort: „Viele sehen die Gleichstellung der Geschlechter und das Frauenpriestertum in dieser vom Zweiten Vatikanischen Konzil erträumten Kirche. Die Debatte geht weiter"; und an anderer Stelle erklärt er, dass „die Kirche nach dem Zweiten Vatikanum von der Einheitlichkeit zum Pluralismus übergegangen ist. Sie wird nicht zur Uniformität zurückkehren"

Sensus fidelium, Synodalität und Heiliger Geist

Der erste Begriff, den wir hervorheben wollen, ist der *sensus fidei/fidelium* (Glaubenssinn), eines der wichtigsten Attribute des Gottesvolkes nach *Lumen gentium*.[75] „Es scheint wichtig zu sein, weiterhin sowohl auf die historisch-theologische Forschung als auch auf den *sensus fidei*" zu hören, schreibt Chema Pérez-Soba, und weiter spricht er davon, „auf das zu hören, was Gott in der Geschichte und im Leben der Menschen sagt".

In den „Zeichen der Zeit" und im „*sensus fidei*" oder „*fidelium*" lesen und spüren wir das Wirken des Geistes. Denn, wie Josep Maria Solà sagt: „Die Kirche kann den immer lauter werdenden Ruf (*sensus fidelium*) nicht ignorieren, dass die Rolle der Frau in der Kirche auch das eingesetzte Amt der Frau als Leiterin von Gemeinden umfassen sollte, und dass sie der Eucharistiefeier vorstehen und die Sakramente spenden können sollte..., hinter diesem Ruf steht der Impuls des Geistes, der nicht durch historische

---

75 LG 12

Argumente, Traditionen und theologische Konstruktionen übertönt werden kann". Und Tatsache ist, dass „der Geist weht" (Aritz Lucea).

Es scheint uns außerordentlich wichtig, dass die Einforderung des Frauenpriestertums als eine „gläubige Klage" aus der Perspektive des Glaubens gelesen wird, der die Geschichte interpretiert, getreu dem Aufruf von *Gaudium et spes*, die „Zeichen der Zeit" zu erkennen. Wie weit sind wir von jenen entfernt, die behaupten, dass die Forderung nach dem Priestertum für Frauen - wie auch andere heikle Fragen - die Frucht einer „Mode" der Gesellschaft sei!

Klage, Sinn für den Glauben des Gottesvolkes... *Handeln des Geistes*. Das erfordert die Treue zum Geist. José Arregi bekräftigt, dass er die Zulassung von Frauen zum Priesteramt unterstützt, „nicht nur und nicht in erster Linie aus Treue zum historischen Jesus - in dessen engstem Kreis der Wanderprediger Frauen waren -, auch nicht aus Treue zu den Ursprüngen der Kirche - viele ihrer Gemeinschaften wurden von Frauen geleitet -, sondern aus Treue zum Geist, der in den Zeichen der Zeit spricht, zum Atem, der das Leben und die Gemeinschaften erneuert, der die universale Geschwisterlichkeit fördert, ohne an den Buchstaben oder an die Vergangenheit gebunden zu sein". Alfredo Abad will die Ordination „nicht nur aus einem Prinzip der Gleichheit, der Gleichberechtigung oder der Menschenrechte, die bereits ausreichende Argumente wären, sondern aus dem theologischen Grund, dass die *Ruah* (die Geistkraft) erwählt, wen sie will, und wir keine Grenzen setzen können, weder dogmatische noch kirchliche".

In dieser „*pneumatologischen Perspektive*" (García Paredes) wollen wir ein wenig verweilen. Denn wir müssen von „einer Spiritualität des Geistes Jesu, von der gemeinsamen Würde und Gleichheit in der Kirche" (Felix Placer) ausgehen. Wir sind der festen Überzeugung, dass in der Frage des Priestertums der Frauen diese gläubige Perspektive grundlegend ist. Sowohl um die große Transzendenz zu verstehen, die das Frauenpriestertum für die Kirche hat, als auch um die gegnerischen Argumente neu zu verorten: nicht ihre Zweckmäßigkeit in *anderen* Zeiten leugnend, sondern demütig und selbstbewusst anerkennend, dass wir sie hinter uns lassen müssen, weil sie heute „unhaltbar" sind und „veralteten Kulturen und Epochen" angehören (José Arregi).

Und Tatsache ist, dass „die Zeichen der Zeit (Geist) uns zur Gleichheit von Mann und Frau in allen Lebensbereichen führen. Dem Geist kann und darf man ,keine Türen' verschließen" (José M. Alonso). Und Pello Tellería fragt, ob „die Heilige Geistkraft nur Männer inspiriert und ihnen Gaben wie die Priesterberufung zuteilt?"

In der Tat, wie García Paredes sagt, „verlieren Argumente gegen das weibliche Weiheamt an Kraft, wenn man alles aus einer pneumatologischen Perspektive betrachtet, wie z.B. ,das war der Wille Jesu und muss befolgt werden', oder dass ,die Kirche immer Frauen vom Weiheamt ausgeschlossen hat' (Diakonat, Priesterstand, Episkopat)".

68

Wie kann man den Geist in einer Frage außen vorlassen, die eng mit dem Wirken Gottes in der Seele zu tun hat, wie wir berufenen Frauen mit Überzeugung und Emotion zum Ausdruck bringen? Die Überlegung, mit der García Paredes seinen Text abschließt, ist ein Aufruf an die Kirche, aus dem Gewohnten herauszugehen, um „die Gnade lebensfähig zu machen". „Es ist die eucharistische und dienende Pneumatologie, die uns den Weg öffnet, damit wir auf neue Weise betrachten, was die Geistkraft den Kirchen sagt. Und um die Berufungen zu erkennen und nutzbar zu machen, die der Geist Gottes des Vaters und des Sohnes, Jesu, in unserer Zeit weckt".

„Auf neue Weise betrachten". Das heißt, neue Wege der Auslegung entdecken, die neue Wege der Verwirklichung eröffnen. Als grundlegendes Kriterium gilt: *Das Theologale*[b] *geht dem Theologischen immer voraus*. Nicht nur in der Erfahrungsdynamik des Geistes, sondern auch in der Formulierung derselben. Es ist schade, dass Letzteres allzu oft nicht berücksichtigt wird. Tomás J. Marín Mena unterstreicht dies: „Ich glaube, dass alle Fortschritte zur wirklichen Klärung der Frage des Frauenpriestertums über den theologalen Weg kommen werden, genauer gesagt: über eine gute Theologie und Gemeinschaft". Der theologale Weg: Er hat in der Geschichte tausend Formen angenommen, nicht nur im Christentum, sondern in allen Religionen: Prophetie, Mystik, aktiver Einsatz gegen Ungerechtigkeit, Schaffung neuer Wege... Heute auch als Berufung zu etwas, das nicht „erlaubt" ist.

Was würdest du den Frauen sagen, die eine priesterliche Berufung haben?

Nicht alle antworten auf diese Frage, aber es gibt einige, die wertvolle Beiträge der Ermutigung und Hoffnung für sie haben. Alfredo Abad sagt ihnen: „Mein Gedanke ist, sie zu ermutigen und ihnen Mut zu machen, sie können dem Geist nicht widerstehen, denn seine Gnade ist unvermeidlich". „Ich möchte ihnen sagen, dass sie nicht aufgeben sollen, weil sie im Grunde nicht nur ihren eigenen Anspruch vertreten, sondern auch den der vielgestaltigen Gnade Gottes" (Alfredo Abad).

Im gleichen Sinne: „Sie sollen weiterhin ihren Anspruch auf einen ganzheitlichen Dienst im Bereich der kirchlichen Aufgaben erheben als Recht der Gemeinden und als ihre eigene Pflicht. Mögen sie ihren Dienst nach dem Wort Jesu: „Ihr seid alle Schwestern und Brüder", in einem partizipatorischen und demokratischen Geist und Stil ausüben. Wo immer sie die Möglichkeit haben (in Ordensgemeinschaften, Basisgemeinden, etc.) ihren Dienst auszuüben, sollen sie dies tun, ohne auf eine kanonische Anerkennung oder kirchliche Genehmigung zu warten. Mögen sie der Aufforderung Jesu folgen: „Steht auf und geht". Sie sollen nicht den Mut und die Lebenskraft verlieren, sie sollen mit prophetischer Freiheit einfordern. Sie sollen weiterhin eine ‚evangeliumgemäße Revolte' fördern... Sie sollen sich theologisch bilden,

---

b   Siehe Fußnote a/ theologal = gottgewirkt, Gottes, nicht des Menschen.

69

indem sie Wasser aus ihrer eigenen Quelle schöpfen" (José Arregi).

In dieselbe Richtung der Fortführung der Aufgabe spricht Ángel Igualada: „Mögen sie es weiterhin einfordern und ihr wahres Priestertum leben, mögen sie die Menschen lieben und sich wirklich für sie einsetzen, besonders für die Armen und Ausgegrenzten, denn das ist die Grundlage des Priestertums: Dienst, Hingabe, Liebe" (José Arregi). Und Juantxu Oscoz sagt ihnen: „Denkt daran, dass ihr bereits Teil einer gleichberechtigten kirchlichen Gemeinschaft seid, in der die Frauen als Subjekte mit vollen Rechten, mit Mitsprache- und Mitbestimmungsrecht anerkannt und in der sie geschätzt werden. Frauen in der Kirche, die für Gleichheit kämpfen... Eine paritätische Kirche, pluralistischer, weniger hierarchisch, eine neue Kirche". Jesús Sz. Valiente hilft ihnen zu erkennen, dass „die Kirche ihnen eine große Hypothek schuldet".

Josep M. Solà ermutigt die berufenen Frauen, „für ihr Ziel zu arbeiten, und dazu sollten sie sich zusammenschließen, um mehr Kraft für ihre Forderungen zu haben". Und Pello Tellería: „Ich ermutige sie, dies der kirchlichen Hierarchie und so weit wie möglich der kirchlichen Gemeinschaft mitzuteilen.... Wer nach dem Geschlecht unterscheidet, ist nicht der Geist.... Der Weg wird lang sein... aber er ist die Mühe wert".

Was würdest du der Kirche sagen?

Fast alle Mitwirkenden, die sich an die Kirche wenden, schlagen eine Revision, eine Umkehr vor: Wir müssen „sowohl die Theologie des geweihten Amtes als auch die Frage des Priestertums der Frauen überdenken - und zwar dringend -, sie von Atavismen reinigen und uns bemühen, sie in Treue zum Wesen des Evangeliums und zur gegenwärtigen Kultur neu zu formulieren" (Antonio Bellella). „Ich würde ihnen sagen, dass sie auf Jesus und das Evangelium schauen sollen, dass es aus beiden Perspektiven keine Hindernisse gibt, dass wir vom existierenden Machismo und von der Diskriminierung der Frauen in diesem Bereich des Priestertums ablassen. Dass wir die Frauen so wertschätzen, wie Christus sie wertgeschätzt hat und wertschätzt" (Ángel Igualada).

Juantxu Oscoz antwortet mit Nachdruck, indem er erneut *Gaudium et spes* zitiert und hinzufügt: „Es ist klar, dass viele von uns tagtäglich Samenkorn der Mühe sind und wir unsere Stimme erheben, um in Gleichheit in der Kirche zu leben". Viele andere verweisen auch auf das Zweite Vatikanische Konzil, das für sie nach wie vor ein Bezugspunkt ist und sie zu der Überzeugung bringt, „dass die kleinen Gemeinschaften und die Kirche, die als Gemeinschaft von Gemeinschaften verstanden wird, ein vorwegnehmendes Beispiel für die neue Welt sein müssen, die wir anstreben" (Agustín Gil Martín).

Aus seiner Sicht und als Konsequenz „der Spiritualität im Geiste Jesu, der gemeinsamen Würde und Gleichheit in der Kirche..." bekräftigt Félix Placer: „Ich sehe die Ausübung des priesterlichen Amtes durch Frauen als eine Notwendigkeit, als Schritt

70

der die Erneuerung der Kirche sowie der Auffassung von Priestertum und Weihesakrament für Männer und Frauen impliziert, und zwar innerhalb des ‚priesterlichen Volkes Gottes', im Dienst der Kirche, damit diese nach der Pastoralkonstitution des Zweiten Vatikanischen Konzils innig und wahrhaftig solidarisch mit der Menschheit und der Geschichte ist".

Josep María Solà weitet seine Worte auf die Kirche aus und erinnert uns wie andere daran, dass „die Frauenordination von anderen tiefgreifenden Reformen in der Kirche begleitet werden muss. Die Ordination muss nicht wegen des Priestermangels erfolgen". Pello Tellería fordert sie auf, „die Debatte über das Priestertum der Frauen zu eröffnen, damit sowohl die Hierarchie als auch die Gläubigen sich äußern können… Die Gesellschaft, die von der kirchlichen Hierarchie in verschiedenen Fragen oft beraten und ermahnt wird, unternimmt in vielen Bereichen wichtige Schritte zur Gleichberechtigung der Frauen. Ich bitte die Hierarchie, diesen Schritten zu folgen".

Das Hören auf den *sensus fidelium*, den „Ruf" des Geistes, steht in direktem Zusammenhang mit der synodalen Dimension der Kirche. So schreibt Chema Pérez-Soba heute, inmitten des synodalen Prozesses, dass wir „dazu beitragen müssen, erwachsene christliche Gemeinschaften unter der Leitung von Laien zu schaffen… Eine solche Kirche, die wirklich synodal ist, in der wir wirklich ‚gemeinsam gehen'… ist eine Kirche, in der wir wirklich auf den ‚*sensus fidelium*' hören können". Der von Franziskus angestrebte synodale Prozess entspricht dem vom Zweiten Vatikanischen Konzil eingeleiteten Weg, den wir mit viel mehr Überzeugung weitergehen müssen, vor allem seitens unserer Hierarchie, die allzu oft Angst vor den Laien, vor allem vor den Frauen zu haben scheint.

Unsere Mitwirkenden sind der Meinung, dass die Debatte über die Frage des Frauenpriestertums in diesen Prozess eingebettet werden muss. „Ich glaube, dass die Frage des Priestertums der Frauen in der Kirche im Rahmen des „Synodalitätsprozesses", in dem sich die Kirche gegenwärtig befindet, behandelt und gelöst werden sollte. Es handelt sich nicht um ein isoliertes Stück, sondern um einen Teil der gesamten kirchlichen Umstrukturierung" (Marciano Vidal). „In dieser synodalen Phase muss all dies zur Sprache gebracht, behandelt, debattiert, diskutiert werden…, um einen vollständigen Konsens zu erreichen. Nicht nur in dem, was niedergeschrieben ist oder werden kann, in dem, was gesagt und diskutiert wurde, sondern auch, indem man es in die Praxis umsetzt" (Juantxu Oscoz).

Das Vertrauen in die Heilige Geistkraft ist sehr stark ausgeprägt. Die Kirche wird darauf reagieren müssen, „so wie sie es im 19. Jahrhundert verstanden hat, das Evangelium in das Licht der Zeit zu stellen, um den Weg der Soziallehre zu beginnen… Und (die Frauen) werden die Ämter ausüben, zu denen sie berufen sind" (Aritz Lucea). Denn das Eintreten für das Priestertum der Frau ist keine Laune oder ein Leichtsinn, sondern es entspricht dem gläubigen Gewissen, dass wir der Gnade Gottes nicht die Tür verschließen dürfen.

Es besteht kein Zweifel, dass unsere volle Anerkennung in der Kirche ein großer Reichtum für diese wäre. „Es ist ein Reichtum für die Kirche im Allgemeinen und wäre ein Segen für die katholische Kirche im Besonderen, wie es auch für die protestantischen Kirchen ist" (Alfredo Abad). „Ich bin sicher, dass Frauen das priesterliche Leben bereichern würden, sie würden diesen Dienst in der Kirche neu beleben, so wie sie es bereits in anderen Gesellschaftsordnungen tun. Und vor allem würde es einer jahrhundertealten Ungerechtigkeit ein Ende setzen, die die kirchliche Hierarchie gegenüber Frauen aufrechterhält, nur weil sie Frauen sind" (Pello Tellería). Und schließlich: „An dem Tag, an dem die Handauflegung auch auf das Haupt der Frauen Wirklichkeit wird, wird ein weiteres Pfingsten in der Kirche stattgefunden haben, und dieser Flug des Geistes über die Gemeinschaft Jesu wird ausbalanciert sein." (Jesús Sz. Valiente).

5. FRAU SEIN IN DER KIRCHE

Wegen unseres Geschlechts

Und wenn wir als Männer geboren worden wären? Wenn wir auf unsere Geschichte zurückblicken, fühlen wir uns gespalten. Zwischen Dankbarkeit und Bitterkeit. Und wir wissen ehrlich gesagt nicht, was schwerer wiegt, was kein guter Anfang ist, um Bilanz zu ziehen. Das Leben kommt zu uns, ohne dass wir darum bitten, es wird uns geschenkt, und wir begreifen erst viel später, vielleicht erst, wenn wir erwachsen sind, was es alles mit sich bringt. Zumindest ist es bei uns so gewesen. Und in diesem „Bewusstwerden all dessen, was es mit sich bringt" liegt auch die Tatsache, dass wir unsere Geschlechtsidentität bewusst annehmen und uns mit uns selbst wohlfühlen.

Mit der Zeit wurde alles in einer Ecke der Seele versteckt, zugedeckt von den Wechselfällen des Lebens und den vielen Freuden, die es mit sich brachte. Erlebte Glücksgefühle, wie jede wahre Freude, die aber auch genossen, geteilt, bedankt wurden... Immer aus dem tiefen Gefühl heraus, dass wir nichts anderes sein konnten, nichts anderes sein können (wie schlimm das klingt!) als Frauen. In guten wie in schweren Zeiten.

Das Leben hält immer wieder Überraschungen bereit, manche sind zufällig, andere sind viel tiefgreifender. Für uns war es unsere Berufung zum priesterlichen Dienst. Sie eröffnete uns ein anderes, viel tieferes Verständnis von uns selbst. Ja, wir waren mehr, als wir bisher als Menschen und als Gläubige erkannt hatten. Mehr als das, was andere dachten und sahen. Und, was am schmerzlichsten ist, *mehr als die Kirche uns zugesteht*.

Hier begann unser Erwachen zu der traurigen Realität, dass es einen Preis hat, eine *Frau in der Kirche zu sein*. Und zwar einen sehr, sehr hohen. Denn es geht um etwas unendlich Tiefes: um das, was wir im Innersten unserer selbst sind. Wie Kardinal Martini schreibt - wie wir auf den ersten Seiten dieses Buches festgehalten haben - ist Berufung *„eine Erkenntnis über das, was wir sind und warum wir es sind"*. Für uns war unsere Begegnung mit unserer Berufung eine Einsicht, die durch andere, durch die Umstände, durch das Leben ermöglicht wurde.

Das hat immer einen Konflikt mit sich gebracht: von einem „Außen" her, das ein „Innen" ist. Denn wir sind in der Kirche und *wir fühlen uns als Kirche*. Und doch lässt sie uns nicht sein, was wir sind. Die Gründe, die sie anführt, sind vielfältig, und keiner von ihnen ist glaubwürdig und dem Evangelium gemäß, und keiner von ihnen ist heute theologisch gültig.

Beginnen wir mit dem aus dem Evangelium entnommenen Grund: „Christus war ein Mann und hat nur Männer erwählt", ist eines der starken Argumente für den Ausschluss von Frauen vom geweihten Priesteramt. Abgesehen von der schwerwiegenden und inakzeptablen Verwechslung zwischen dem historischen Jesus und dem Christus des Glaubens, erkennt eine gesunde Hermeneutik sofort,

73

wie dürftig dieses „historische" Argument ist:

„Wenn in einer patriarchalischen Kultur eine Frau barmherzige Liebe gepredigt und einen dienenden Stil der Autorität etabliert hätte, wäre sie mit einem gewaltigen Achselzucken bedacht worden... Aber Jesus predigte und handelte auf diese Weise aus einer sozialen Position männlicher Privilegien heraus, und darin liegt der Reiz... Der Bericht des Evangeliums über Jesus macht deutlich, dass der Kern des Problems nicht darin besteht, dass Jesus ein Mann war, sondern dass nicht mehr Männer wie Jesus waren."[76]

So wahr, so traurig. Nicht nur für uns Frauen, sondern auch für die Männer, die sich in einem Spiegel sehen, der nichts mit dem zu tun hat, was Jesus für seine patriarchalische jüdische Kultur verkörpern sollte. Maria Magdalena war die erste, die ihn ,auferstanden' sah, und der erste Bote – die erste Botin! (Apostel), die zu den Aposteln gesandt wurde; Petrus verleugnete ihn dreimal, und Thomas fiel es schwer genug zu glauben... Man kann sich leicht vorstellen, wie die männlichen Jünger überschwänglich gewesen wären, wenn das Gegenteil passiert wäre. Verherrlichung von ihnen, den Männern, und Verachtung von jenen, den Frauen, in diesem Fall Verräterinnen und Ungläubige für immer und ewig. Denn die Frauen hatten Töchter und Töchter und Töchter... bis heute. Aber andererseits: Die Verleugnung des Petrus, das Überlegenheitsstreben von Jakobus und Johannes, der Unglaube von Thomas, die psychische (und physische) Schwäche derjenigen, die Jesus im Moment des Prozesses am nächsten standen... All das hat sie nicht berührt, im Gegenteil, es wurde in einem Interpretationsrahmen neu verortet, in dem Männlichkeit als „das" Kriterium der Wahl Jesu zu seiner Repräsentation verstanden wird. Männlichkeit wird zu einer Garantie für die „Treue zu dem, was Gott will": „Christus hat die erwählt, die er wollte" ist ein weiteres starkes Argument, das als Rechtfertigung für den Ausschluss angeführt wird.

Das Glaubensbekenntnis des Petrus - „Du bist der Messias" (Mk 8,27-30) - wird als Beispielhaft mit Pauken und Trompeten proklamiert und er als Repräsentant und Sprecher aller Gläubigen gepriesen, aber das ebenso wichtige oder sogar noch wichtigere Glaubensbekenntnis der Martha wird vergessen: „Ja, Herr, ich glaube, dass du der Messias bist, der Sohn Gottes, der in die Welt kommen soll" (Joh 11,17-27). Da hilft es auch nicht, dass Martha von den beiden viel mehr „Jüngerin" ist: hilfsbereit, treu, gläubig. Keine Vorwürfe an Jesus, die ein trockenes „Weiche von mir, Satan, du bist mir ein Stein des Anstoßes, denn du denkst nicht, wie Gott denkt, sondern wie die Menschen denken" (Mt 16, 21-23) verdienen; keine „schläfrigen Augen" in den dramatischen Stunden von Gethsemane (Mk 14, 32-42); keine feigen und opportunistischen Verleugnungen (Mk 14, 66-72).

---

76 E. Johnson, La que es. El Misterio de Dios en el discurso teológico feminista, 1994. (deutsch: Ich bin, die ich bin. Wenn Frauen Gott sagen, Patmos, Düsseldorf 1994)

74

Angesichts der herausragenden Rolle der Frauen im Evangelium, die jahrhundertelang in Vergessenheit geraten war - und von der feministischen Theologie gerettet wurde -, versucht die traditionelle biblische Hermeneutik heute, ihre voreingenommene Sicht von damals zu korrigieren, indem sie die Frauen als demütige und mitfühlende Gefährtinnen des Meisters darstellt (es kann nicht geleugnet werden, dass sie die einzigen unter dem Kreuz waren), aber sicherlich nicht auf derselben Stufe wie ihre Brüder in seiner Nachfolge. Warum fällt es den Männern so schwer zu akzeptieren, dass die Frauen für den Dienst Jesu so unentbehrlich waren? Und zwar nicht nur aus ganz pragmatischer Sicht (finanzielle Unterstützung, Verpflegung, Unterkunft usw.), sondern vor allem wegen des Bruchs, den ihre Anwesenheit an der Seite der Männer für die konstituierte „Ordnung" der jüdischen patriarchalischen Gesellschaft symbolisierte. Warum fällt es ihnen so schwer, anzuerkennen, dass es auch Frauen an der Spitze von Gemeinden gab mit anerkannter Autorität? Die jüngste Debatte darüber, ob es im frühen Christentum eine „Ordination" von Frauen zum Diakonat gab oder nicht und um welche Form der Ordination es sich handelte - ob dieselbe oder eine andere als die der Männer -, zeigt, dass die Kirche noch einen langen Weg vor sich hat, um uns das zurückzugeben, was Jesus uns nie verweigert hat. „Wahrlich, ich sage euch: Wo immer in der Welt das Evangelium verkündet wird, wird man sich an diese Frau und an das, was sie getan hat, erinnern" (Mk 14,1-9).

Wir Frauen an den existenziellen Rändern der Kirche[77]

Das Unrecht kommt jedoch nicht nur von der einseitigen Bibelauslegung, die seit Jahrhunderten vorherrscht. Es kommt auch von der Theologie, und ist sogar noch größer. Maria ist die Mutter Jesu, des Sohnes Gottes; Maria Magdalena war die erste, die den auferstandenen Jesus, den Christus, verkündet hat... Und doch hat man, neben anderen Perlen, sogar behauptet, dass „die Frau nicht das Ebenbild Gottes ist[78], sicherlich die schwerwiegendste der negativen theologischen Behauptungen über

---

77 Die folgenden Abschnitte behandeln und erweitern das Referat zum Diakonat auf dem Fachtag von ATE (Verein Spanischer Theologinnen) siehe: Adelaide Baracco Colombo, Nosotras, las mujeres, en las periferias existenciales de la Iglesia, (Wir Frauen an den Rändern der Kirche) in Silvia Martínez Cano – Carme Soto Varela (eds.), Mujeres y diaconado. Sobre los ministerios en la Iglesia, (Frauen und Diakonat, Über die Weiheämter in der Kirche) EVD, 2019.

78 „Wie kann jemand darauf bestehen, dass die Frau das Ebenbild Gottes ist, wenn sie offensichtlich unter der Herrschaft des Mannes steht und keinerlei Autorität hat?" (Ambrosiaster, s. IV); Gratian zitiert Ambrosiasters Satz im Decretum Gratiani (Causa 33, qu. 5, ch. 19) von 1140, einem der wichtigsten Werke der kirchlichen Rechtsprechung, das bis 1917 in Kraft war, als der Codex des kanonischen Rechts veröffentlicht wurde. Wir haben diese Frage bereits im vorhergehenden Kapitel etwas kommentiert (s. Abschn. „Frauen. Unreinheit..."), aber wir glauben, dass es weder unnütz noch übertrieben ist, darauf zurückzukommen.

Frauen[79]. Nicht alle theologisch ausgebildeten Menschen wissen von ihrer Existenz - wir sagen dies aus direkter Erfahrung mit einigen Theologielehrern -, aber Tatsache ist, dass sie immer noch da ist, wenn auch mit Staub bedeckt, OHNE dass das Lehramt in seiner Funktion der „Durchdringung, Darlegung, Lehre und Verteidigung der Offenbarung"[80] sich öffentlich dafür entschuldigt hätte.

Obwohl heute niemand mehr eine solche Blasphemie laut ausspricht, ist sie in der kirchlich-sakramentalen Vorstellungswelt vieler Menschen - Männern und Frauen - noch sehr präsent, getarnt wie andere pseudotheologische Argumente. So zum Beispiel das bekannte Argument der "Männlichkeit Christi", mit dem man kurzerhand von der Ebene des historischen Jesus auf die des Glaubens-Christus übergeht, mit einem Transfer vom menschlich-biologischen zum göttlich-symbolischen, der ans Lächerliche grenzt und nur mit der Blindheit durch jahrhundertelange patriarchalisch-frauenfeindliche Auslegung erklärt werden kann. Was abgelehnt wird, ist die Fähigkeit von uns Frauen, Gott/Christus zu repräsentieren. Und das geht weit zurück, wie wir bereits gesagt haben, unter anderem auf den theologischen Irrtum, wonach die Sünde durch Eva, die erste Frau, in die Welt gekommen ist.

Auf den ersten Blick verlangen wir nur, als das anerkannt zu werden, was wir mit göttlichem Recht sind: PERSONEN. „So sehr die offizielle Lehre der Kirche nicht müde wird zu wiederholen, dass die christliche Botschaft auf der Gleichheit beruht, die wir alle vor Gott haben - wir sind seine Töchter und Söhne -, so sehr sieht die kirchliche Hierarchie die Frau, zumindest in der Praxis, eher als ein defizitäres Wesen, denn als einen Menschen im engsten Sinne des Wortes, also nicht als Person und noch nicht vollständig als solche anerkannt... Machen wir einen Schritt nach vorn und stellen wir die Frau dort hin, wo sie objektiv ist und sein muss. Als eine Person. Basta! Sie unterliegt

---

79 Die frauenfeindliche christliche theologische Kultur geht weit zurück, bis zu den Kirchenvätern selbst, die in einer Reihe von Bibelstellen (Gen 3, 6; 6, 2 usw.) ihre Überzeugung bekräftigt sahen, dass die Frau den Ursprung der Sünde darstellt und die Verführerin des Mannes ist. Johannes Damaszener predigt: „Die Frau ist ein störrischer Esel, ein schrecklicher Wurm im Herzen des Menschen, die Tochter der Lüge, die Wächterin der Hölle, sie hat Adam aus dem Paradies vertrieben", ein Argument, das immer wieder auftaucht; Tertullian bekennt seinen Hass auf die Frau: „Du bist es, die zuerst den Baum berührt und das Gesetz Gottes verraten hat! Du bist es, die Adam überredet hat, weil der Teufel es nicht wagte, ihn frontal anzugreifen... Weißt du nicht, Frau, dass auch du Eva bist? Die Verurteilung Gottes gegen dein Geschlecht ist in dieser Welt noch immer in Kraft; der Zustand der Angeklagten muss auch andauern [...] Du bist die Tür des Teufels! Du warst es, die denjenigen umgarnt hat, den der Teufel nicht zu täuschen vermochte! Du hast das Ebenbild Gottes, den Menschen, zerstört; für das, was du getan hast, musste der Sohn Gottes sterben"; der heilige Johannes Chrysostomus ist nicht milder: „Die Frau ist eine Riesenpest, ein Pfeil des Teufels; durch die Frau hat der Teufel über Adam triumphiert und ihn das Paradies verlieren lassen!" Augustinus: „Ich glaube, dass nichts den Geist des Mannes so sehr erniedrigt wie die Liebkosungen der Frau und die körperlichen Beziehungen, die zur Ehe gehören"; der heilige Hieronymus stellt sie nicht nur als „die Pforte des Teufels" dar, sondern sagt auch: „Die Frau wird gerettet, wenn sie Kinder zur Welt bringt, die Jungfrauen bleiben, wenn sie das, was sie selbst verloren hat, in ihren Nachkommen wiedererlangt und wenn der Fall und die Verderbnis der Wurzel durch die Blüte und die Frucht ausgeglichen wird"; der heilige Bernhard schreibt: „Der Mann ist aus der Frau geboren! Es gibt nichts Erniedrigenderes". Und schließlich eine echte Perle aus dem Malleus Maleficarum, dem wichtigsten Traktat, das im Zusammenhang mit der Hexenverfolgung in der Renaissance veröffentlicht wurde und von zwei deutschen Dominikanermönchen im Auftrag von Innozenz VIII. verfasst wurde: „In der Tat kommt ‚femina' (weiblich) von ‚Glaube' und ‚weniger', weil sie immer weniger Glauben hat und ihn immer weniger behält". Amen!

80 INTERNATIONALE THOLOGISCHE KOMMISSION, Lehramt und Theologie (1975).

76

also all dem, was von einer Person verlangt werden kann, ohne Einschränkungen."[81]

Franziskus' Ausdruck „existenzielle Peripherien" passt gut zu der Situation, in der wir Frauen in der Kirche leben. „Peripherie" bezeichnet das, was sich am Rande befindet. An der Peripherie des Kerns, wo es Leben gibt. Und wo es Macht gibt. Mehr als die Macht, zu dominieren, die Macht, *eine Person zu sein*, die in jeder Hinsicht als solche anerkannt wird. Von „existenziellen" Peripherien zu sprechen, verstärkt noch das Gefühl der Abgeschiedenheit, auf das wir hinweisen, denn es ist die Existenz, die betroffen ist: die biologische Existenz, zweifellos, aber auch die psychologische, intellektuelle und, was noch schmerzhafter ist, die geistige. Die Tatsache, dass gegen die intimste Wirklichkeit der getauften Person verstoßen wird, bedeutet für die Kirche die Verleugnung ihres Wesens, nämlich „in Christus als Sakrament, d.h. als Zeichen und Werkzeug der innigen Vereinigung mit Gott" (*Lumen gentium* 1) zu sein. Das ist ein schöner Ausdruck, der widerspiegeln will, was die Kirche in Bezug auf die Liebe Gottes ist, die erschafft, erhält und beschützt... Von „existentiellen Peripherien der Kirche" zu sprechen, bedeutet also, mit Schmerz anzuerkennen, dass unsere Kirche weit davon entfernt ist, ihre Sendung voll zu leben: Zeichen und Werkzeug Gottes zu sein, der Liebe, die ermächtigt, die würdigt, die umarmt.

Denjenigen, die uns entgegnen, dass es nicht stimmt, dass die Präsenz der Frauen in der Kirche an der Peripherie ist - denn, so sagt man uns, wir sind doch da und heute mehr als gestern - und dass unsere Kritik daher rührt, dass wir uns vom Feminismus und der Gender-Ideologie (der Mutter aller Übel!) haben einwickeln lassen, und dass wir im tiefsten Innern nach Macht, jetzt im Sinne von Herrschaft streben..., auf all das antworten wir mit den Worten des Johannes: „Darum verkünden wir euch, was wir gesehen und gehört haben, damit ihr Gemeinschaft mit uns habt, gleichwie wir Gemeinschaft haben mit Gott, dem Vater, und mit seinem Sohn Jesus Christus" (1 Joh 1,1.3). Dieses Buch ist ein kleines Beispiel dafür, dass wir nicht aus der Theorie, sondern aus der Erfahrung sprechen. Aus dem, was wir gesehen haben und weiterhin sehen, aus dem, was wir gehört haben und weiterhin hören, aus dem, was wir erlebt haben und weiterhin erleben. Und in Wahrheit sagen wir laut und deutlich, dass unsere Erfahrung in der Kirche oft, wenn auch nicht immer, eine *Erfahrung von Armut, Ausgrenzung und Leid* war und ist.

Deshalb glauben wir, dass die Erinnerung an das Leiden auf dem Weg zu einer Kirche als Gemeinschaft unverzichtbar ist, denn ohne unsere *memoria passionis* gibt es keine Heilung, keine Versöhnung, keine Gemeinschaft. Obwohl uns oft gesagt wird, dass der wahre Grund für unseren „Kampf" die Macht ist, ist dies für die große Mehrheit von uns überhaupt nicht der Fall. Die Zeugnisse, die wir vorgelegt haben, legen davon ein

---

81 Aureli Argemí, El Pregó (7-2014). Der Autor war ein Mönch von Montserrat und Sekretär des Abtes Aureli Maria Escarré i Jané (1908-1968), der vom Diktator Franco ins Exil geschickt wurde.

eindeutiges Zeugnis ab. Aber es muss auch gesagt werden, dass Macht *nicht* immer etwas Verabscheuungswürdiges ist: Macht (oder besser gesagt Autorität) kann ausgeübt werden, um andere zu ermächtigen, um ungerechte Strukturen zu verändern, um neue Realitäten zu schaffen, die das Reich Gottes manifestieren, und um voll und ganz an der Institution teilzuhaben, der wir angehören... Unsere *memoria passionis* wird im Leiden der Frauen am Fuße des Kreuzes erkannt, und auch in ihrer Verwirrung am Ostersonntag vor dem leeren Grab. Vor allem aber erkennt man sie in jenem Augenblick, der für Maria von Magdala den Übergang von der Angst zum Vertrauen, von der Verzweiflung zur Freude, vom Schweigen zur Sendung bedeutete. Wir haben es am Anfang des Buches und in unseren Zeugnissen auf andere Weise gesagt. Wir wiederholen es jetzt: Unsere *memoria passionis* bleibt nicht im sterilen Schmerz stecken, sondern lebt eine hartnäckige Hoffnung. Denn wir, die gläubigen Frauen, glauben an eine kirchliche Gemeinschaft, und wir wollen, dass sie HEUTE kommt.

Was sind die „existenziellen Peripherien", in denen wir Frauen in der Kirche gelebt haben und noch leben? Unserer Meinung nach betreffen sie im Wesentlichen vier Bereiche: Weisheit, Wort, symbolische Vermittlung und Leitung. Schauen wir uns also an, was wir damit meinen.

Weisheit: nicht nur das Wissen der Frauen als Lebenserfahrung, welches sie an neue Generationen weitergeben, sondern vor allem ihr Wissen über Gott. Ein bescheidenes und zugleich kraftvolles, leidenschaftliches und zartes Wissen, das in den Werken zahlloser Mystikerinnen und Mystiker geschmiedet wurde und das dennoch jahrhundertelang zum Schweigen gebracht/vergessen, wenn nicht gar verfolgt wurde, manchmal bis zum Tod, wie es der Begine Marguerite Porete (1250-1310) erging, die für ihr Werk auf dem Scheiterhaufen verurteilt wurde, und anderen. Es stimmt zwar, dass jeder Theresia von Avila, Theresa von Lisieux, Edith Stein oder andere „berühmte" Frauen kennt, aber es stimmt auch, dass viele Menschen nichts oder fast nichts über die Beginen, Juliane von Norwich oder Maria Skobtsova, wissen... Es ist unbestreitbar, dass das Schweigen und das Vergessen einen viel dickeren Schleier über die Frauen gelegt haben als über die Männer, auch wegen des atavistischen Misstrauens und des Verdachts auf mögliche „Hexerei", „teuflische Besessenheit" usw. Oder hat Teresia von Avila nicht selbst unter den harten Vorwürfen ihrer Beichtväter gelitten, als sie ihnen ihre mystische Erfahrung erklärte?

Wort: nicht so sehr das Wort, das erklärt, weitergibt, lehrt, wie die Katechese, sondern vor allem das Wort, das die Schrift auslegt (*Exegese*), das "Gott sagt" (*Theologie*), das das Evangelium verkündet (*Predigt*)... Als Beispiel sei hier das Zeugnis einer mexikanischen Theologin, einer Ordensfrau, angeführt, mit dem sich viele von uns identifizieren können. „Ich habe einen Doktortitel in Systematischer Theologie von einer der renommiertesten Universitäten der Welt, ich habe mein Doktorats-Examen mit der höchsten von der Universität vergebenen Note bestanden, und ich habe keine Vollzeitstelle an einer katholischen Universität. Mein Job ist schlecht bezahlt, ich habe

78

kein festes Gehalt, keine soziale Absicherung, keine Möglichkeit der Pensionierung. Ich muss doppelt so viel von meinem Wissen unter Beweis stellen, und ich sehe, wie einige meiner männlichen Studenten, von denen viele noch nicht einmal einen Master-Abschluss haben, akademische Positionen als Forscher oder Leiter theologischer Einrichtungen anstreben."[82] Es geht hier nicht um das Priesteramt, sondern um den gleichberechtigten Zugang zur theologischen Lehre. An den theologischen Fakultäten haben nur sehr wenige Frauen einen Lehrstuhl inne, was sich mit einer einfachen Internetrecherche leicht überprüfen lässt. Es gibt diese „gläserne Decke", die man zwar nicht sieht, aber Frauen überall an Grenzen stoßen lässt. So sind Frauen in Universitäten (wenn wir das Glück haben, dort aufgenommen zu werden) als Gastdozentinnen, Stellvertreterinnen usw. zu finden. Und selbst wenn wir sie alle in die Berechnung einbeziehen, liegt der Prozentsatz unserer Präsenz im besten Fall bei 15-20 % im Vergleich zu Männern. Denn das „Normalste" ist, dass bei gleicher Qualifikation eines Priesters und einer Frau der Priester die Stelle bekommt – und was nicht ungewöhnlich ist, selbst wenn er eine geringere Qualifikation hat. Hier lebt und gedeiht der Klerikalismus!

Sakramentale Vermittlung: Das ist der Bereich, von dem wir heute absolut ausgeschlossen sind. Was ist mit diesem Ausdruck gemeint? Wir überlassen das Wort Franziskus: „Wenn wir in dieser Beziehung zu Gott und zu seinem Volk stehen und die Gnade durch uns hindurchgeht, sind wir Priester, Mittler zwischen Gott und den Menschen."[83] Wir könnten einfach sagen, dass der Priester eine „Brücke" zwischen Gott und dem Menschen ist. Nicht „die" Brücke in dem Sinne, dass er nicht der einzige Zugang zur Gnade Gottes ist, sondern dass sein Amt (Dienst) ein Gemeinschaft schaffender Dienst ist, der die Liebe Christi und die Person/Gemeinde zusammenbringt. Dies geschieht durch sakramentale Handlungen (Eucharistie und andere Sakramente), aber auch durch seine fleischgewordene Gegenwart in den Leiden und Freuden der Menschen, durch sein mitfühlendes Wort, das begleitet, und jenes, das für diejenigen eintritt, deren Rechte verletzt werden... Durch seine Person, die „gesalbt wird, um zu salben", um „Balsam auf so vielen Wunden zu sein", wie

82 Marilú Rojas Salazar, mexikanische Theologin und Ordensfrau, in https://unassemillitas.com/2021/01/02/experiencia-de-ser-mujer-y-religiosa-en-la-iglesia-catolica/
83 Franziskus, Predigt des Hl Vaters Franziskus in der Chrisam-Messe, 2013,
https://www.vatican.va/content/francesco/es/homilies/2013/documents/papa-francesco_20130328_messa-crismale.html.

die große Etty Hillesum schrieb[84].

Dieser Bereich ist der problematischste im Hinblick auf eine radikale Änderung des Herangehens, da er direkt auf das *anthropo-theologische* Verständnis von der Frau hinweist, die jahrhundertelang als Verantwortliche für die ursprüngliche Schuld betrachtet wurde, sowie als das „unvollkommene Männliche" (Hl. Thomas)[85]. Hier ist die stärkste und entschiedenste Ablehnung der Frau als Vermittlerin des Heiligen, als Repräsentantin Gottes/Christi, angesiedelt. Eine Ablehnung, die, wie wir glauben und wie die männlichen Autoren des Buches in ihren Beiträgen wiederholt bekräftigen, die Frucht einer voreingenommenen Sichtweise ist: der patriarchalischen und androzentrischen Vorstellung, für die die Gestalt Christi untrennbar mit seinem menschlichen Dasein als Mann verbunden ist. Dies hat zu der Auffassung geführt, dass, wie Mary Daly sagte, „wenn Gott männlich ist, dann ist der Mann Gott".

Wir lehnen diesen schwerwiegenden theologischen Reduktionismus ab, der besagt, dass nur und ausschließlich Männer Christus neu darstellen können. Wir tun dies in erster Linie aus dem theologischen Grund der wesentlichen Gleichheit aller durch die Taufe, aufgrund derer auch Frauen Abbild Christi sind. Dies ist jedoch nicht der einzige Grund. Die früheste christliche Tradition - Paulus und Johannes - bietet eine absolut inklusive Vision der Christus-Wirklichkeit, wie die Theologin Elizabeth Johnson erklärt: „Gegen einen naiven Physikalismus, der die Totalität des Christus in dem Menschen Jesus zusammenfasst, erweitern Metaphern wie der Leib Christi (1 Kor 12,12-27) und die Zweige, die den Wein tragen (Joh 15,1-11), die Wirklichkeit Christi, um die gesamte erlöste Menschheit, Schwestern und Brüder, die sich noch auf dem Weg befindet, einzuschließen. ... Die biblische Christologie erweitert den Christusbegriff sogar noch weiter (Kol 1,15-20), indem sie feststellt, dass das Universum selbst dazu bestimmt ist, in

---

84 Die Tiefe der spirituellen Erfahrung von Etty Hillesum macht sie zu einer der großen zeitgenössischen Mystikerinnen; ihre Tagebücher, die erst kürzlich, 65 Jahre nach ihrem Tod in Auschwitz am 30.11.1943, vollständig veröffentlicht wurden, offenbaren ihre innere Entwicklung vom Agnostizismus zu einer tiefen Gotteserfahrung inmitten des Nazi-Grauens: „Nur eines wird mir immer klarer: dass du uns nicht helfen kannst, dass wir dir helfen müssen, und so werden wir uns selbst helfen. Das ist das Einzige, was in diesen Zeiten wichtig ist, Gott: ein Stückchen von dir in uns zu retten. Vielleicht können wir auf diese Weise etwas tun, um Dich in den verzweifelten Herzen der Menschen wieder auferstehen zu lassen... Ich habe meinen Leib wie Brot gebrochen und unter die Menschen verteilt... Man möchte ein Balsam sein, der über so viele Wunden gegossen wird..." (12. Juli, 13. Oktober 1942). Vgl. The letters and diaries of Etty Hillesum. Completed and unabridged, Ottawa, 2002; Diario de Etty Hillesum. Una vida conmocionada, Anthropos, 2008; Etty Hillesum, El corazón pensante de los barracones. Cartas, Anthropos, 2005; Paul Lebeau, Etty Hillesum. Un itinerario espiritual. Amsterdam, 1941 - Auschwitz, 1943, Sal Terrae, 2000; Wanda Tommasi, Etty Hillesum. La inteligencia del corazón, Narcea, 2003; José I. González Faus, Etty Hillesum. Una vida que interpela, Sal Terrae, 2008; Etty Hillesum. Obras completas (Maestros Espirituales Cristianos), Ed. Monte Carmelo, 2020. (Deutsch: Ich will die Chronistin dieser Zeit werden. Sämtliche Tagebücher und Briefe. Herausgegeben von Klaas A. D. Smelik und Pierre Bühler, aus dem Niederländischen von Christina Siever (Tagebücher) und Simone Schroth (Briefe). C.H. Beck Verlag, München 2023, Paul Lebeau: Das suchende Herz. Der innere Weg von Etty Hillesum. Patmos Verlag, Ostfildern 2016)

85 „In Bezug auf die besondere Natur betrachtet, ist die Frau etwas Unvollkommenes und Gelegentliches. Denn die aktive Kraft, die im Samen des Mannes wohnt, hat die Tendenz, im männlichen Geschlecht etwas zu erzeugen, das ihm ähnlich ist. Dass eine Frau weiblich geboren wird, liegt entweder an der Schwäche der aktiven Kraft oder an der schlechten Veranlagung der Materie oder auch an einer Veränderung, die durch ein äußeres Mittel hervorgerufen wird, zum Beispiel durch die Südwinde, die feucht sind, wie es in dem Buch De Generat Animal heißt", S. Thomas, Summa Theologica (I, q. 92), unter http://hjg.com.ar/sumat/a/c92.html.

einem versöhnten neuen Himmel und einer versöhnten neuen Erde christomorph zu sein."[86] So stellt Christus ein neues religiöses Paradigma dar, das über die Religion hinausgeht und demzufolge „alles", „was durch ihn (das Wort) geschaffen wurde" (Joh 1), an ihm teilhat, sein Leib ist, Abbild Christi ist. Dies wird in einer der beispielhaftesten Passagen des Evangeliums, die als „Jüngstes Gericht" bekannt ist, sehr deutlich zum Ausdruck gebracht: „Wahrlich, ich sage euch: Was ihr dem Geringsten meiner Brüder getan habt, das habt ihr mir getan... Wahrlich, ich sage euch: Was ihr dem Geringsten nicht getan habt, das habt ihr mir nicht getan" (Mt 25,40).

Die Auffassung, dass es für Frauen unmöglich sei, ‚in persona Christi'[87] zu handeln, impliziert nicht nur einen Ausschluss an sich, sondern hat für uns besonders schwerwiegende Konsequenzen auf theologischer Ebene. Denn der Gott Jesu Christi rettet nicht von außen, sondern indem er von innen her annimmt und umwandelt, was die Person ist - die ganze Person, einschließlich ihres geschlechtlichen Status -, denn „was nicht angenommen wird, ist nicht erlöst" (St. Irenäus). Für Johnson und viele andere feministische Theologinnen ist klar, dass aufgrund des „Dualismus, der die männliche und die weibliche Menschheit voneinander trennt, die Männlichkeit Christi die Erlösung der Frauen gefährdet". Wenn also „die Männlichkeit für die Christusfunktion wesentlich ist, dann sind die Frauen von der rettenden Verbindung getrennt". Das Urteil der Theologin, die als eine der renommiertesten Theologinnen weltweit gilt, fällt hart aus: „Die tatsächliche Geschichte des Christus-Symbols zeigt eindrucksvoll, wie eine unausgewogene Konzentration der Aufmerksamkeit auf die Männlichkeit die Theologie Gottes, die christliche Anthropologie und die gute Nachricht des Heils verzerrt".

Als gläubige Frauen rebellieren wir gegen diese theologische Verzerrung, die uns nicht als das anerkennt, was wir sind: Töchter, Schwestern und Mütter Christi. „Und mit Blick auf die, die um ihn herum saßen, fügte er hinzu: ‚Diese sind meine Mutter und meine Geschwister. Denn jeder, der den Willen Gottes tut, ist mein Bruder und meine Schwester und meine Mutter' (Mk 3,31-35). Ja, auch „Mütter" Christi: würdig, ihn in der Welt gegenwärtig zu machen, so wie es die Männer tun.

Leitung: In einer Kirche-Communio ist Leitung ein Charisma, das in den Dienst der Gemeinschaft gestellt werden muss, um zu führen, zu beraten, zu lehren, aufzunehmen, zu begleiten, im Glauben zu bestärken... Die enge Verbindung mit dem priesterlichen/episkopalen Amt hat es für Frauen unmöglich oder fast unmöglich gemacht, echte Leitung in der Kirche auszuüben. Zugegeben, Franziskus bringt in dieser

---

86 .Elizabeth Johnson, "La masculinidad de Cristo", (Die Männlichkeit Christi) in Concilium: Revista internacional de teología, (238, 1991), 489-499.

87 Dies ist eines der dem Amtspriestertum innewohnenden Attribute; der heilige Thomas sagt: „Dieses Sakrament (Eucharistie) ist von solcher Würde, dass es in der Person Christi vollzogen wird. Jeder, der in der Person eines anderen wirkt, muss dies aufgrund der ihm verliehenen Vollmacht tun... Christus, wenn er den Priester weiht, gibt ihm die Vollmacht, dieses Sakrament in der Person Christi zu konsekrieren" (S. Th., III, 82, 1).

Hinsicht eine neue Dynamik in die Kurie, aber es ist noch ein weiter Weg zu gehen. Eine Blume macht noch keinen Frühling, und selbst wenn der Papst Frauen in kirchliche Ämter ernennt, die bisher den geweihten Männern vorbehalten waren, ist dies in den allermeisten Diözesen der Welt noch nicht der Fall. Der Klerikalismus ist immer noch sehr, sehr präsent. Da wir aber schon ausführlich darauf eingegangen sind, wollen wir uns nicht weiter dazu äußern. Die Realität ist mehr als offensichtlich.

Die „Sprünge", die gemacht werden müssen

Feministische Theologie arbeitet mit sehr klaren Zielen: die (Wieder-) Erlangung der Würde aller in ihrer *Einzigartigkeit* und die Bestätigung, dass diese Einzigartigkeit in ihrer Vielfalt in *Wechselbeziehung* gelebt werden muss, damit wir von voller Menschlichkeit sprechen können. Dies erfordert die Suche nach einem neuen Beziehungsmodell: weder ein hierarchisches, das auf einer pyramidalen Struktur gründet, noch ein solches, das alles zu einem undifferenzierten Kuddelmuddel reduziert. Es handelt sich vielmehr um ein Modell, das die *Inklusion* nachdrücklich befürwortet, das von der Vielfalt begeistert ist, das zirkulär ist, das synodal ist... Es geht darum, wie Johnson sagt, „das System zu transformieren"[88] Wir sehen also, dass es dringend notwendig ist, einige ‚Sprünge' zu machen, sowohl auf der strukturellen als auch auf der lehramtlichen Ebene.

Ein *erster Sprung* – und zwar dieser auf der strukturellen Ebene -, der uns sehr helfen würde, in unserem Bewusstsein für unsere *Ekklesia* der Gemeinschaft zu reifen, und der sowohl Demut als auch Mut erfordert, besteht darin, unsere Kirche zu entklerikalisieren, wie Franziskus unterstreicht. Das bedeutet, die Verbindung zwischen dem geweihten Amt und der Autorität zu lösen. Autorität des Wortes, moralische Autorität, Leitung... Es ist unbestreitbar, dass das Wort der Laien, ob weiblich oder männlich, in unserer Kirche nur sehr wenig (keine?) wirkliche Autorität hat. Es stimmt, dass es in einigen Laienbewegungen und kirchlichen Bereichen eine Führungsrolle der Laien gibt, aber nicht so sehr innerhalb der kirchlichen Institution. Was die Frauen betrifft, so ist es mehr als offensichtlich, dass wir noch einen langen Weg vor uns haben.

Auf jeden Fall ist ein *zweiter Sprung* notwendig und dringend, der viel tiefgreifender ist als der Erste, weil er Bereiche betrifft, die alles andere als unbedeutend sind: Den anthropologischen, den kulturellen und den theologischen Bereich. Dieser zweite Sprung wäre ein grundlegender Meilenstein auf dem Weg zu einer wirklichen Kirchlichkeit der Gemeinschaft: Das Verständnis der Frau als Abbild Christi, so wie bei den Männern, und daher ebenfalls würdig, in der Kirche ‚*in persona Christi*' zu handeln. Jenseits der "christologischen" Interpretation des priesterlichen/episkopalen Amtes - der Priester/Bischof handelt ‚*in persona Christi*' *capitis* - gibt es den sehr harten Stolperstein einer jahrhundertealten „Tradition", der zufolge Frauen das Göttliche *nicht*

---

88 Elizabeth Johnson, La que es. El misterio de Dios en el discurso teológico feminista, Herder, 2002. (deutsch: Ich bin, die ich bin. Wenn Frauen Gott sagen, Patmos, Düsseldorf 1994)

repräsentieren oder vermitteln können. Darüber haben wir bereits ausführlich nachgedacht. Dies wäre *die* wirkliche kopernikanische Wende in der katholischen Lehre, denn sie würde bedeuten, Jahrhunderte und Jahrhunderte von „theologischen" Argumenten umzustoßen, die das Ergebnis einer patriarchalischen und androzentrischen Mentalität sind, die darauf abzielt, die symbolische und praktische Überlegenheit des Mannes gegenüber der Frau zu erhalten. Trotz der wiederholten Bekräftigung des Lehramtes, dass die Kirche unseren „weiblichen Genius" braucht.

Die Dringlichkeit dieses Sprungs, der viel komplexer ist als der erste, wird nicht von einigen wenigen „feministischen" und machthungrigen Frauen behauptet, sondern von vielen Gläubigen, die den Irrtum des normativen Begriffspaares Priestertum-Männlichkeit verstehen. Zu ihnen gehört zum Beispiel der renommierte Kirchenhistoriker Alberto Melloni. Anlässlich der Einsetzung der ersten Kommission für den Frauendiakonat durch Franziskus (2016)[89] veröffentlichte Melloni einen interessanten Artikel, in dem er von „drei Themen (sprach), die von ohrenbetäubendem Schweigen begleitet wurden", die die Kommission damals endlich hätte brechen können, darunter das Schweigen der theologischen Reflexion über den Ausdruck ‚in persona Christi'. Wir lesen:

„... Das andere (Schweigen) betrifft das theologische Überdenken des Ausdrucks ‚in persona Christi': Hier hat die Kultur der weiblichen Unterordnung der antiken Welt über das christliche Verständnis der Taufe in Christus gesiegt, in der es ‚nicht mehr männlich noch weiblich' gibt... Die apostolische Nachfolge des Mannes Jesus durch die männlichen Apostel hat die Fähigkeit, ‚in persona Christi' zu handeln, an ein einziges Geschlecht gebunden: als ob die Männlichkeit Jesu ein notwendiger Bestandteil der Wahrheit der Inkarnation und damit ein geschlechtsspezifisches Privileg wäre". Das Normative an Jesus ist nicht seine Männlichkeit (...), sondern das Kreuz und der Tod am Kreuz, mit dem jeder Christ, ob Mann oder Frau, in der Taufe mit dem dreieinigen Gott verbunden ist."[90]

Die Geschichte lehrt uns, dass sich Veränderungen der Wahrheit lange Zeit im Stillen zusammenbrauen, bis der richtige Moment - *Kairos* - kommt, in dem plötzlich das

---

89 Nach dem Scheitern dieser Kommission, die keine Einigung erzielt hat, hat Franziskus im April 2020 eine weitere Kommission eingesetzt. Wir werden sehen, was die Ergebnisse, falls überhaupt, sein werden. Bis heute ist das Schweigen wieder einmal ohrenbetäubend. Vielleicht, so möchte man meinen, ist dies auf die lange Zeit der COVID-19-Pandemie zurückzuführen.

90 "Eppure la commissione sulle diacone potrebbe segnare anche la rottura di tre assordanti silenzi che soffocano le chiese da decenni... L'altro (silenzio) riguarda il ripensamento teologico di una espressione –‚in persona Christi'– grazie alla quale la cultura della subordinazione femminile del mondo antico ha vinto la concezione cristiana del battesimo in Cristo nel quale non c'è più 'né maschio né femmina'... La successione apostolica al maschio-Gesù degli apostoli-maschi vincolava la capacità di agire in ‚in persona Christi' a un solo genere: come se la mascolinità di Gesù non fosse una componente necessaria alla verità dell'incarnazione, ma un privilegio sessista. Ciò che è normativo di Gesù non è la sua mascolinità dichiarata dalla nudità della croce (il velo del crocifisso serve a nascondere la circoncisione non il sesso): ma la croce e la morte di croce alla quale ogni cristiano, maschio o femmina, è unito nel battesimo trinitario", A. Melloni, "I 3 silenzi sulle diacone", in La Repubblica (24-09-2016). Der Verfasser ist Dozent der Geschichte des Christentums an der Universität von de Modena und Reggio Emilia.

scheinbar Unmögliche Wirklichkeit wird. Es ist der Moment, in dem der Geist zum Feuer wird und alles entzündet, was er berührt. Für die Kirche war das Zweite Vatikanum ein solcher *Kairos*. Unsere hartnäckige Hoffnung führt uns zu der Überzeugung, dass es nicht der letzte war.

Mehr zum Thema Berufung

Die theologale[c] Dimension: das Aschenputtel der theologischen Reflexion über Frauen und das Priestertum?

In der theologischen Debatte über die Frage des Frauenpriestertums gibt es einen Punkt, der, wohlwollend ausgedrückt, keine besondere Aufmerksamkeit genießt: die theologale Dimension. Und diese beruht auf einer "Erbsünde", einer seit langem bestehenden Verzerrung: der Trennung zwischen dem *theologalen Bereich* und der *theologischen Reflexion*.

Die theologale Realität, die jeder gläubigen Existenz zugrunde liegt, sowohl auf individueller als auch auf gemeinschaftlicher Ebene, scheint in der theologischen Reflexion über die ordinierten Ämter der Frauen, in diesem Fall das Priesteramt, nicht berücksichtigt worden zu sein und wird auch nicht berücksichtigt, wie es eigentlich sein sollte. *Geist/Ruah, Berufung, Charismen, die Heilssendung der Kirche...* All diese Realitäten gehören zur Bedingungslosigkeit dieser heiligen Sphäre (de gratia), die auf keinen Fall ignoriert werden darf.

Vor allem sollte die theologische Reflexion über die Frauen und die Ämter in der Kirche dem *Geist/Ruah* nicht nur einen bedeutenderen, sondern auch einen vorrangigeren Raum bieten. Im Allgemeinen beruht das Gewicht der theologischen Argumentation auf der gleichen Würde von Männern und Frauen als Glieder desselben Leibes Christi durch die Taufe. Aber die Erfahrungen in unserer real existierenden Kirche zeigen, dass es diese wesentliche Gleichheit nicht gibt, wie es im Geist Christi sein sollte. Es mangelt an pneumatologischer „Sensibilität", die die Debatte erheblich voranbringen würde. „Wenn der Geist der Wahrheit kommt, wird er euch leiten, damit ihr die ganze Wahrheit versteht ... Was immer der Geist euch verkündet, wird er von mir empfangen" (Joh 16,5-15).

Zweifellos würde das Argument der Gleichheit in Christus in einer pneumatologischen Perspektive gestärkt werden, die es direkt und untrennbar mit der *Realität der Berufung* - von Männern und Frauen - in Verbindung bringen und die schwerwiegende Verzerrung unmöglich machen würde, die heute durch die Leugnung der Möglichkeit der Berufung von Frauen zum Priestertum erfolgt. Aber heute glänzt der pneumatologische Ansatz durch seine Abwesenheit, und nicht nur in dieser Frage.

---

c   „theologal" = gottgewirkt. Siehe Fußnote a/

84

Es gibt jedoch noch eine weitere Überlegung. Die fundamentale Realität der *Gleichheit in Christus* besitzt heute nicht mehr die gleiche argumentative Kraft wie zu Beginn, weil wir uns als Gläubige auf sie innerhalb eines kulturellen Universums berufen, das bereits, zumindest theoretisch, an die gleiche Würde aller Menschen glaubt. So wird das, was für den christlichen Glauben ursprünglich ist - insofern es vom Ursprung, der Christus-Wirklichkeit, ausgeht - und was für die entstehende Kirche als absolut originell, beispiellos und gegenkulturell empfunden wurde, heute von der Mehrheit als etwas Selbstverständliches wahrgenommen. Daher ist der Ausschluss der Frauen vom Priesteramt für viele ein Skandal, wie vor allem die befragten Männer betonten. Aber für den traditionalistischen Sektor, der die Gesellschaft mit Argwohn und Angst betrachtet, wird die grundlegende Gleichheit der Getauften, die bis zu ALL ihren Konsequenzen - d.h. dass auch Frauen Priesterinnen sein können - mit den Forderungen der Gesellschaft und ihrem „perversen" Einfluss auf die Gläubigen in Verbindung gebracht. Ist es nicht so, dass wir Frauen als „Feministinnen" gebrandmarkt werden, die einfach dem Strom der Gesellschaft folgen? Was man uns zugesteht, ist eine entkoffeinierte Gleichheit in Christus, die völlig wirkungslos bleibt".

Der Begriff „Gleichheit an sich" ist also grundlegend und unbestreitbar, aber er hat heute gewisse Grenzen. Die pneumatologische Perspektive würde jedoch helfen diese zu überwinden oder zumindest deutlich zu verringern. Denn sie würde uns „zwingen", sie in ihrer ganzen Tragweite zu betrachten, das heißt, die richtigen kirchlichen Konsequenzen aus der wesentlichen Gleichheit in Christus zwischen getauften Männern und getauften Frauen zu ziehen. Und dies auch in den lehramtlichen Dokumenten. Oder vornehmlich dort?

Die *Ruah* ist die Geburtsstunde der Kirche; sie bei den Überlegungen über das Amt der Frau zu verschweigen, ist eine schwere Unterlassungssünde und ein großer Mangel an theologischer Stringenz. "Der Heilige Geist erfüllte sie alle, und sogleich begannen sie in verschiedenen Sprachen zu reden, wie der Geist es ihnen eingab" (Apg 2,4).

Die Berufung

Wir wissen, dass es in unserem Inneren einen Raum gibt, der so intim und tief ist, dass er immun bleibt gegen alles, was „von außen" kommt, wie biologische, soziale, kulturelle Prägungen... Ein heiliger Raum, der manchmal plötzlich aufleuchtet und uns Gott „berühren" lässt. In dieser theologalen Sphäre des absolut Bedingungslosen, Unverfügbaren geschieht das Unerwartete und zugleich unmittelbar Erkennbare. Unerwartetes, das ohne jede Vermittlung geschieht, weder von unserer Vernunft, die alles analysieren will, noch von unserer Sensibilität, die alles durch die Psyche filtert. Unerwartetes, das wir dennoch als das uns Eigene erkennen und annehmen, weil es *von innen heraus zu uns nach innen kommt*. Plötzlich oder leise, plötzlich oder beharrlich. Niemand und nichts kann uns an seiner Wahrheit zweifeln lassen. Unsere Berufungszeugnisse zeugen davon.

85

Dieses „unerwartete Ereignis" wird *Berufung* genannt. Wie wir zu Beginn des Buches gesagt haben, hat man jahrhundertelang von Berufung gesprochen, indem man sie mit der priesterlichen und der religiösen Berufung identifizierte, als ob es nur diese gäbe. Glücklicherweise ist dies heute mehr als überwunden worden. Aber was die Berufung zum Priestertum betrifft, so geschieht etwas Merkwürdiges: Bei den Männern spricht man immer mit großem Nachdruck von „Gabe Gottes", „Ruf/Berufung Gottes", „innerer Ruf des Herrn", „Geschenk der göttlichen Gnade"[91], während bei den Frauen alles auf „Anziehung", „einfache persönliche Anziehung", „rein subjektiven" Eindruck reduziert wird[92]. Das Argument, dass es für uns Frauen unmöglich ist, eine Berufung zum Priestertum zu haben, und dass es sich daher in jedem Fall um eine Phantasie oder Selbsttäuschung handelt, nimmt friedlich seinen Platz während gleichzeitig die priesterliche Berufung der Männer als selbstverständlich verteidigt wird.

Ein gutes Beispiel dafür findet sich in dem 2016 von der Kongregation für den Klerus erstellten Dokument zur Aktualisierung der Ausbildung künftiger Priester mit dem Titel: „Das Geschenk zur Berufung zum Priestertum."[93] Wie es in der Einleitung heißt: „ist es angebracht, das Lehramt der Päpste zu berücksichtigen (...) das nachsynodale Apostolische Schreiben ‚Pastores dabo vobis' (1992), das Apostolische Schreiben - in Form eines *motu proprio* - ‚*Ministrorum institutio*' (2013)". Das Dokument behauptet also die Kontinuität mit dem vorherigen Lehramt und fügt Franziskus' eigene Nuancen hinzu, wie zum Beispiel, dass es notwendig ist, „Hirten ‚mit dem Geruch von Schafen' auszubilden", dass „jeder Priester sich immer als Jünger auf dem Weg fühlen sollte", dass „zukünftige Priester erzogen werden sollten, damit sie nicht in ‚Klerikalismus' verfallen" ...

Wie üblich entspricht der Titel *Das Geschenk der Priesterberufung* den ersten Worten des Dokuments. Und wenn man liest, was unmittelbar danach gesagt wird, „von Gott in das Herz gesät", ist es mehr als offensichtlich, dass wir uns fragen müssen: Warum gilt das für Männer, während es für Frauen nicht gilt? Und erinnern wir uns daran, dass Aussagen wie die „edle und nachvollziehbare Anziehungskraft" (des Amtes) „noch keine echte Berufung darstellt", und die Rede von der „rein subjektiven Neigung" nicht etwa in einem kleinen Dokument auftaucht, sondern in *Inter insigniores*, und was das auf lehramtlicher Ebene mit sich bringt! Es gibt kein ernsthaftes Argument, das diese doppelte Bewertung aufgrund des Geschlechts rechtfertigen würde. Und ist es nicht ein völlig unangemessener Reduktionismus, mit ausschließlich psychologischen Begriffen - *Anziehung... Neigung... subjektiv...* - das zu definieren, was „Teil des Geheimnisses ist und nicht verstanden werden kann", wie Martini sagt, der aus seiner tiefen Spiritualität und

---

91 Ausdrücke, die man im Dokument Das Geschenk der Berufung zum Priestertum, worüber wir anschließend sprechen werden.
92 Wir verweisen auf die Texte von Paul VI und Johannes Paul II, die wir mi ersten Kapitel erwähnt haben.
93 Kongregation für den Klerus, Das Geschenk der Berufung zum Priestertum, Ratio Fundamentalis Institutionis sacerdotalis, 2016.

86

langen pastoralen Erfahrung heraus über die priesterliche Berufung spricht?[94]

Wir fahren fort: Ein Titel sollte immer die mehr oder weniger gelungene Synthese des enthaltenen Inhalts sein, ob Buch, Artikel, Lied, Film... Unser besonderer Titel hier besagt, dass der Kern des Buches die (persönliche) *Berufung* zum Priestertum ist. Dieser Ansatz wird sicherlich in einigen kirchlichen Kreisen zugunsten eines anderen Ansatzes kritisiert, nämlich der Berufung, die als *Ruf der Kirche* durch die Gemeinde verstanden wird, um auf ihre Bedürfnisse zu antworten. Aber das ist jetzt nicht das Thema. Also zurück zum Dokument.

Die Tatsache, dass die Berufung ein Geschenk Gottes ist, hat natürlich eine erste Konsequenz: die Aufmerksamkeit und die Fürsorge, die die Kirche ihr entgegenbringen muss. Es heißt nämlich: „Die kirchlichen Berufungen sind Ausdruck des unermesslichen Reichtums Christi (vgl. Eph 3,8) und müssen daher mit aller pastoralen Fürsorge geschätzt und gepflegt werden, damit sie gedeihen und reifen können" (II,11). Ja, wir Frauen, die zum Priestertum berufen sind, sind uns bewusst, dass es sich um eine Gnade handelt, um eine *„Manifestation des unermesslichen Reichtums Christi"*. Und dass sie nicht für uns, sondern für die Kirche bestimmt ist. Deshalb schmerzt und empört uns unser Ausschluss, denn er ist die Verschwendung eines unermesslichen geistlichen Reichtums. Jenes Reichtums, den unsere Zeugnisse bekunden.

Welch ein Paradoxon! Die Kirche bittet uns immer wieder, für die männlichen Priesterberufe zu beten, an denen es mangelt, und wirft gleichzeitig die der Frauen über Bord, die darum bitten, anerkannt, „geschätzt und gefördert" zu werden. Und sie rechtfertigt den Ausschluss im Namen der Tradition und der Unmöglichkeit, über sich selbst zu verfügen[95]. Jesus sagte jedoch: „Mit euren Überlieferungen, die ihr von einem zum anderen weitergebt, hebt ihr auf, was Gott bestimmt hat" (Mk 7,9). Und das, was Gott uns „verordnet" hat, ist die Offenheit für seine Gnade, die uns dazu führt, sie in der Hoffnung zu leben, auch wenn dies mit Schmerzen verbunden ist. „Unter den verschiedenen Berufungen, die der Heilige Geist unaufhörlich im Volk Gottes erweckt, ist die Berufung zum Amtspriestertum...", heißt es in dem Dokument. Ist unser Ausschluss vom Amtspriestertum also nicht eine Sünde gegen den Heiligen Geist?

Es gibt ein weiteres Argument dafür, dass die Berufung der Frauen nicht als authentisch gilt. In *Inter insigniores* heißt es: „Eine Berufung ist nur dann authentisch, wenn sie durch den äußeren Ruf der Kirche bestätigt wird" (Mk 3,13). Wie kann eine

---

94 C. M. Martini, La vocación en la Biblia. De la vocación bautismal a la vocación presbiteral, Madrid, 1997. (Die Berufung in der Bibel. Von der Berufung in der Taufe zur Priesterberufung)

95 „Ich erkläre, dass die Kirche in keiner Weise die Befugnis hat, Frauen die Priesterweihe zu erteilen", J. Paul II., Apostolisches Schreiben Ordenatio Sacerdotalis (1994); "Es ist nicht so, dass wir es nicht wollen, sondern dass wir es nicht können [Frauen weihen]... Wir können nicht tun, was wir wollen, aber es gibt einen Willen des Herrn für uns, an den wir uns halten müssen, auch wenn es in dieser Kultur und in dieser Zivilisation mühsam und schwierig ist", BENEDICT XVI. Licht der Welt. Der Papst, die Kirche und die Zeichen der Zeit. Ein Gespräch mit Peter Seewald, Herder, Freiburg i. Brsg. 2010,

solche Unterscheidung durch die Kirche erfolgen, wenn die größere, die eigentliche Möglichkeit der Berufung geleugnet wird? In diesem Sinne ist das Dokument von 2016: „Das Geschenk der Berufung zum Priestertum" viel genauer, da es statt von „Beglaubigung" von „Konkretisierung" spricht: „Die priesterliche Berufung hat ihren Ursprung in einem Geschenk der göttlichen Gnade, das dann in der sakramentalen Weihe konkret wird".

Charismen und Unterscheidungsvermögen

Seit dem Zweiten Vatikanischen Konzil ist viel von Charismen, Früchten des Geistes, Gaben für die Kirche die Rede... Die Realität ist jedoch bescheidener, man könnte sagen, fast jämmerlich, vor allem, wenn es um ihre Erkenntnis in der Gemeinde geht, weil ihr kaum pastorale Aufmerksamkeit geschenkt wird. Wir meinen die Erkenntnis der Charismen im Allgemeinen, nicht nur der Priester- und Ordensberufe, die durchaus die ihnen gebührende Aufmerksamkeit genießen. Die Wahrnehmung durch die Kirche ist es, die ihr Wachstum, ihre Entwicklung und schließlich ihren Dienst in der Kirche möglich macht. Auch hier fehlt die pneumatologische Perspektive. Werden die Charismen in unseren Pfarrgemeinden ernst genommen? Gibt es eine Pastoral, die direkt darauf abzielt, zu ihrer Entdeckung beizutragen, um sie in den Dienst zu stellen? Gibt es Räume, in denen man in diesem Sinne wachsen kann? Gibt es von Seiten der Hierarchie eine Anerkennung der vorhandenen Charismen? Wenn man von der Unterscheidung der Charismen spricht, impliziert das die Möglichkeit, bei der Entdeckung möglicher Berufungen zum Weiheamt zu helfen...

Was uns betrifft: Über die Anerkennung unseres „weiblichen Genius", unserer „Besonderheit", „Würde" und „Heiligkeit" hinaus brauchen wir - oder besser gesagt, braucht die Kirche - eine echte Anerkennung unserer Charismen. Und das geschieht in Form von Sendung, Mission, Verantwortung, Autorität. Auch wenn Franziskus kleine Schritte unternimmt, sind wir noch weit entfernt von einer Kirche, die wirklich „aus Männern und Frauen" in voller Gleichberechtigung besteht. Das Bild der Nonnen, die im Jahr 2010 den Altar der Sagrada Familia in Barcelona vor den Augen von Benedikt XVI. und den teilnehmenden Bischöfen säubern, spricht nicht von Dienst, sondern von Knechtschaft. Und das vielleicht Traurigste ist, dass sie mit ihrer Rolle zufrieden zu sein schienen - so sehr ist der Klerikalismus verankert! In einer Kirche, in der die Diakonie nicht von allen gelebt wird, gibt es keine Agape. Dienst ist nicht Unterwerfung, sondern in Freiheit geschenkte Liebe.

88

Ruah, die Konsekrierende

„Wenn jener Geist der Wahrheit kommt

wird er euch in die ganze Wahrheit führen...

Heilige sie in der Wahrheit:

Dein Wort ist die Wahrheit.

Wie du mich in die Welt gesandt hast,

so sende ich sie."[96]

Geist - Wahrheit - Weihe - Aussendung in die Welt. Durch die Taufe kennzeichnet diese Abfolge, die ein „Ganzes im Prozess" ist, die christliche Existenz und macht uns alle zu Priestern, Propheten und Königen (*LG*). Die kirchlichen Ämter sind darauf ausgerichtet, *Diakonia* zu sein, also Dienst, in dem Charismen anerkannt und ausgeübt werden und eine Weihe stattfindet. Vom priesterlichen Dienst und der Berufung dazu kann man nicht ohne die *Ruah*, die Heilige Geistkraft, sprechen. Ohne SIE ist das Amt *von der* Kirche und *in* der Kirche ein Wort ohne Inhalt. Ohne SIE gäbe es auch keine Berufung zum Priestertum. Wir, die wir diese Berufung leben, ohne sie zu einer anerkannten und sichtbaren Sendung in der Kirche machen zu können, wissen, dass dies nicht etwas Unfruchtbares ist, sondern eine Prophezeiung. Schmerzhaft, aber fruchtbar. Eine „Geburt" Gottes.

Für einige ist dieser Schmerz jedoch so unerträglich geworden, dass sie, um ihren Gewissen zu folgen, entweder die katholische Kirche verlassen und sich für andere Schwesterkirchen entschieden haben, die das Priestertum der Frau anerkennen, oder sie haben andere Wege eingeschlagen.

Kann die Kirche angesichts dessen weiterhin den Geist unterdrücken, der heute wie gestern wirkt, indem er in unserem Frau-Sein *Berufung und Charisma* werden lässt? Kann die Kirche sich ihrer Heilssendung entziehen, dem Auftrag, der ihr erteilt wurde, jeder Person die Mittel zur vollen Verwirklichung ihrer christlichen Berufung anzubieten, die sich gegebenenfalls auch in der Berufung zum Priestertum konkretisiert?

Das Wirken der *Ruah* Gottes in uns sind unsere Charismen und ihre Verweigerung oder Behinderung ist eine Sünde gegen den Geist, die Einzige, die Jesus offen verurteilt hat: „Ich sage euch, dass den Menschen alle ihre Sünden und Lästerungen vergeben werden. Was ihnen nicht vergeben wird, ist die Lästerung gegen den Heiligen Geist" (Mt 12,31).

Trägheit, Angst vor Veränderungen und andere nicht bekennbare Gründe, die sich oft als „Treue zur Tradition" tarnen, haben bisher einen qualitativen Sprung hin zu einer authentischen Kirchlichkeit der Gemeinschaft verhindert. Jene Art, Kirche wie in der

---

96   Joh. 16, 13; 17, 17-18.

Urgemeinde zu sein, die das Zweite Vatikanum zum Leitmotiv seiner Botschaft gemacht hat. „Diese Charismen, ob sie nun außerordentlich oder allgemeiner und verbreiteter sind, sollen mit Dankbarkeit und Trost angenommen werden, weil sie den Bedürfnissen der Kirche sehr angemessen und nützlich sind..." (*LG*).

Sprechen wir also von Charismen, von Gaben, von Berufungen - auch zum Priestertum - für *alle*, und verstecken wir uns nicht hinter Argumenten, die eine voreingenommene Sicht und einen sehr zweifelhaften Glauben an die Heilige Geistkraft offenbaren. Warum kann behauptet werden, dass wir Frauen Glieder am Leib Christi sind, aber gleichzeitig das Wirken des Geistes Christi in uns nicht anerkannt wird? Und welche Mittel bietet uns die Kirche an, damit wir unserem konkreten Ruf folgen können, der weder Kanon noch theologische Argumente kennt, sondern von der Heiligen Geistkraft kommt, die in uns seufzt und die wir nicht zum Schweigen bringen können, auch wenn wir es manchmal gerne tun würden?

Der Apostel Paulus - von Christus „außerhalb" des Schoßes der Jesus-Tradition berufen und gesandt - schreibt: „Ihr seid der Leib Christi, und jeder von euch ist ein Teil von ihm" (1 Kor 12,27). Worte, die nicht aus einem argumentierenden Hirn, sondern aus einem bewegten Herzen kommen. Für ihn ist die Inkarnation Christi in uns keine Metapher. Und wenn sie das nicht ist, hat das Konsequenzen. Leib Christi *zu sein* ist ontologisch etwas anderes als *zu Christus zu gehören*. Denn die „Zugehörigkeit", auch wenn es die tiefste Gemeinschaft geben mag, wird immer noch in einer Dualität zwischen einem Ich und einem Du aufrechterhalten. Andererseits, wenn wir zutiefst „Leib Christi" sind – in Christus sind -, dem Christus, in dem wir leben und sterben, dann formt und gestaltet das unser Sein total (Röm 8). Aber diese Wirklichkeit, die uns gestaltet, ist in einem eher „schwachen" Sinn verstanden worden, viel näher am Metaphorischen als am Realen. Und das hat unter anderem zu einer Kirche geführt, in der es keine *reale* und keine *theoretische* Gleichheit zwischen den Getauften gibt.

Eine Gleichheit muss sich widerspiegeln in der echten und nicht nur theoretischen Anerkennung der Charismen aller Frauen und aller Männer. Charismen werden immer unerwartet geschenkt und sind fast immer störend für den *status quo*. Eine durch die Taufe wesensmäßige Gleichheit ist uns als Verheißung gegeben, damit wir sie verwirklichen können. Und zwar ab jenem „Geh und sag es meinen Schwestern und Brüdern", das der Auferstandene Maria Magdalena gab.

90

6. DIE GEGENWÄRTIGE SITUATION DER ORDINATION VON FRAUEN IN DER KIRCHE

Am 28. November 2022 überraschte Papst Franziskus mit einem Interview, das er der Jesuitenzeitschrift AMERICA gab.[97] Wir sagen „überrascht", weil er unter anderem das Thema Frauen in der Kirche und speziell die Frauenordination ansprach, und darin fügte der Papst der endlosen Liste von Argumenten, die Denker und das Lehramt der Kirche im Laufe der Zeit angehäuft haben, um Frauen den Zugang zur Priesterweihe zu verweigern, einen weiteren Grund hinzu. Und diesen hat er als theologisches Argument bezeichnet. Wir gehen später noch darauf ein.

Kurz nachdem Franziskus zum Papst ernannt wurde und von den Weltjugendtagen in Brasilien (2013) zurückkehrte, interviewten ihn Journalisten im Flugzeug und fragten ihn nach der Frauenweihe. Der Papst verneinte die Möglichkeit und antwortete ihnen, indem er sich direkt auf die Lehre von Johannes Paul II. zu diesem Thema bezog, eine Lehre, die er in der *Ordinatio Sacerdotalis* (1994) als „endgültig" erklären wollte, und sagte den Journalisten: „Was ihre (der Frauen) Ordination betrifft, hat die Kirche gesprochen und sagt: Nein. Johannes Paul II. hat es mit einer endgültigen Formulierung gesagt. Die ‚Tür ist zu'." Er ist bei dieser Antwort geblieben, ohne weitere Argumente hinzuzufügen.

In einem anderen Interview, das er vor kurzem gegeben hat, handelt es sich ebenfalls um eine private Aussage ohne lehramtlichen Charakter, und wieder nimmt er dieselbe Position ein und verweigert den Frauen den Zugang zum Altar. Er verwendet dazu alte Bilder, die jedoch in diesem Zusammenhang als neues Argument wirken.

Diese Bilder, d.h. diese Symbolik geht teilweise auf den Schweizer Theologen Hans Urs von Balthasar (1905-1988) zurück. Der Papst spricht sich erneut gegen die Ordination aus und fügt hinzu, dass die Motivation theologischer Natur sei: „Es handelt sich um ein theologisches Problem". Als Papst Franziskus gefragt wurde: „Und warum kann eine Frau nicht in das geweihte Amt eintreten?", antwortete er: „Weil das ‚petrinische Prinzip' keinen Platz für sie vorsieht". Er fährt fort: „Die Dimension des Amtes, können wir sagen, ist die der petrinischen Kirche. Ich beziehe mich hier auf eine bestimmte Gruppe von Theologen. Das petrinische Prinzip ist das des Amtes", sagte er.

Es stimmt, dass der Papst auf *administrativer* Ebene einige wichtige Schritte unternimmt, indem er einigen Frauen verantwortungsvolle Positionen im Vatikan überträgt und die Teilnahme von Frauen an der Welt-Bischofssynode erleichtert hat usw. Auch hat er wiederholt von der Notwendigkeit gesprochen, Frauen mehr und besser in die kirchlichen Gremien zu integrieren. Außerdem müssen wir den Wunsch nach Erneuerung und die Impulse, die Franziskus der Kirche gibt, anerkennen. All dies ist

---

97 Quelle: ESSPX.NEWS, 2-12.2022. Interview von Papst Franziskus in der Jesuitenzeitschrift AMERICA.

zu begrüßen und zu bedenken.

Doch kommen wir nun zum Inhalt des Interviews.

Der Papst unterscheidet drei Ebenen: „die dienende Dimension" der Kirche, ihre „bräutliche Dimension", denn die Kirche ist „die Braut Christi", und die „administrative Dimension". Auch wenn diese Aussagen nicht das feierliche lehramtliche „Gewicht" haben, so haben sie dennoch Gewicht, das sich daraus ergibt, dass es sich um die Meinung des römischen Pontifex handelt.

Er nennt drei Prinzipien: Das erste nennt er „petrinisches Prinzip". Das ist das Prinzip der Autorität; Das zweite „marianisches Prinzip", das der bräutlichen Liebe und das dritte, das nicht zur theologischen Ordnung gehört, „administratives Prinzip", das, wie der Papst sagt, „das der normalen Verwaltung ist". Diese drei Kategorien, die der Theologie von Balthasar entnommen sind, - obwohl das petrinische Prinzip, wie es auf das Papsttum angewandt wird, schon lange vor ihm definiert wurde - enthalten dennoch eine „geschlechtliche" Qualifikation und entscheidende geschlechtliche Nuancen: das petrinische/männliche Prinzip und das marianische/feminine Prinzip. Frauen haben keinen Zugang zum „petrinischen", dem männlichen Prinzip, das zwar dem „marianischen" untergeordnet ist, aber alle kirchlichen Vollmachten enthält. Während das „marianische" diesem zwar überlegen, aber bar jeglicher Vollmacht ist, kann es jedoch, auch wenn es weiblich ist, sowohl von Männern als auch von Frauen in Anspruch genommen werden.

Es ist ratsam weitere Fragen zu diesen Grundsätzen, die der Schweizer Theologe aufzählt, in Betracht zu ziehen. Erstens gibt es ihm zufolge fünf „Profile der Kirche", d.h. drei weitere, die ihre grundlegende Struktur ausmachen. Das petrinische Prinzip, das mit Petrus zu tun hat. Im Laufe der Kirchengeschichte wurde dieses Prinzip auf das Amt des Papstes angewandt. Von Balthasar erweitert diese Bedeutung und sagt, dass es mit dem Glaubensbekenntnis zu tun hat, das durch das Hirtenamt in der ganzen Welt in geordneter Weise verkündet wird, und betont die Ausdehnung und vertikale Struktur der Kirche.[98]

Aber, wie gesagt, fügt er diesem Prinzip drei weitere hinzu. 1. das paulinische Prinzip, das an den missionarischen Charakter des Paulus anknüpft. 2. das johanneische Prinzip - als Evangelist des neuen Gebots oder die Mystik der Liebe. Von Balthasar betrachtet die johanneische Mission als Mission der Einheit, die das paulinische und das petrinische Prinzip zusammenfasst, indem sie beide mit einer kontemplativen Vision verbindet. Es ist die Dimension, die in den evangelischen Räten gelebt wird und mit dem Akt der Vermittlung dieser kontemplativen und liebenden Dimension zu tun hat. 3. das jakobinische Prinzip, es stützt sich auf Jakobus, der die entscheidende Bewegung für die

---

98 Teologia Pastoral, Perfiles de la Iglesia según Hans Urs von Balthasar (Profile der Kirche gemäß Hans Urs von Balthasar). Samstag 9, Juli 2016.

92

Versöhnung zwischen Juden und Heiden gefördert zu haben scheint. Und vor allem steht es für die Kontinuität zwischen dem Alten und dem Neuen Bund: die historische Dimension der Kirche, die Tradition.

Und das marianische Prinzip bekräftigt, dass Maria das Modell des Glaubens für alle Mitglieder der Kirche ist. Es ist das Prinzip, das allen anderen vorausgeht, es geht auch dem petrinischen Prinzip voraus, es ist das höchste, das vornehmste[99] usw. Und „deshalb", sagt Papst Franziskus - aber das ist gar nicht so einfach zu akzeptieren - „ist es keine Benachteiligung, dass Frauen nicht in das Leben des Amtes eintreten", und noch weniger zu akzeptieren ist, wenn er fortfährt: „Nein. Euer Ort ist das, was er ist, und er ist viel wichtiger und das müssen wir noch entwickeln"... Denn das Seltsame ist, dass in diesen einundzwanzig Jahrhunderten Kirchengeschichte keine Zeit war, eine gültige Theologie zu entwickeln, weil es sich um etwas so Überragendes handelte. Die Wahrheit ist, dass „dein Ort ist viel wichtiger" wie eine Art „unerfüllter Trost" klingt.

Man muss sich auch die Absicht des Schweizer Autors vor Augen halten, als er diese Klassifizierungen vornahm, insbesondere die des petrinischen und des marianischen Prinzips, die eine ausgeprägt ökumenische Ausrichtung haben: „Er beabsichtigte, alle christlichen Konfessionen dazu zu bringen, den Primat der Kirche von Rom auf der Grundlage der Integration des petrinischen Prinzips in die marianische Mystik zu akzeptieren. Es ist kein Zufall, dass der Text, in dem Hans Urs von Balthasar dieses doppelte Prinzip, das marianische und das petrinische, darlegt, den Titel „Der antirömische Komplex" trägt: Wie das Papsttum in die Weltkirche integriert werden kann.[100] Diese ausgesprochen ökumenische Ausrichtung und Intention des Textes und des vom Schweizer Theologen verwendeten Bildes wird auch von Kardinal Marc Ouellet sehr deutlich „als Grundlage der Einheit der Kirche" interpretiert, wobei er sich vor allem auf die Protestanten und Anglikaner bezieht und unterstreicht, dass uns die Orthodoxen in dieser marianischen Frage sehr nahe stehen[101]. Wir wissen bereits, dass das Petrusamt oder das Papsttum immer ein schwieriger Fels in der Geschichte der Kirche war und im Mittelpunkt aller Brüche und Trennungen stand, die es im Laufe der Jahrhunderte innerhalb der Kirche gegeben hat.

Aber außerdem, und das ist sehr wichtig, stammen diese Kategorien von Hans Urs von Balthasar, einem Autor des 20. Jahrhunderts. Sie sind also neu und gehören nicht zur älteren Tradition der Kirche.

Es stimmt, dass diese Klassifizierung einen großen Einfluss auf das Lehramt hatte, da alle Päpste, die danach kamen, sie verwendeten. Es muss jedoch eine wichtige

---

99 Teología Pastoral, Ibidem. und José R. G. Murga, Estudios eclesiásticos (Kirchliche Studien) 79 (2004), recensiones, (Rezenzionen) p. 2/3.
100 Marinella Perroni, Il duplice principio. L'Osservatore Romano DCM-011, 3.12. 2022.
101 Gianni Cardinale, El papel de María es más profundo que el de Pedro, (Die Rolle Mariens ist viel tiefer als die Petrus) Kanada, Interview des Erzbischofs von Québec, Marc Oullet.

93

Feststellung gemacht werden: Keiner der drei Päpste, die diese Grundsätze erwähnt haben - Paul VI., Johannes Paul II. und Benedikt XVI. - hat sie als solche auf die Frage des Priestertums der Frauen angewandt, wohl aber auf die Ekklesiologie im Allgemeinen und das Papsttum im Besonderen.

Ein kurzer Blick in die Vergangenheit

Von diesem Bild bezieht sich nur Papst Franziskus direkt auf die Frage nach dem Priestertum der Frau. Damit fügt er - wie bereits gesagt - der langen Liste negativer Argumente, die im Laufe der Geschichte angeführt wurden, um Frauen den Zugang zum Altar zu verbieten, ein weiteres Argument hinzu. Argumente, die, ausgehend vom aristotelischen Prinzip der Minderwertigkeit der Frau (des „Mangels", der „Unvollständigkeit" usw.) im *„Zustand der Unvollständigkeit und Unterwerfung"*, konkretisiert werden und auch von weiteren Denkern formuliert wurden: Gratian (12. Jahrhundert), der als „Vater" des Kirchenrechts gilt, der heilige Thomas op. (13. Jahrhundert) und andere, die sich darauf berufen: „in erster Linie wegen des Zustands des weiblichen Geschlechts, das dem männlichen unterworfen sein muss" und zwar wegen der gleichen menschlichen Natur, so dass im Falle von Sklaven, die sich ebenfalls in einem Zustand der Unterwerfung befinden, die Weihe, wenn sie gespendet würde, zwar unerlaubt, aber nicht ungültig wäre. Wenn hingegen die Frau geweiht würde, wäre sie unerlaubt und ungültig, weil sie sich von Natur aus in einem Zustand der Unterwerfung befindet. „Deshalb kann im weiblichen Geschlecht keine herausragende Würde zum Ausdruck kommen, denn die Frau lebt in einem Zustand der Unterwerfung. Daher kann sie das Sakrament der Weihe nicht empfangen."[102]

Weiter lesen wir in den thomanischen Formulierungen: Die Frau ist von Natur aus untergeordnet, und sie ist nicht nur untergeordnet, sondern minderwertig: „Die Frau ist in allem minderwertig, und deshalb findet sich das Ebenbild Gottes im Mann in einer Weise, die sich in der Frau nicht bestätigt; der Mann ist der Anfang und das Ende der Frau, wie Gott der Anfang und das Ende der ganzen Schöpfung ist"... Diese thomanischen Formulierungen nehmen andere Ausdrucksformen an, die im Laufe der Zeit ohne Zugeständnisse dieselben Vorstellungen von der Minderwertigkeit des weiblichen Geschlechts wiederholen, hier zum Beispiel: „Die Ordination wird von der Verfassung der Kirche wegen ihres Geschlechts verhindert" oder, mit anderen Worten, „wegen der Schwäche ihres Geschlechts". Denn „die Ordination ist den vollkommenen Gliedern der Kirche eigen, da sie gegeben wird, um den anderen die Gnade zu verleihen". Aber „die Frau ist kein vollkommenes Glied der Kirche, sondern der Mann" (Huguntius, Hugo von Ferrara, Guido von Baysio, Godfrey von Trani und andere...), also

---

102 Hl Thomas von Aquin Summa Teológica, BAC, Madrid, MCMLVI, T. XV, Tratado del Orden. Supl- Q. 39, 1-6 p. 118, p. 124. Siehe: María José Arana und María Salas, Mujeres Sacerdotes ¿por qué no? , (Priesterinnen. Warum nicht?) Madrid, April 1994, S. 35-37 ff.

94

muss sie dem Mann unterworfen sein, „*weil der Mann das Haupt der Frau ist*"... Und, noch einmal, wegen des alten Antagonismus zwischen Eva und Maria.

Kurz gesagt, und wegen dieser radikalen Unterlegenheit „kann das weibliche Geschlecht keine herausragende Würde bedeuten." Und es werden Fragen der Unreinheit des Blutes konkreter, sodass Christus es nicht erlaubte: „Christus befahl dies: dass Frauen nicht geweiht werden sollten (...)" (Duns Scotus im 13./14. Jahrhundert). Weiter wird angeführt, dass - und dies ist ein sehr grundlegendes Argument, auf das wir zurückkommen werden - „Christus männlich war und weiterhin männlich ist (...)". Und dies ist auch der Hauptgrund, warum es für Frauen unmöglich ist, Christus zu verkörpern.

Zu diesen vielen Gründen für die Verneinung, die sich im Laufe der Zeit wiederholt haben, hören wir in unserem Leben weitere Argumente: dass Frauen beim letzten Abendmahl nicht anwesend waren, dass Jesus keine Frau geweiht hat - aber es sollte hinzugefügt werden, dass er auch keinen Mann geweiht hat -, dass die Jungfrau Maria nicht geweiht wurde, dass in der „ehrwürdigen" Tradition Frauen niemals geweiht wurden[103], und dass die Kirche „in keiner Weise die Befugnis hat, Frauen die Priesterweihe zu erteilen" (*Ordinatio sacerdotalis*) - welch ein Zufall, dass sie gerade in diesem Punkt keine Macht hat, etwas zu ändern! ...- und viele andere[104] Argumente, auf die wir hier nicht näher eingehen wollen[105].

Die symbolische Frage

Eine der größten Schwierigkeiten bei dem Problem, das uns beschäftigt, ist die der symbolischen Interpretation, die uns leicht zu einer Manipulation der Symbolik im Allgemeinen und auch der biblisch-religiösen Symbolik führen kann. Aus diesem Grund möchten wir nun ein wenig das gegensätzliche und symbolisch-hochzeitliche Argument hervorheben: Christus, männlich, Bräutigam und die Kirche, weiblich, Braut... Die Päpste Paul VI. und Johannes Paul II. sprechen von „Braut", „die Gabe der Braut", „die Ordnung der Liebe". Dies sind Bilder und Ausdrücke, die je nach dem Kontext, in dem sie verwendet werden, leicht zu dem Verständnis führen, dass das „Symbol des Bräutigams männlich ist." Diese bräutliche Beziehung wird „transparent und eindeutig, wenn der sakramentale Dienst der Eucharistie, bei dem der Priester ,in persona Christi' handelt, von einem Mann vollzogen wird" (*Mulieris dignitatem*). Sie kann also nicht an Frauen sichtbar gemacht werden.

Wir wollen dies besonders hervorheben, weil es den von Papst Franziskus vorgeschlagenen Bildern nahe kommt, wenn er das „petrinische Prinzip" und das

---

103 Das ist keinesfalls klar, denn es sind Spuren von Presbyterinnen gefunden worden. Siehe: María José Arana y María Salas, Mujeres sacerdotes ¿por qué no? (Priesterinnen warum nicht?) Edic. Claretianas, Madrid, April,1994.
104 siehe María José Arana und María Salas, ibid., S. 43 ff.
105 siehe María José Arana und María Salas, o.c., ibidem.

95

„marianische Prinzip" oder das männlich-weibliche Gegensatzpaar verwendet: „Die Kirche ist eine Frau. Die Kirche ist eine Ehefrau. Wir haben keine Theologie der Frauen entwickelt, die dies widerspiegelt", sagt der Papst in dem Interview und fährt fort: „Das petrinische Prinzip ist das des Amtes (gleichgesetzt mit Männlichkeit und Autorität). Aber es gibt ein anderes, noch wichtigeres Prinzip, von dem wir nicht sprechen, nämlich das marianische Prinzip, das Prinzip der Weiblichkeit in der Kirche, der Frau, in der die Kirche einen Spiegel ihrer selbst sieht, weil sie Frau und Ehefrau ist."[106]

Dieses bräutliche Bild kann mit einem anderen Symbol, dem Ring, konkretisiert werden, das auch Papst Benedikt XVI. hervorgehoben hat: „Die Beziehung zwischen dem petrinischen Prinzip und dem marianischen Prinzip der Kirche wird auch im Symbol des Ringes, den ich euch gebe, entdeckt, denn der Ring ist immer ein hochzeitliches Zeichen."[107] Der Ring ist ein Symbol, das offensichtlich sowohl von den Männern (Bischöfe, Papst...) als auch von den Frauen, sowohl vom Abt als auch von der Äbtissin, empfangen wird, denn „beide sind Hirte und Hirtin", und in dieser Weihe „zeigt sich die Gleichheit von Mann und Frau"[108], des Bräutigams ebenso wie der Braut. Der Ring drückt das Bündnis aus, aber auch in diesen Fällen - die Frage der Äbtissin und natürlich des Abtes - kann er auf die Autorität hinweisen.

Wir stimmen voll und ganz mit Marinella Perroni überein, wenn sie genau zu diesen beiden kirchlichen Prinzipien sagt: „Gegensatzpaare sind immer verführerisch, weil sie täuschen.[109] Wie gesagt, kann die Symbolik manipulierbar sein, obwohl sie es nicht unbedingt sein muss, aber die Gefahr besteht, und oft fällt man da hinein. Außerdem ist „das Symbol mehrdimensional, es ist anfällig für eine unbestimmte Anzahl von Dimensionen."[110] Dies ist sehr wichtig, denn eine Anwendung kann die anderen nicht aufheben, sie ist mit einer ganzheitlichen Erfahrung verbunden, die andere mit einschließt. Wir werden nicht erschöpfend auf die Symbolik und die darin enthaltene Theologie eingehen, sondern lediglich versuchen, vor der Gefahr gewisser Interpretationen zu warnen, die zu sehr mit dem „Buchstäblichen" verbunden sind, mit dem Risiko, die symbolischen Grenzen zu überschreiten, von einer Sichtweise auszugehen, die dem Mann Vorrang einräumt und die Frau zumindest auf der untersten Sprosse der Leiter hält.

---

106 30.11.2022 Eukleria. Papst Franziskus erklärt in America Magazine warum Frauen nicht die Priesterweihe empfangen können. Quelle: Catholic News Agency. Von Zelda Caldewell.
107 J. V. Boo, „Der Papst unterstreicht das ‚marianische Prinzip' der Kirche", 26.03.2006. Predigt auf dem Petersplatz
108 Anselm Grün, El orden sacerdotal. Sacramentos. (Die priesterliche Ordnung. Sakramente) San Pablo, Madrid, 2002, p. 37.
109 Marinella Perroni, "Il duplice principio", L'Osservatore Romano DCM-011, 3.12.2022
110 J. Chevalier/ A. Greerbrant, Diccionario de los símbolos, (Wörterbuch der Symbole) Edit. Herder, Barcelona, 1986, p. 25.

Bräutigam und Braut[111]

Rufen wir uns zunächst die Hochzeit ins Gedächtnis, indem wir einen Blick auf das bekannte Gedicht des Heiligen Johannes vom Kreuz werfen:

"O Nacht, die du verbunden hast
Geliebte mit Geliebtem
Geliebte im Geliebten
hast verwandelt...
„Ich blieb und ich vergaß mich selbst
mein Antlitz angelehnt an den Geliebten
alles endete und ich verließ mich,
ließ meine Sorge
vergessen unter Lilien."[112]

Wer hätte diesen Text, der zweifellos alttestamentliche Wurzeln hat, lesen und das männliche Geschlecht von der unglaublichen Tiefe dieser mystischen Erfahrung ausschließen können? Es gehört schon offensichtliche Ignoranz oder Ungerechtigkeit dazu zu denken, dass Männer - weil sie Männer sind - vom Weg der intimen spirituellen Beziehung mit dem Geliebten ausgeschlossen sind. Sowohl dieser Autor als auch der Verfasser des Hoheliedes sprechen von ihrer eigenen inneren Erfahrung und erklären sie symbolisch, wobei sie natürlich verstehen, dass Gott sich selbst gibt und sich in das Herz eines jeden Mannes oder einer jeden Frau ergießt, der/die „in von Liebe entflammter Liebe" sich von Gott im Geheimnis des eigenen Herzens ergreifen lässt, im Thalamus der Verlobung, wie die Vereinigung mit Gott in der mystisch-literarischen Sprache ausgedrückt wird.

Es wäre auch nicht richtig, den Männern die Möglichkeit zu verweigern, sich durch die drei Gelübde ganz dem Herrn zu weihen, auch wenn die Theologie des Ordenslebens die Spiritualität der mystischen Verlobung entwickelt hat und die Ordensfrauen traditionell als „Bräute Christi" gesehen hat, ohne eine entsprechende Gestalt für die Männer zu finden.

Es wäre weder wahr noch gerecht, in beiden Fällen zu erklären, dass „das Symbol der Braut weiblich ist" und dass daher „nur in der Frau ihre Gestalt und ihre Erfahrung transparent werden", um die Bestätigung des Dokuments „*Mulieris dignitatem*" zu paraphrasieren. In beiden Fällen wäre es sehr gefährlich und ungerecht, über das

---

111 Dieser Abschnitt ist praktisch übernommen von dem Buch María José Arana y María Salas, Mujeres sacerdotes..., ibid., S. 110 ff.
112 Hl. Johannes vom Kreuz, Noche oscura, Vida y obras completas, (Dunkle Nacht, Gesammelte Werke) BAC, Madrid, 1964, p. 339.

97

Symbol hinauszugehen und die Bedeutungsebenen zu verschieben und den Männern das zu verweigern, was ihnen zusteht.

Und dennoch ist die Behauptung derer keineswegs unberechtigt, die sagen: „Der Grund, warum das Lehramt die Frauenordination verweigert, liegt tiefer: In der Ehesymbolik der Bibel finden die kirchlichen Autoritäten ein geeignetes Argument, um ihre Position zu rechtfertigen."[113]

Diese Anwendung des Bildes der Hochzeit, die von verschiedenen Auffassungen ausgeht, können zu einer klaren Erklärung führen, dass Frauen nicht Christus, den Bräutigam, darstellen können, weil Christus männlich war, und Paul VI. fügt hinzu: „und weiterhin männlich ist" (I.I). Die Braut ist die Kirche, die auch von Frauen normalerweise nicht repräsentiert wird.

Nein, es ist nicht ratsam, diese Art von Symbolik auf die Spitze zu treiben, und auch nicht, wie wir bereits sagten, von der symbolischen Sprache zur realistischen Erklärung überzugehen. Christus ist das Haupt und die Vollendung der gesamten Menschheit, und der Geist wird in die gesamte und natürlich doppelte Menschheit ausgegossen. Sowohl die Frau als auch der Mann wurden nach dem Bild und Gleichnis Gottes geschaffen (Gen 1,27), und zusammen bilden sie die gesamte Menschheit.

Aber man muss anerkennen, dass das Schreiben von Johannes Paul II. (Mulieris dignitatem, MD) es auch so versteht, und zwar zu Recht, wenn es sich auf den Menschen bezieht und ihm zugutekommt. In Nummer 25 erklärt er, wie die sich selbst verschenkende Liebe Christi zur Kirche alle erreicht, Männer und Frauen, und zwar in diesem Sinne: „Alle Menschen - Männer und Frauen - sind berufen, die Braut Christi, des Erlösers der Welt, zu sein". Auf diese Weise ist sie die Braut und umfasst daher alle Menschen, denn außerdem und gemäß den Worten des Paulus: „Es gibt nicht mehr männlich und weiblich, denn ihr seid alle eins in Christus Jesus" (Gal 3,28). Und ein wenig weiter erklärt derselbe Papst: „Denn als Glieder der Kirche sind auch die Männer in den Begriff der Braut einbezogen" (MD). Die Schwierigkeit besteht darin, zu verstehen, warum das Gleiche nicht mit dem Begriff „Bräutigam" geschieht, um sich auf die Frauen zu beziehen, und deshalb zu behaupten, dass „das Symbol des Bräutigams männlichen Geschlechts ist." Und dass aus diesem Grund Frauen keinen Zugang zum Priestertum haben können usw., ist kompliziert. Nein, es ist nicht leicht zu verstehen, warum es in dem einen und in dem anderen Fall einen solchen Unterschied in der Auslegung gibt.

Dies wäre jedoch zweifellos die allgemeingültige Auslegung des Textes, in dem der Evangelist Johannes uns alle auffordert, uns ohne Unterschied oder Ausschluss über die Ankunft des Bräutigams der Kirche, der ganzen Menschheit, zu freuen (Joh 3,29). Wie Hervé Legrand sagt, „hätte das Bild des christlichen Amtsträgers, des Bräutigams der Kirche, nur einen moralischen Wert (Treue, Hingabe). Könnte dieser moralische Wert

---

113 M. J. Berere et a., Et si on ordonnait des femmes? (Und wenn man Frauen weihte?) Edit. Le Centurion, París, 1982, p. 67.

98

nicht bei den christlichen Frauen und den christlichen Männern zu finden sein?"[114] Wenn wir diese Möglichkeit im Bereich der Mystik und der Ordens-Weihe finden, warum sollte man dann das Bild anders verstehen, nur wenn es um die kirchliche Macht oder das priesterliche Amt geht?

All diese Symbolik und andere Bilder, die wir hinzufügen könnten, sind von großem Reichtum und unbestreitbarer Schönheit, aber was wir in diesen Zeilen hervorheben wollten, ist vor allem das Risiko, das wir eingehen, wenn wir das Symbol übermäßig sexualisieren, und vor allem müssen wir uns bewusst machen, dass jedes Symbol eine Grenze hat, die wir nicht überschreiten können. Wir können es auch nicht auf Männer und Frauen unterschiedlich anwenden, zugunsten der Männer. Der symbolische Ausdruck darf nicht materialisiert werden, Bilder dürfen nicht erzwungen werden, und die Spannung zwischen Bedeutung und Bedeutungsgeber darf nicht gebrochen werden, wenn wir nicht in schwerwiegende und sogar ungerechte Interpretationsfehler verfallen wollen.

„Christus war ein Mann und bleibt ein Mann" (I. I.)

Eng verbunden mit der Frage der Männlichkeit ist das symbolische Argument des männlichen Christus, des Bräutigams der Kirche, mit dem wir uns beschäftigen. Wir beziehen uns auch auf diese kategorische und vorherige Behauptung, die dazu dient, Frauen den Weg zum Altar zu versperren: „Christus war männlich und bleibt männlich" (I.I.), d.h. hier wird die Unmöglichkeit formuliert, dass eine Frau Christus repräsentieren, in der Eucharistie ‚in persona Christi' handeln kann. Es ist ein restriktives Beharren auf der Männlichkeit Christi, um die Bipolarität von Mann und Frau zu unterstreichen und Frauen den Zugang zum Altar zu verwehren.

Ist nun diese beharrliche Aneignung der Männlichkeit zulässig, um Christus in der Eucharistie zu repräsentieren? Der Theologe Karl Rahner stellt fest: "Die einfache Tatsache, dass Jesus männlich war, ist keine Antwort, denn es ist nicht selbstverständlich, dass ein Mensch, der unter dem Befehl Christi und daher ‚in persona Christi' - im Namen Christi - wirkt, ihn gerade in seiner Männlichkeit repräsentieren muss. Wenn wir das als göttliche Schöpfungsordnung akzeptieren und weiterverkünden würden, dann könnten wir sehr schwer verhindern, zu einer Anthropologie zurückzukehren, die die Würde und Gleichheit der Frau in Frage stellt. Die Würde und Gleichheit der Frau wird jedoch in Inter insigniores akzeptiert."[115] Mit anderen Worten, es würde uns schnell zu einem ernsten inneren Widerspruch führen: gleich, aber in Wirklichkeit und in jeder Hinsicht anders. Darauf deutet der Titel des inzwischen

---

114 Hervé Legrand, Traditio perpetua servata? La non ordination des femmes, tradition ou simple fait historique? (Wird die Tradition immer bewahrt? Die Nicht-Ordination der Frauen, Tradition oder einfache historische Tatsache?) AAVV, Extrait des rituels (Auszug aus den Ritualen), París, 1990, p. 408.

115 Karl Rahner, Solicitudine per la Chiesa Roma, 1982, p. 262.

vergriffenen Buches von Kari Elisabeth Borresen hin: „Gleichwertigkeit und Unterwerfung". Das bedeutet, dass Frauen auf der Ebene der „Gnade und des Heils" gleichberechtigt sind - es wäre unglaublich, wenn das Gegenteil der Fall wäre - und in anderer Hinsicht unterwürfig, d.h. in der Praxis ohne jedes Recht auf Parität, am liebsten unsichtbar[116] ... Die Gleichheit und Würde der Frauen wird durch Argumente und Bilder bedroht, die letztlich ihre volle kirchliche Beteiligung in Frage stellen.

Aber auch aus theologischer Sicht stellt die ungleiche Formulierung ein Problem dar. Als die anglikanische Kirche über die Frage des Diakonats und des Priestertums innerhalb der Kirche debattierte, stellte der damalige anglikanische Erzbischof von Canterbury, Robert Runcie (1921-2000), eine treffende Überlegung an, die uns sehr dabei helfen kann, weiterzumachen, denn wir müssen in dieser Richtung weiterdenken: „Christus hat in seiner Menschwerdung die ganze Menschheit angenommen und geteilt, so wie er in seinem glorreichen und auferstandenen Leib *die ganze Menschheit annimmt, die auch die Frauen einschließt; im Priestertum stellt sich die priesterliche Natur des ganzen kirchlichen Leibes und des Leibes des auferstandenen Christus dar, in dem die ganze erlöste Menschheit, ohne Unterschied von Männlichkeit und Weiblichkeit, angenommen ist"* (Canterbury, 1, VII, 1986).

Auf dem Weg in die Zukunft

Die Situation hat sich nicht wirklich geändert. Wir fahren mit denselben Argumenten der Päpste vor Franziskus fort. Franziskus fährt auf der gleichen Linie fort, indem er die „geschlossene Tür" von Johannes Paul II. unterstützt und diese ekklesiologischen Bilder von Hans Urs von Balthasar auf das Thema anwendet, damit das Thema weiterhin abgeschlossen bleibt. Wie wir bereits gesagt haben, wird damit kein Schritt im offiziellen kirchlichen Lehramt unternommen, sondern es wird das, was von mittelalterlichen Denkern und neueren Päpsten gesagt wurde, noch verstärkt, indem dieses neue Bild in die lange Liste der Argumente aufgenommen wird, die den Weg für Frauen zur Ordination versperren.

Was wären einige Schritte, die es zu tun gäbe?

Die Zeugnisse, Ansätze und Ideen für die Zukunft, die auf diesen Seiten sowohl von den männlichen als auch von den weiblichen Mitwirkenden des Buches eingebracht wurden, sind natürlich sehr kreativ und verdienen es, berücksichtigt und bearbeitet zu werden. Der erfahrungsbezogene und theologische Inhalt ist großartig. Aber sie stehen natürlich in diametralem Gegensatz zum mangelnden Interesse und zur mangelnden Motivation einiger Kardinäle, vielleicht und leider auch der Mehrheit. Angesichts der gegenwärtigen Situation der Synodenvorbereitung wäre es ein guter Zeitpunkt, sich wirklich an die Arbeit zu machen. Was wir hiermit tun *(verfasst 2023 - Anm. der Hrsg)*.

---

116 K. E. Borresen, Subordination et equivalence, (Unterordnung und Gleichwertigkeit) París, 1971.

Aber welchen Geist und welches Verständnis für das Thema und die Situation werden wir finden, wenn die Würdenträger sich in dieser Sache so wenig bewegen? Ein Beispiel dafür ist die Reaktion von Kardinal Óscar Andrés Rodríguez Maradiaga, der ohne zu erröten sagt: „Die Kirche lässt sich nicht reformieren – wie einige Leute oberflächlich meinen, wenn sie sagen: ‚Nun, es ist an der Zeit, dass Priester heiraten', ‚es ist an der Zeit, dass Frauen zu Priestern geweiht werden'". Dazu sagt er weiter: „Das sind so oberflächliche Dinge, dass sie wirklich bedauernswert sind..."[117] Das wirklich Bedauerliche ist, dass es möglich ist, dass die kirchliche Hierarchie auf diese Weise reagiert. Für uns, die wir an die Notwendigkeit dieses kirchlichen Wandels glauben, ist diese Art, auf diese Fragen zu verweisen, gelinde gesagt frivol. Wie soll man da nicht das Vertrauen verlieren?

Wenn wir die allgemeinen Ergebnisse der diözesanen Arbeit zum Thema, auf das wir uns beziehen, betrachten, stellen wir fest, dass viele Diözesen versucht haben, in der Frage der Ordination voranzukommen, vielleicht sogar die Mehrheit. Doch nach und nach wurde von höheren Ebenen aus versucht, das Thema zu neutralisieren und es auf die eine oder andere Weise zu vermeiden[118]. Aber es ist da, und vielleicht kommt es doch noch an die Reihe. Wie wir eingangs gesehen haben, schreitet „der Synodale Weg der deutschen Kirche" voran, wenn auch nicht ohne Schwierigkeiten. Gerade zu Beginn des Jahres 2023 stellen wir fest, dass die bereits erwähnten Kardinäle Ouellet, Ladaria und Parolin dem „deutschen Synodalen Weg" ernsthafte Grenzen gesetzt haben und sich in einer offenen Diskussion mit dem deutschen Episkopat befinden, weil „die deutschen Bischöfe ihre Reform nicht aufgeben wollen, ohne dafür zu kämpfen."[119] Vorerst bleibt es bei einer abwartenden Haltung.

Vielleicht sagt deshalb die Benediktinerin Schwester Philippa Rath, die das oben erwähnte Buch über die Frauenordination verfasst hat, mit Nachdruck, dass „man ordinierte Frauen sehen wird" und beobachtet, wie „viele traditionelle Formen bröckeln, und daraus kann etwas Neues entstehen"[120] Und sind es nicht gerade die ordinierten Frauen, die die Keimzelle für diese großartige Erneuerung darstellen? Wenn wir uns die Beiträge ansehen, die Männer und Frauen[121] in unserem Buch geleistet haben, sehen wir dann nicht eine Erneuerung und Hoffnung?

---

117 Interview des Vorsitzenden des Kardinalrats über die Kurienreform. 24.07.2022. Dumar Espinosa. Kardinal Óscar Andrés Rodríguez Maradiaga, Erzbischof von Tegucigalpa, Honduras.
118 Siehe Handouts: El sacerdocio femenino, entre las propuestas para la Iglesia. La Conferencia Episcopal publica hoy las conclusiones de sus debates para la renovación eclesial. (Das Frauenpriestertum, eine der Vorschläge für die Kirche. Die Bischofskonferenz veröffentlicht heute die Schlussfolgerungen ihrer Debatten zur Kirchenerneuerung) 20. Juni 2022.
119 Vida Nueva Digital, 24.01.2023.
120 Vida Nueva Digital, www.vidanuevadigital.com, 16.01.2023. Philippa Rath ist Benediktinerin und Mitglied der Generalversammlung der Kirchenreform Synodaler Weg in Deutschland
121 Besonders Kapitel 3 und 4.

Zuhören und handeln

Wir werden uns im Folgenden einer Realität stellen, die wir zur Kenntnis nehmen, und mit der wir in einen Dialog treten wollen.

Es ist kein Zufall, dass die Zivilgesellschaft, und natürlich noch mehr die Kirche, unter einem Mangel an Werten und Beziehungen leiden, die man dem „Weiblichen" zuschreibt, und das ist eine große Schieflage und ein Ungleichgewicht in den Beziehungen zwischen „dem Männlichen und dem Weiblichen". Diese Realität versucht uns etwas mitzuteilen, auf das wir sehr genau hören müssen: Unsere aktuelle Situation.

Ja, in der Zivilgesellschaft, sind wir - zumindest in der *westlichen Welt* -, in Sachen Gleichberechtigung unserer Kirche voraus. Das steht in klarem Widerspruch zum Evangelium, das uns dazu auffordert, mit gutem Beispiel voranzugehen.

Wir müssen *den Frauen zuhören*, die etwas sehr Wichtiges zu sagen haben, und die aus vielen feministischen Bewegungen (nicht allen) innerhalb und außerhalb der Kirche sprechen. Jorge Costadoat SJ warnte vor dieser kaum beachteten Frage: „Zweifellos stellt die Stimme der feministischen Bewegungen von schon fast zweihundert Jahren ein Wort Gottes dar, dem die Kirche Beachtung schenken muss" (Atrium, 8, III, 2017). Großartig! Den Frauen zuzuhören, die sich in einem stillen und kontinuierlichen Exodus von der Kirche entfernen, weil sie das Gefühl haben, dass die Kirche weit weg ist von ihren Problemen, ja, dass sie sich unter den *für sie* - aber ohne ihre Mitsprache - aufgestellten Regeln unwohl fühlen.

Es ist notwendig, die *Aufmerksamkeit auf die innerste Situation der Kirche selbst* zu richten, die glorreich verarmt, weil die Frauen an den Handlungsorten der sichtbaren Kirche fehlen, in den pastoralen Räumen, in der Liturgie, in der Organisation, im Amt und im Lehramt. In den Entscheidungen, in den Orientierungen, in der Art und Weise, Kirche zu sein. Hören wir auf die Worte der Karmelitin Cristina Kauffmann, die diese innere Verarmung klar erkennt: „Die Tatsache, dass alle endgültigen Entscheidungen in der Kirche nur von Männern getroffen werden, ist ein schwerwiegendes Ungleichgewicht, das es der Wahrheit in der Kirche nicht erlaubt, in ihrem ganzen Glanz zu erstrahlen, noch erlaubt es dem ganzen Strom des Lebens, zum Wohl aller zu fließen."[122]

Vorrangig müssen wir die *soziologische Situation der heutigen westlichen Kirche im Auge behalten, die eine große innere Armut offenbart:* ein sehr alter Klerus, eine immer geringer werdende Zahl von Gemeindemitgliedern, vor allem in den höher entwickelten Ländern. Der notorische Priestermangel, der dazu führt, dass die Laien im Allgemeinen und die Frauen im Besonderen „zur Unterstützung aufgerufen" werden, aber ohne wirkliche Anerkennung, d.h. als „Lückenbüßer" und Arbeitskraft... Und was geschieht

---

122 Cristina Kauffmann, Renacer desde la contemplación, (Aus der Kontemplation wiedergeboren werden.) Interview, das als Video dokumentiert wurde für die 19. Woche des Ordenslebens in Bilbao April 2001

102

denn in der Frage des Diakonats der Frauen?

Wir können es nicht versäumen, aufmerksam zu beobachten und mit den anderen christlichen Kirchen in Dialog zu treten, die seit Langem Frauen voll und erfolgreich in das kirchliche Leben und die Leitung der Kirche in den beiden Gewalten der Ordnung und der Jurisdiktion aufgenommen haben.

Es besteht kein Zweifel: das Fehlen von Frauen in den Strukturen von Leitung und Amt – schadet der Kirche selbst, da ihr das „Weibliche", die „Anima" fehlt. So wird ein großes Ungleichgewicht wahrgenommen, das eine irreparable Verarmung verursacht. Das ist sehr leicht zu verstehen, denn die Abwesenheit in den Organen der Entscheidungsfindung, der Reflexion, des Gottesdienstes usw. führt zu einem schwerwiegenden Ungleichgewicht, das die Kirche selbst beeinträchtigt.

„Die Wunden heilen"

In einem Interview mit dem Jesuiten Antonio Spadaro, Direktor der Zeitschrift *La Civiltá Cattólica*, sagte Papst Franziskus etwas sehr Wichtiges: „Ich sehe deutlich, was die Kirche heute am meisten braucht: die Fähigkeit, *die Wunden zu heilen und die Herzen der Gläubigen zu erwärmen*, Nähe und Annäherung. Ich sehe die Kirche wie ein Feldlazarett nach einer Schlacht... Ihre *Wunden müssen geheilt werden*. Dann können wir über den Rest reden. Heilung der Wunden, Heilung der Wunden... Und wir müssen ganz unten anfangen".

Es besteht kein Zweifel, dass dies eine dringende Aufgabe ist, ebenso wie die Frauenfrage: *so viele aufgestaute Wunden zu heilen*. Es ist eine heikle, aber dringende Aufgabe, die viel Fingerspitzengefühl, Liebe und Verständnis für das Thema erfordert. Es bedeutet, dass man anfangen muss zu verstehen, dass das Problem existiert. Es gibt viele Wunden, und wer könnte besser als Frauen daran arbeiten, einen Weg der Heilung zu beschreiten? Wege, die Männer nicht alleine suchen oder durchsetzen können und sollten. Manchmal fragen wir uns, was die Männer in der Kirche denken würden, wenn wir Frauen über die Rolle der Männer in der Kirche entscheiden würden? Wären sie bereit, Grenzen zu akzeptieren, nur weil sie Männer sind? Dass sie allein über die Dinge entscheiden, ist schon ein deutliches Zeichen dafür, dass die Dinge nicht auf dem richtigen Weg sind, aber genau das geschieht!

Ein Mann, Willigis Jäger, sieht diese Notwendigkeit: „Wir müssen die weiblichen Kräfte wieder aktivieren, die in den Jahrhunderten der patriarchalischen Systeme verloren gegangen sind. Sie werden nur dann zum Vorschein kommen, wenn wir in uns selbst die ursprünglichen Kräfte der Fürsorge, des Heilens, des Fühlens, der erwachenden Intuition, des Mitgefühls, der Hingabe, des Verzichts, der Liebe erwecken... Das Weibliche gibt uns Zugang zu unserer tiefsten Natur"[123] ... Es ist wichtig, einen Moment bei diesen Haltungen zu verweilen, die als mit dem „Weiblichen" verbunden gelten: Fürsorge, Heilung, Fühlen, erwachende Intuition, Verzicht usw. Mit anderen Worten, man spricht von einer neuen Art des Seins, einer anderen Sensibilität, die mehr mit dem Mystischen, dem Affektiven, dem Imaginativen, dem Emotionalen... in Einklang steht, flexibler ist und die Fähigkeit zu einer ganzheitlicheren Sichtweise besitzt... Man kann von einer besonderen Art und Weise (weder besser noch schlechter) der Wahrnehmung und Erfahrung des Spirituellen sprechen... Offensichtlich hängt all dies mit dem „Weiblichen" zusammen, mit dem, was wir laut Jäger wecken, stärken und fördern müssen..., mit dem, was zwar in Männern und Frauen gleichermaßen vorhanden ist, aber im Allgemeinen bei Frauen lebendiger ist..., und sie müssen sich mehr anstrengen, um das auszugleichen. Wir müssen beide an der Harmonisierung des „Männlichen" und des „Weiblichen" in uns selbst und in der Kirche arbeiten.[124]

„Ihre Wunden müssen geheilt werden" (Papst Franziskus). Die Eucharistie könnte ein realer und symbolischer Ort der Versöhnung, der Heilung und der Anerkennung sein, ein Zeichen jener neuen, sichtbaren Menschheit, die wahrhaftig der Leib Christi ist; der ganzen Menschheit, der Männer und Frauen, der verschiedenen Rassen, Völker und Gefühlswelten... Die neue Menschheit, die wir ersehnen und die allmählich Gestalt annimmt.

Gewiss: „Die Kirche muss heute die kosmische, ökologische, positive und optimistische Vision der Eucharistie wiederfinden und sie in einer Liturgie feiern, die die Freude des Himmels auf Erden und die Erwartung des Festes im Reich Gottes zum Ausdruck bringt."[125] Es ist jedoch nicht einfach, dies sinnvoll zu verwirklichen, solange es im kirchlichen Bereich Diskriminierung gibt. Und Diskriminierung gibt es. Das heißt, ihre Sichtbarkeit und Bedeutung wird erst an dem Tag deutlich werden, an dem die Kirche den eucharistischen Tisch des Altars erweitert und die Frauen dort nicht länger nur als vollwertige Gäste betrachtet, sondern in ihnen die Möglichkeit erkennt, dass sie wie Maria Christus in der Welt gegenwärtig machen können, und zwar, indem die Geistkraft auch durch Frauen die Gaben von Brot und Wein in seinen Leib verwandelt, zur Versöhnung dieser gespaltenen Welt. Das eucharistische Mahl könnte so ein Zeichen und ein Vorgeschmack auf jene egalitären und geschwisterlichen Beziehungen des Reiches Gottes sein, die es verkündet.

Wir möchten, dass Männer und Frauen der Eucharistie vorstehen und diese von ihnen mit Leben erfüllt wird, und dass sie wirklich der symbolische und ausdrucksstarke Ort

---

123 Willigis Jäger, En cada hora hay una eternidad. Palabras para todos los días. (Zu jeder Stunde gibt es eine Ewigkeit. Worte für jeden Tag) Desclée De Brouwer, Bilbao, 2004, S. 148.
124 M. J. Arana, Rescatar lo femenino para re-animar el mundo, (Das Weibliche bergen um die Welt zu beleben) Desclée De Brouwer, Bilbao, 2022.
125 Max Thurian, El misterio de la Eucaristía, un enfoque ecuménico, (Das Geheimnis der Eucharistie, ein ökumenischer Ansatz) Barcelona, 1983, p. 33.

dieser ersehnten Heilung und menschlichen Versöhnung ist, in der Männer und Frauen, die sich gegenseitig neu kennenlernen und begegnen, in der Kirche in völliger Solidarität für die Rettung der Welt stehen, als Zeichen und Verkündigung einer befriedeten Schöpfung. Denn „die Menschheit kann sich nur in der vollkommenen Identität von Mann und Frau als Ebenbild Gottes erkennen"[126] Noch ernster: Gott kann sich niemals in einer gespaltenen Menschheit erkennen.

---

126 G. Lafont, Dios, el tiempo y el ser, (Gott, die Zeit und das Sein) Salamanca, 1991.

7. EVANGELIUM UND KUNST

Wir haben in den Kapiteln 3 und 4 gesehen, wie viele der Beiträge der Männer und Frauen sich auf Argumente und Themen des Evangeliums beziehen. Diese sind zweifellos von größter Bedeutung. Werfen wir einen kurzen Blick darauf.

In diesem Kapitel werden wir eine andere Methode anwenden. Wir werden Wort und Bild kombinieren, uns darauf „stützen", um das Evangelium zu beschreiben und die Tradition aufzunehmen ... Mit anderen Worten, wir werden versuchen, etwas tiefer in die Textstellen des Evangeliums einzudringen, und hoffen dabei, dass die Ikonographie zu uns „spricht" und uns Auslegungen liefert, die uns helfen, auch auf die Tradition zu „hören". Durch sie und mit ihr „entdecken" wir Nuancen und Interpretationen, die uns bei unserem Anliegen helfen.

Eine wichtige Klarstellung

Bevor wir uns mit den Evangelien befassen, erschient es uns sinnvoll, auf einige Vorfragen zu verweisen, in unserem Fall anhand von Beiträgen, die hauptsächlich von Karl Rahner verfasst wurden. Viele andere Autoren, auch wir, stimmen damit überein: „Wir haben kein Wort von Jesus über diese Sakramente (Ehe, Weihe, Letzte Ölung und Firmung). Die den Aposteln erteilte Vollmacht, die Eucharistie zu feiern, ist nicht die Einsetzung eines sakramentalen Ritus, der offizielle Vollmachten überträgt... Aus dem Gebot der Anamnese - oder dem Gedenken an das Abendmahl ergibt sich nicht die Sakramentalität der Weihe. Es gibt also vier Sakramente, von denen wir keine Kenntnis über ihre Einsetzung besitzen, und wir kennen auch keine Nachricht über eine Weihe, die Jesus *weder Männern noch Frauen erteilt hat*". Es ist sehr wichtig, diese Tatsache von Anfang an und, bevor wir uns mit den Evangelien selbst befassen, zu berücksichtigen und einer Frage nachzugehen, die uns beschäftigt: Ist es offensichtlich, dass Jesus keine Frauen als Priesterinnen in seiner Kirche haben wollte? Und da er weder Männer noch Frauen geweiht hat, welchen Sinn hat es denn, ihnen das Sakrament zu verweigern, „weil Jesus sie nicht geweiht hat, oder weil er Maria, seine Mutter, nicht geweiht hat"?

Die Jüngerinnen Jesu

Jesus hatte eine ganz besondere Beziehung zu ihnen und sie zu ihm. Er betrachtete sie als wahre Jüngerinnen, „sie waren mit ihm", „sie hörten das Wort Gottes und setzten es in die Tat um" (Mt 12, 46-50). Sie waren diejenigen, die „ihm folgten und ihm mit ihrem Besitz dienten" (Lk 8,1-3). Sie gehörten zur wahren Verwandtschaft Jesu (Lk 8, 19-21) ... und genau darum geht es beim Jünger-Sein, wie bei Martha und Maria (Lk 10, 48, ff) und so vielen anderen.

106

Jesus mit Martha und Maria: „Das Wort hören, es in die Tat umsetzen" (Lk 10, 48).
Gemälde von J. Vermeer (17. Jahrhundert).

Es waren diejenigen, die ihn wie Martha als „Christus, den Sohn Gottes, der in die Welt kommen sollte" (Joh 11,27), erkannt und bekannt haben. Sie waren es, die ihn mit Recht und wahrhaftig „*Rabbuni*" nennen konnten... Denn sie waren wirklich seine Jüngerinnen. Sogar die Jünger erkennen sie als „unsere" an: „einige von uns haben uns erschreckt" (Lk 24,22). Einige Worte von Petrus Abelard (12. Jh.) können uns weiterhelfen: „Damit man auch hier sieht, dass die Frauen den Herrn während der Verkündigung durch ihren Dienst leiblich unterstützten, und dass sie ihm *wie die Apostel als unzertrennliche Gefährtinnen verbunden waren*"[127]

Die Fußwaschung (Joh 13) und die Frau, die Jesus die Füße salbt (Lk 7,38)

„und sie trat von hinten an ihn heran. Dabei weinte sie und ihre Tränen fielen auf seine Füße. Sie trocknete seine Füße mit ihrem Haar, küsste sie und salbte sie mit dem wohlriechenden Öl."

„Er stand vom Mahl auf, legte sein Gewand ab und umgürtete sich mit einem Leinentuch, dann goss er Wasser in eine Schüssel und begann, den Jüngern die Füße zu waschen und mit dem Leinentuch abzutrocknen, mit dem er umgürtet war. Als er zu

---

127 Petrus Abelard, PL 178, Epístola VIII.

107

Simon Petrus kam, sagte dieser zu ihm: Du, Herr, willst mir die Füße waschen?"

Altargemälde aus einer Mainzer Kirche, 15. Jahrhundert

Der Evangelist Johannes erzählt nicht die Einsetzung der Eucharistie als solche beim letzten Abendmahl, und das ist eine sehr wichtige Tatsache. Die Fußwaschung ist die symbolische Geste, in der viele Exegeten den Ausdruck und die eucharistische Bedeutung gesehen haben, die das Evangelium wahrnimmt. Auch wenn es Petrus, wie wir uns gut erinnern, nicht leichtfiel, das zu verstehen.

Aber wir wissen, dass eine Frau die Handlung des Meisters an der Person Jesu selbst vollzieht und in gewisser Weise vorwegnimmt.

Abelard, mit einer ganz anderen Einstellung als die zu seiner Zeit übliche, drückt es schön aus:

„Der Herr vollendete ihren Dienst mit Wasser, das für Waschungen in ein Becken gefüllt wurde. Sie aber bot ihm nicht das äußere Wasser an, sondern die Tränen der innigen Reue". Und dieser Autor fährt fort, „von keinem der Jünger oder der Männer wissen wir, dass er (Jesus) solche Gaben in seiner Menschlichkeit empfangen hat."[128] Also keiner der Männer hat Jesus so innig beschenkt.

Und wenn wir es in diesem prophetischen und eucharistischen Kontext lesen, füllt

---

128 Petrus Abelard, PL. 178. Epístola VII. Alle Texte in diesem Kapitel sind vom gleichen mittelalterlichen Autor, weshalb wir die Zitate nicht aufführen.

108

sich das Symbol mit Inhalt.

Aber dieses Zeichen erhält eine noch größere Bedeutung, wenn wir seinen engen Zusammenhang betrachten bei Matthäus und Markus: Die Frau (Maria Magdalena) nimmt die Salbung an Jesus vorweg, als unmittelbare Einleitung zur Passion, kurz vor dem „Verrat des Judas" und als Gegensatz dazu. Es unterstreicht die Treue der Frau.

Die Salbungen Jesu

Wir betreten eine Art „heiligen Bezirk", das Ereignis, das nach den Evangelisten - Matthäus, Markus und Johannes - einige Tage vor der Passion in Bethanien, im Haus der Freunde Jesu, Martha, Maria und ihres Bruders Lazarus, stattfand, und werden Zeuge des Abendmahls, das García Paredes das „vorletzte Abendmahl" Jesu nennt. Und wir werden uns von demselben Text leiten lassen, den Petrus Abelard geschrieben hat, um dieses wunderbare Ereignis zu beschreiben, das sich mit dem oben beschriebenen und auch vom Evangelisten Lukas erzählten Ereignis ergänzt: die „Salbung Jesu", eine Geste, in der er mit großer Tiefe ihre prophetische und sakramentale Bedeutung entdeckt:

„Siehe, die Frau, sie salbt den Allerheiligsten"... „Was ist das für eine Güte des Herrn, frage ich, oder was für eine Würde der Frau?... Was für ein Vorrecht des schwachen Geschlechts ist das, dass der höchste Christus, von seiner Empfängnis an mit allen Wohlgerüchen des Heiligen Geistes gesalbt (Jes 11, 2), auch von einer Frau gesalbt und zum König und Priester geweiht wird, wie es in den Sakramenten geschieht?" Er setzt, wie es Jesus tut, die Salbung in Bethanien in Bezug zur Salbung bei der Grablegung und entdeckt ihre prophetische Bedeutung, die Ankündigung und „Vorwegnahme" der Unverweslichkeit des Leibes des Herrn. Aber auch, und das unterstreicht unser Autor, bezieht es sie auf die christlichen Sakramente und die Salbung Christi als König und Priester, und gerade mit dieser Salbung erfüllen sich die Prophezeiungen des Alten Testaments: „Daniel hatte es vorausgesagt", und der Text fährt fort: „er wurde zweimal gesalbt, sowohl an den Füßen als auch am Haupt, er empfing die Sakramente des Königs und des Priesters"... Und erstaunt bemerkt er im geschichtlichen Rückblick: „wir wissen, dass zuerst ein Stein als Zeichen des Herrn vom Patriarchen Jakob gesalbt wurde. Und die Salbung von Königen und Priestern oder jede andere Salbung durften nur Männer durchführen". Und es scheint, als befürchte Abelard selbst, dass es Widersprüche zur kirchlichen Praxis gibt, denn er stellt klar: *„Obwohl Frauen manchmal taufen dürfen"*.

Und weiter unterstreicht Abelard: „Gewiss ist die Salbung des Hauptes höherwertig, die der Füße geringerwertig. Seht, der König empfängt das Sakrament von den Frauen, er, der doch das von den Männern angebotene Reich ablehnte...". „Die Frau hat das Sakrament des himmlischen Königs gespendet, nicht des irdischen Königs, desjenigen, der von sich sagt: „Mein Reich ist nicht von dieser Welt". Bischöfe rühmen sich, wenn sie unter dem Beifall des Volkes Könige salben, wenn sie sterbliche Priester weihen, die mit prächtigen Gewändern geschmückt sind, und oft segnen sie (sogar) diejenigen, die Gott verfluchen. Eine einfache Frau, ohne ein anderes Gewand anzuziehen, ohne ein

Ritual vorzubereiten, sogar angesichts der Empörung der Apostel, feiert die Sakramente an Christus, nicht wegen ihres Amtes als Prälatin, sondern wegen des Verdienstes der Liebe..." „Christus selbst wird von Frauen gesalbt, die Christen von Männern, das Haupt selbst von einer Frau, die Glieder von Männern. Ganz sicher haben die Salbungen, die die Frauen an Christus, dem König, Priester und Propheten, vornehmen, einen ausgesprochen sakramentalen und prophetischen Charakter (vgl. 2 Samuel 3, Ps 132,10 usw.). Könnte nun diejenige, die die Salbung am Haupt vollzieht, diese nicht auch an den Gliedern, am mystischen Christus, der die Kirche ist, vollziehen? Denn, wie wir sahen, „die Salbung des Hauptes ist die höhere, die der Füße die niedrigere. Seht, der König empfängt das Sakrament von der Frau, er, der doch das von den Männern angebotene Reich abgelehnt hat".

Mittelalterliches Brevier. Basel (Schweiz)

110

"ihrem Gedächtnis"

"Der Entrüstung der Jünger über diese Kühnheit der Frau ist es zu verdanken, dass diese Tat sogar Eingang in das Evangelium fand, und dass sie zusammen mit Jesu verkündigt wurde zum Gedenken und als Lob der Frau, die dies getan hatte."[129]

Dieses Lob Jesu spielt eine Schlüsselrolle in unserem Thema: "Wahrlich, ich sage euch: Überall auf der Welt, wo das Evangelium verkündet wird, wird man sich an sie erinnern und erzählen, was sie getan hat." (Mk 14,9). Diese Worte, im Evangelium einzigartig, sind von größter Bedeutung und richten sich genau an eine Frau im Zusammenhang mit der Salbung. Und sie sind nicht nur deshalb so wichtig, weil sie die Tat dieser Frau verewigen, sondern auch, weil sie mit Jesu Worten genau übereinstimmen, auf die sich Paulus gerade in dem Abschnitt des ersten Korintherbriefs bezieht, in dem es um die Eucharistie geht.

Magdalena salbt die Füße Jesu, unbekannter Maler.
Quelle: Wikimedia Commons

129 ibidem

111

Der Apostel drückt sich ähnlich aus: „Bei der Einsetzung der Eucharistie, beim letzten Abendmahl, forderte Jesus seine Jünger auf, seine Gesten und Worte zu wiederholen, und zwar „zu meinem Gedächtnis" (1 Kor 11,23-25); die griechischen Begriffe sind gleichbedeutend und beziehen sich auf die *Anamnesis*. Betrachtet man die Bedeutung, die diesem Wort im christlichen Gottesdienst und in der Feier der Eucharistie beigemessen wird, und setzt man, wie es logisch ist, die beiden Sätze „zu ihrem Gedächtnis" und „zu meinem Gedächtnis" gleich, so wird man feststellen, dass es sicher kein Zufall ist, dass die Frau nach der Salbung Jesu von *ihm* die Zusicherung erhielt, dass diese Handlung gerade „zu ihrem Gedächtnis" geschehen würde.

Wie Elisabeth Schüssler Fiorenza feststellt, ähnelt die eucharistische Formel „*zu meinem Gedächtnis*" verbal der Aussage des Evangeliums „zu ihrem Gedächtnis". Dennoch wurde diese Geschichte der Prophetin von der späteren Kirche nicht in das Ritual aufgenommen, sondern anders erklärt: Die Kirche benutzte die Geschichte, um die Tatsache, dass die Armut nicht beseitigt werden kann, als Gottes Willen darzustellen[130]. Erinnern wir uns an die Empörung der Jünger darüber, dass diese Frau so viel Geld für teures Salbungs-Öl ausgegeben hatte, statt damit den Armen zu helfen.

Wir sollten diese Formel jedoch in ihrem vollen sakramentalen, symbolisch-eucharistischen Sinn wiederentdecken, im Zusammenhang mit dem Blut, das uns erlöst und nährt, und dem Öl, das die Grablegung Christi konsekriert und vorwegnimmt. Um es mit den Worten der rumänischen orthodoxen Theologin Anca Manolache zu sagen: „Diesmal verleiht der Meister eine klare, unerwartete und einzigartige Auszeichnung. Im ganzen Evangelium hat der Herr noch nie jemanden auf diese Weise erhöht. Diese Frau ist die einzige Person, die mit einer solchen ,Anamnese' bedacht wird, von Jesus selbst angeordnet, und zwar mit denselben Worten, mit denen Paulus uns die Einsetzung der Eucharistie überliefert."[131]

Könnte die Situation der Frauen im Evangelium uns tatsächlich dazu veranlassen, mit solcher Klarheit zu behaupten, dass Jesus sie entschieden „nicht als Priesterinnen in seiner Kirche haben wollte"? Ist diese Behauptung, die im Laufe der Jahrhunderte in unserer Kirche wiederholt wurde, ausreichend bewiesen? Welcher biblische Text beweist dies und schließt die Frauen definitiv aus?

---

130 Elisabeth Schüssler Fiorenza, En memoria de ella, (Zu ihrem Gedächtnis) Descleé De Brouwer, Bilbao, 1989, p. 203.
131 Anca Manolache, Anotaciones sobre Marcos 14. (Anmerkungen zu Mk 14) Fotokopierte Blätter S. 4. in Arbeiten der Theologiekommission des Ökumenischen Forums Christlicher Frauen in Europa, Rumänien.

112

Waren Frauen beim letzten Abendmahl anwesend?

Das letzte Abendmahl, Tintoretto - und seine Tochter Marietta Robusti? (16. Jh., Venedig)

Dieses Gemälde von Tintoretto trägt den Titel „Das letzte Abendmahl", und doch ist es kein gewöhnliches Abendmahl, nicht wie das von Leonardo da Vinci, das so geordnet und geometrisch gestaltet ist; nein, es ist eine Szene, die vor Bewegung und Vitalität strotzt. Hier sind die Männer, ja, aber wir sehen auch Frauen am Tisch sitzen und andere, die mit dem Dienst und der Vorbereitung des Osterereignisses voll beschäftigt sind. Sicherlich sind es die Jüngerinnen. Maria, die Mutter Jesu, ist deutlich zu erkennen: Kann sie bei einem so wichtigen Ereignis abwesend sein? Das Werk ist von Tintoretto signiert, aber wir wissen, dass seine Tochter in seinem Atelier malte und an Gemälden mitarbeitete, die normalerweise von ihrem Vater signiert wurden. Könnte diese Originalität, die Frauen mit einzubeziehen, nicht vielleicht ein suggestiver Beitrag der Tochter, Marietta Robusti, sein, weil sie sie vermisste? Das ist durchaus möglich. Aber würde es nicht eher der Realität des großen jüdischen Pessachfestes entsprechen? Auch andere Zeugen des Festes lassen sich erahnen: die Engel um das schwache Licht, das den Raum erhellt.

Auch die Ikonographie „spricht" und zeigt uns manchmal unterschiedliche Wahrnehmungen eines Geschehens; die Ikonographie kann uns, wie bereits gesagt, einige theologische Ideen vermitteln.

113

Und dennoch wird weiterhin die Frage als Schwierigkeit vorgebracht, wenn es um die Priesterweihe von Frauen geht: Waren sie beim letzten Abendmahl dabei?[132]

Im Laufe der Geschichte wurden sie üblicherweise, mit Ausnahme von Genies wie Tintoretto, davon ausgeschlossen. Die feministische Theologie hat jedoch eine Exegese und Hermeneutik des „Verdachts" entwickelt, d. h. die Forschung zeigt uns, dass wir das Schweigen „verdächtigen" müssen, und zwar nicht nur in biblischen Texten, sondern auch in der Geschichte allgemein, auch sie leidet unter demselben Laster, Frauen zu ignorieren und ihre Anwesenheit immer wieder zu vergessen. Es werden Fakten verschwiegen, auch wenn es nicht mit der erklärten Absicht geschieht, etwas zu verbergen.

Die männliche Sprache, die das weibliche Geschlecht in sich aufnimmt und unsichtbar macht, hilft uns auch nicht. Aber es geschieht auch indirekt, z.B. wenn die Evangelisten sagen, dass bei der Brotvermehrung „etwa 5.000 Männer anwesend waren, Frauen und Kinder nicht mitgezählt" (Mt 14,21). Das Schlimme daran ist, dass die Evangelisten diese Erläuterung nicht immer hinzufügen, sondern sie meist als gegeben voraussetzen oder einfach ignorieren.

Dieselbe Situation des Inkognito zeigt sich deutlich in einem sehr wichtigen Moment im Leben Jesu. Den Evangelisten zufolge waren die Frauen in den drei Momenten, in denen Jesus sein Leiden und seine Auferstehung voraussagte, nicht anwesend[133].

In diesen Passagen werden sie nicht namentlich genannt; Jesus wendet sich den Texten zufolge immer an die Jünger oder an die Zwölf. Es ist nicht bekannt, ob er auch die „Jüngerinnen" meint. Als jedoch die Engel den Frauen erscheinen und die Auferstehung verkünden, werden sie aufgefordert, sich zu erinnern: „Denkt daran, was er zu euch gesagt hat, als er noch in Galiläa war und sagte, dass der Menschensohn in die Hände von Sündern ausgeliefert und gekreuzigt werden muss und am dritten Tag auferstehen wird"... Bei Lk 24,6-8 steht nicht geschrieben „was er den Jüngern gesagt hat", sondern „er hat zu euch gesprochen", und „sie erinnerten sich an seine Worte". Das heißt, entweder muss festgehalten werden, dass ihre Anwesenheit in diesen Momenten als „Jüngerinnen" verschwiegen oder in der männlichen Form mitgemeint wird, oder aber die Evangelisten haben vergessen, den Moment zu schildern, in dem Jesus es den Frauen offenbarte (!!!!). Dieses Argument ist sehr aufschlussreich, wenn es darum geht, die Anwesenheit oder Abwesenheit von Frauen beim Passahmahl zu klären, und untermauert die Theorie des „Verdachts".

Frauen werden nicht ausdrücklich als Gäste beim Abendmahl erwähnt, aber wir

---

132 María José Arana und María Salas, Mujeres sacerdotes ¿por qué no? (Priesterinnen, warum nicht?), op. cit., S. 99-100.

133 Die Ankündigungen der Passion sind immer an die Zwölf oder an die Jünger gerichtet. In der ersten Ankündigung heißt es: „Als er allein war und betete, waren die Jünger bei ihm" (Lk 9,18-22). „Er ging mit den Jüngern hinaus" (Mk 8,31; Mt 16,21-28). Die zweite Ankündigung findet sich in Lk 9,43-45: „Er sagte zu seinen Jüngern"... „Er wollte nicht, dass es bekannt würde, denn er lehrte seine Jünger" (Mk 9,30; Mt 17,22-23). Die dritte ist restriktiver: „Er nahm die Zwölf und sagte zu ihnen" (Lk 18,31; Lk 10,32; Mt 29,17)

114

wissen inzwischen, dass dies zunächst einmal nicht zu einer unwiderruflichen Schlussfolgerung über ihre Abwesenheit führt; auch mussten sie nicht notwendigerweise wegbleiben, denn es handelte sich nicht um einen Brauch, der den jüdischen Gepflogenheiten zuwiderlief, ganz im Gegenteil. Höchstwahrscheinlich waren sie selbstverständlich anwesend, wieso sollten sie da fehlen! Es gibt einen interessanten Artikel von Quentin Quesnell, in welchem er die Anwesenheit der Frauen im Abendmahlsaal im Detail nachweist. Er unterstreicht die Tatsache, dass die Frauen Jüngerinnen waren und beweist das sogar durch die Analyse der verwendeten Wortwahl, die Länge des Raumes und durch andere Daten. Um nicht noch weiter auszuholen, verweisen wir auf ihn[134]. Es muss aber auch daran erinnert werden, dass das Abendmahl - wie wir bereits gesagt haben - nicht der Schauplatz der Einsetzung des Weihesakramentes war, sondern das der Eucharistie, an der glücklicherweise auch Frauen teilnehmen können, unabhängig davon, ob sie Zeugen der Einsetzung waren oder nicht.

Andererseits sind - theologisch gesehen - der Tod, die Auferstehung und das Kommen der Geistkraft, an die die gewandelten Gaben im eucharistischen Opfer erinnern, nicht viel grundlegender? Dort, an diesem Geschehen, haben die Frauen voll und aktiv teilgenommen und wurden als wahre Zeuginnen eingesetzt, als Augenzeuginnen, als Beileids- und Hoffnungszeuginnen, die das ganze Kerygma verkünden und als solche wirklich sagen können: „Wir verkünden deinen Tod, wir verkünden deine Auferstehung"... Aber ohne geschlechtsbezogene Verabsolutierungen, ohne jemanden auszuschließen und ohne die Worte Jesu an die Jünger zu vergessen: „Selig sind, die nicht gesehen und doch geglaubt haben" (Joh 20,29).

Maria, die Mutter Jesu[135]

Die Volks- und Kunstfrömmigkeit hat das Bild der Pietà Mariens entwickelt und überliefert. Sie zeigt den Moment, in dem Maria den toten Leib Christi auf ihrem Schoß aufnimmt, den Leib, der begraben und durch eigene Kraft und das Wirken der Heiligen Geistkraft aus der Erde selbst auferstehen und verherrlicht werden soll. Es ist ein Raum der Kontemplation und der Hingabe. Sie bringt dem Vater den Sohn dar, der auf Golgatha für das Heil der Welt geopfert wurde. Sie verharrte mit den anderen Frauen am Fuße des Kreuzes, mitfühlend. Aber Marias Anwesenheit und ihre Beziehung waren vom Wesen her anders, weil sie durch ihre vollständige Identifikation am Erlösungsopfer Jesu teilhatte.

In der katholischen Theologie hat man jahrhundertelang nicht gezögert, Maria den Titel der Miterlöserin und Mitwirkenden an unserer Erlösung zu geben, vor allem wegen ihrer völligen Verbindung mit dem höchsten Opfer des Kreuzes und als Mit-Darbringerin

---

134 M. J. Arana, La mujer en los evangelios sinópticos (Die Frau in den synoptischen Evangelien) Deusto, 1972, s/p.
135 In María José Arana y María Salas, Mujeres Sacerdotes ¿por qué no? , op.cit, S 104-107.

des Opfers mit ihrem Sohn für das Heil der Welt. In dieser innigen Gemeinschaft mit Christus, dem wahren Mittler, nimmt sie in vollem Umfang an seiner Selbsthingabe an den Vater teil bis zur völligen Vollendung auf Golgatha[136]. In der Tat können wir behaupten, dass „Maria aufgrund dieser Anwesenheit im Gründungsakt des Priestertums Jesu Christi sowie der ständigen Anwendung aller Gnaden, die unser Herr, der Hohenpriester, durch sein Leiden verdient hat, zu Recht *virgo sacerdos* genannt werden kann."[137] Und an der gleichen Stelle heißt es: „Die Jungfräulichkeit der göttlichen Mutterschaft hat also Auswirkungen auf die des christlichen Priestertums."[138]

Wir wollen hier nicht weiter darauf eingehen, doch die katholische Theologie hat das Thema erweitert und vertieft. Heute ist es in Vergessenheit geraten, aber es handelt sich um einen Pfad, der die priesterliche Funktion Mariens klar und tief begründet[139].

Kehren wir zu dem Bild der Pieta zurück. Der tote Leib, den Maria hält, ist der ihres eigenen Sohnes, Fleisch von ihrem Fleisch und Blut von ihrem Blut. Niemand könnte sagen wie sie: „Dies ist mein Leib". Diese Aussage hat einen realen, physischen und spirituellen Inhalt. Denn als Maria in ihrem „Fiat" - ja, es geschehe - die Mutterschaft Jesu, die göttliche Mutterschaft, annimmt, wird sie von der Heiligen Geistkraft durchflutet und es beginnt wirklich der Prozess der Schwangerschaft, nach dem Fleisch, in Marias aktivem Schoß.

Maria ist Mutter im vollen Sinne des Wortes. Der Leib Jesu hat teil an dem seiner Mutter, er wird in Maria geformt.

„Sie empfing in ihrem Schoß und gebar durch die Kraft des Heiligen Geistes". Von da an beginnt das Opfer Christi und die Mitarbeit Mariens; von da an beginnt die innige Zusammenarbeit zwischen der Mutter und dem Sohn, die sich während seines ganzen Lebens fortsetzt und vertieft, bis zu ihrer Vollendung auf dem Kalvarienberg und der glorreichen Auferstehung. Daher sind der Akt der Schwangerschaft und die Menschwerdung bereits priesterlich: Sie ermöglicht das Kommen Jesu in diese Welt. Die Liturgie drückt es sehr nüchtern aus: „Sie, durch die wir den Urheber des Lebens, unseren Herrn Jesus Christus, empfangen konnten."[140]

Die traditionellste und orthodoxeste Theologie bestätigt, dass Maria am wichtigsten Akt des Priestertums Christi mitwirkt, indem sie ihre Zustimmung gibt und von der

---

136 Dictionaire de Theologie Catholique, (Wörterbuch der katholischen Theologie) París, 1927. Eintrag Maria.
137 Die Anrufung "Virgo Sacerdos" ist uralt und wird seit mehreren Jahrhunderten in der kirchlichen Frömmigkeit verwendet. Im 19. und frühen 20. Jahrhundert erreichte sie ihren Höhepunkt. Wenn wir uns die Theologie zum Thema Maria als Priesterin ansehen, stellen wir fest, dass sie sehr umfangreich und sehr engagiert ist... Vielleicht begannen deshalb Probleme und Vorsicht von Seiten Roms zu entstehen. Im Jahr 1916 erließ das Heilige Offizium ein Dekret, das die Anrufung nicht verurteilte, sondern vor Irrtümern, Ungenauigkeiten, Abweichungen usw. warnte. Die Diskussionen gingen weiter, aber erst ab 1950 begannen sie abzuflauen, so dass es sich heute um einen in der katholischen Welt unbekannten Titel handelt. Siehe María José Arana, in Ephemérides Mariologicae, "María en las Iglesias reformadas", (Maria in den Reformierten Kirchen) Vol. XLIV, 1994, Juli, September, Madrid.
138 Ibidem, col. 2397 2366.
139 Siehe María José Arana y María Salas, a.a.O. S. 104-105.
140 Lefevre, Misal Romano, (Römisches Messbuch) Brügge, 1960, Messe der Hl. Jungfrau am Samstag

116

Menschwerdung an Jesu ganzes Leben annimmt und am Fuß des Kreuzes aktiv an seinen Leiden und damit an dem der ganzen Menschheit teilnimmt. Das „Mir geschehe" der Mutter und das „Hier bin ich" des Sohnes gehen in einer einzigen Bewegung überein, im Gehorsam gegenüber dem Willen des Vaters, für das Heil und die Erlösung der Welt. Dieser Akt geschieht nach dem heiligen Thomas stellvertretend für die *ganze* Menschheit, „*loco totius humanae naturae.*"[141] Natürlich kommt es ihm nicht in den Sinn, von dieser stellvertretenden Handlung die Männer auszuschließen..., und das zu Recht.

Das ganze Leben Christi ist ein Opfer, eine Eucharistie und, wie Teilhard de Chardin sagen würde, „die einzige Messe der Welt und die einzige Gemeinschaft", weil sie sich am Kreuz vollenden, und damit alle anderen mit eins sind. Maria ist Mit-Darbringerin, Miterlöserin, Vermittlerin in der großen Messe der Welt. Der hingegebene Leib hat Anteil am leiblichen Sein Mariens. Er ist ein Teil von ihr.

Es ist sehr schwer zu verstehen, dass eines der von mittelalterlichen Autoren aufgeworfenen und sogar von Johannes Paul II. wiederholten Hindernisse für die Weihe von Frauen und die Teilnahme an anderen kirchlichen Ämtern darin besteht, dass Maria „nicht geweiht wurde" (Innozenz III.) ... Und in jüngerer Zeit, neben Johannes Paul II., Kardinal Müller und andere: „Christus hat die Apostel in dieses Amt eingesetzt, nicht aber seine Mutter."[142]

Diese schöne und ausdrucksstarke Komposition gehört den irischen Frauen, die sich für die Ordination von Frauen einsetzen. Frauenordination, WOC, Women Ordination Conference. Konferenz in Dublin, 2004[143]

---

141 Thomás von Aquin, Summa Theolog. III, p. 30, a 1.
142 A. Müller, Puesto de María y su cooperación en el acontecimiento de Cristo, (Platz Mariens und ihre Mitarbeit in dem Geschehnis Christi) Misterium salutis III/2, Madrid, 1975, p. 501. Siehe auch R. Laurentin, Marie, l'Eglise et le sacerdoce, (Die Kirche und das Priestertum), París, 1953; L. Boff, El rostro materno de Dios. Ensayo interdisciplinar sobre lo femenino y sus formas religiosas, (Das mütterliche Antlitz Gottes. Interdisziplinärer Essay über das Weibliche und seine religiösen Formen) Madrid, 1979; Karl Rahner, Diccionario de Teología, (Theologisches Wörterbuch) Edit. Herder, Eintrag: María Mittlerin
143 Cf. https://womenpriests.org/

117

Natürlich sind diese Aussagen, gelinde gesagt, Anachronismen, da Jesus, wie wir bereits sehr gut wissen, keine Frauen geweiht hat, nein, aber auch keine Männer, und natürlich auch nicht Maria, seine Mutter. Maria war, wie ihr Sohn Jesus, eine Laienfrau im jüdischen Volk. Maria war seine Mutter, wer also hat wie sie Jesus in der Welt gegenwärtig gemacht? „Virgo sacerdos", aber weil sie nicht rituell geweiht war, können Frauen nicht geweiht werden? Und deshalb wollte Jesus sie nicht als Priesterinnen in seiner Kirche haben? Was ist das Priestertum in Wirklichkeit? Es gibt Widersprüche, die sehr schwer zu erklären sind.

Die Frauen, Zeuginnen der großen Osterereignisse

In den Evangelien wird deutlich, dass Frauen privilegierte Zeuginnen all dieser österlichen Ereignisse waren: Sie teilten den Weg Jesu und gingen mit ihm zum Kreuz (Lk 23, 26-32). Dort beendeten sie die „große Reise", die sie mit ihm begonnen hatten. Sie folgten und dienten ihm „von Galiläa aus", von Anfang an, als Zeuginnen (Mt 15, 42 u. ö.); vom theologischen Ort der „Erwählung für die Nachfolge", dem lukanischen Galiläa[144]. Sie waren eng in sein Leiden eingebunden. Sie waren bei der Grablegung Jesu anwesend und „sahen, wo sie ihn hinlegten" (Mk 15, 47. Mk 16, 1). „Im Tod zeigten sie treu, wie sehr sie ihn im Leben geliebt hatten, nicht so sehr in Worten, sondern in Taten. Sie empfingen die Verkündigung der Engel, wurden mit der Vision des Auferstandenen beglückt und gesandt, sie den Aposteln mitzuteilen" (Abelard)[145]. Die Jünger glaubten ihnen jedoch nur zögerlich, weil sie nach jüdischer Mentalität das Zeugnis eines Mannes „brauchten", um die Glaubwürdigkeit dieser Tatsache zu „legitimieren": „und diese Worte erschienen ihnen wie eine Täuschung, und sie glaubten ihnen nicht" (Lk 24,11). Warum aber wird darauf bestanden, dass es gerade die Frauen sind, die als erste bezeugen, dass Jesus auferstanden ist, und die dafür verantwortlich sind, dies den Elf mitzuteilen?

Nach den Evangelien sind also die Frauen die wahren Zeugen der Passion, des Todes, der Grablegung, des leeren Grabes und der Auferstehung Jesu, und ihr Zeugnis wird nach Galiläa zurückverfolgt, von Anfang an, von dem Punkt aus, an dem sich das öffentliche Wirken des Meisters abspielt, der „Ort" der Erwählung, der Nachfolge; und die „Reise" nach Jerusalem hat einen einzigartigen und endgültigen Charakter: Sie bedeutet, das Osterereignis in seiner Gesamtheit zu erleben, um authentische Zeuginnen zu sein: „Geht zu meinen Brüdern". Und die Frauen erfüllen diesen Auftrag. Deshalb sagt Jürgen Moltmann: „Wenn die Frauen geschwiegen hätten, gäbe es kein Zeugnis von der Auferstehung Christi."

---

144 H. Conzelmann, El centro del tiempo. La teología lucana, (Das Zentrum der Zeit. Lukanische Theologie) Madrid, 1971, S. 64
145 P. Abelard. PL 178, Epístola VII.

118

Jesus erscheint den Frauen als Auferstandener.
Antike armenische Ikone.

Es ist daher logisch, wie Pierre Benoît in dieser Hinsicht sagt, dass sich die Tatsache der Erscheinung, die zuerst den Frauen zuteilwurde, selbst rechtfertigt. Denn sie stellte in gewisser Weise die Vorrangstellung der Apostel in Frage, und die Urgemeinde wäre nicht auf die Idee gekommen, das zu erfinden, sondern sie hätten das lieber vertuscht.[146]

Es ist auch nicht verwunderlich, dass die Frauen bei der Himmelfahrt anwesend waren (Mt 28,16), denn gerade sie waren es, die beauftragt wurden, den Jüngern den Ort und die Zeit in Galiläa mitzuteilen, an dem sie sich treffen sollten. Doch die Elf waren bereits dort und sie sind die, die genannt werden.

Mit anderen Worten: Sie waren keine passiven Zuschauerinnen all dieser Geheimnisse, sondern, wie Petrus Abelard sagt: „Diese heiligen Frauen wurden als Apostel für die Apostel eingesetzt, vom Herrn oder von den Engeln gesandt. "

---

146 M. E. Boismard y P. Benoît, Synopse des quatre Evangiles, (Synopsis der vier Evangelien) París, 1972, S. 151. Die Texte aus den Evangelien: Mt 27, 55-56 und 57-61; 28, 1-10 und 8-10, usw. und parallel dazu: Joh 1, 2, 11-18; Lk 24, 22-24.

Die Lanze durchbohrt das Herz Christi
Ikonographie des Nahen Ostens

Pfingsten im Abendmahlsaal
Von Juan Bautista Maíno (16.-17. Jh.).

Es ist sehr wichtig festzuhalten, dass die Frauen auch Zeuginnen der beiden Momente waren, in denen die Tradition am deutlichsten das Symbol der Geburt der Kirche gesehen hat: als erstes der Moment, an dem die Lanze das Herz des Gekreuzigten durchbohrt, und Wasser und Blut, die aus der Seite Christi fließen, symbolisch und sakramental die Sakramente der Kirche bedeuten und die Gabe Gottes an die Welt „bis ans Ende" (Joh 19,31) ausdrücken. Und ein anderes Mal, als sie mit den anderen Jüngern „... einmütig in Begleitung einiger Frauen, darunter Maria, der Mutter Jesu" (Apg 1,14), im Abendmahlssaal den Heiligen Geist empfingen (Apg 2) und so, zusammen mit den Aposteln, unter dem Einfluss des Heiligen Geistes, die Keimzelle der entstehenden Kirche bildeten. Und von diesem Geist heißt es in Anlehnung an das Alte Testament ausdrücklich: „Deine Söhne und Töchter werden prophezeien" (Apg 2,18); indem sie seine Charismen und Gaben empfingen und voll daran teilhatten, wurden sie durch seine Gegenwart verwandelt.

„Apostel der Apostel".

Wenn wir von den Frauen im Evangelium sprechen, haben wir uns mehr als einmal auf Maria Magdalena bezogen oder sie mit allen anderen Frauen in einem Atemzug genannt. Sie war eine von ihnen, aber sie war etwas Besonderes, „die Geliebte Jesu".

120

Als Duns Scotus seine Thesen zur Frage der Frauenordination formulierte, war er über die Besonderheit dieser Frau verblüfft und kam nicht umhin, das zuzugeben. Erinnern wir uns jedoch daran, dass er sie als „eine Ausnahme" betrachtete, also als die bedeutendste – und alle anderen Frauen sind in ihr vertreten - mit einem „persönlichen Privileg, das jedoch mit ihrem Tod ausgelöscht würde".

Erinnern wir uns gut an das Evangelium: Am Morgen der Auferstehung war Maria Magdalena die erste Person, der er erschien, und Jesus fragte sie im Garten: „Frau, warum weinst du?". Mit den anderen Frauen erlebte sie das Osterereignis, den Tod, die Grablegung, die Auferstehung, und mit ihnen erlebte sie die Verkündigung der Engel und den Auftrag, es den Aposteln zu verkünden: „Geht zu meinen Brüdern", aber weil sie Frauen waren, glaubten die Jünger ihnen nicht. Dennoch wurde Maria mit den anderen Frauen zur „Apostelin der Apostel" ernannt. Wie also sollte ihr Gedächtnis mit ihrem Tod erlöschen?

Viele Jahrhunderte lang vereinte die katholische Kirche in Maria Magdalena die drei Marias: Maria von Bethanien, die Sünderin ohne Namen und Maria Magdalena. Dies geht auf eine Predigt von Papst Gregor I. dem Großen im Jahr 591 zurück, in der er alle drei als ein und dieselbe Person bezeichnete, was sich bis heute gehalten hat. Wahrscheinlich wollte man damit die wahre Maria Magdalena in den Hintergrund drängen.

Die wichtigsten Quellen, um etwas über Maria von Magdala zu erfahren, sind natürlich die Evangelien. Aber auch die apokryphen Bücher und die Texte von Nag Hammadi, die im 2. und 3. Jahrhundert geschrieben wurden, liefern uns sehr interessante und oft unbekannte Informationen über Frauen im Allgemeinen und Maria Magdalena im Besonderen. Es lohnt sich daher, sie in Erinnerung zu rufen, wenn auch nur kurz.

Im Buch der Pistis Sophia finden wir etwas Interessantes: Jesus erscheint den zwölf Aposteln und den sieben Jüngerinnen, die ihm aus Galiläa gefolgt waren, und von denen nur Maria Magdalena erwähnt wird[148].

Nach dem Philipper-Evangelium - wir zitieren Texte aus den apokryphen Büchern - „waren es drei, die immer mit dem Herrn gingen, Maria, seine Mutter, seine Schwester und Maria Magdalena, die seine Gefährtin genannt wurde... "[149]

---

148 S. Hennecke, New Testament Apocryphe, S. 82.
149 S. De Otero, Los Evangelios apócrifos, (Die apokryphen Evangelien) BAC, Madrid, 1988, Evangelio de Felipe, n. 21.

Maria berichtet den Aposteln
von der Auferstehung Jesu.

Sie erscheint als aktive Teilnehmerin im Kreis von Jesus und seinen Jüngern. Im Buch der Pistis Sophia sind von den sechsundvierzig Fragen, die an Jesus gerichtet sind, neununddreißig Interventionen auf Maria Magdalena zurückzuführen, und sie nimmt in den Auslegungen einen sehr wichtigen Platz ein[150].

In all diesen Texten wird deutlich, dass Maria von Magdala der Liebling Jesu war, was zu Spannungen mit den Jüngern führte. Im Philipper-Evangelium lesen wir: „Warum liebst du sie mehr als uns?", und der Heiland antwortet: „Warum liebe ich euch nicht so sehr wie sie?"

Diese offensichtliche Vorliebe Jesu führt zu starken Spannungen zwischen Maria und einigen der Jünger, insbesondere mit Petrus, der sich von ihr bedroht fühlt.

---

150 H. Leisegang, La Gnose, (Die Gnosis) París, 1971; J. Doresse, El Evangelio según Tomás, (Das Thomasevangelium) Madrid, 1989, n.118; R. Kuntzumann, Nag Hammadi, textos gnósticos de los orígenes del cristianismo, (Nag Hammadi, gnostische Texte über die Ursprünge des Christentums) Estella, 1988, n. 114.

„Mein Herr, wir können diese Frau nicht ausstehen, denn sie redet die ganze Zeit und lässt uns nicht zu Wort kommen". Maria beschwert sich, weil „Petrus die Frauen hasst". Die Diskussionen gehen in den verschiedenen apokryphen Evangelien weiter, aber wir werden nicht alle Texte heranziehen. Wir werden uns jedoch ein wenig mit dem Evangelium der Maria (Magdalena) befassen, in dem der Konflikt zwischen Maria Magdalena und Petrus - und um die zentrale Rolle der Maria Magdalena in der Gemeinschaft der frühen Kirche am deutlichsten zum Ausdruck kommt.

Hier lesen wir zum Beispiel: Als Jesus abwesend ist, sind die Jünger traurig: Maria ergreift das Wort und offenbart ihnen, was Jesus sie gelehrt hatte (9, 12 ff). Petrus sagt zu ihr: „Schwester, wir wissen, dass der Herr dich den anderen Frauen vorzieht; erzähle uns von den Worten des Erlösers, an die du dich erinnerst, die du kennst, die wir aber nicht gekannt oder gehört haben". Maria antwortet: „Ich will euch sagen, was euch verborgen war", und sie beginnt, ihnen zu erzählen, was sie wusste. Maria hat eine Offenbarung. Hier fehlen leider die Seiten im Original, aber auf den folgenden Seiten gibt es eine heftige Reaktion bei Andreas und vor allem bei Petrus: „Also sprach er (Jesus) heimlich zu einer Frau, bevor er zu uns sprach, und das im Verborgenen? Da fing Maria an zu weinen und sagte zu Petrus: ,Petrus, mein Bruder, was denkst du? Glaubst du, dass ich nur diese Gedanken gehabt habe, oder über den Heiland lüge? '..." Und eine sehr interessante Diskussion geht weiter[151].

An dieser Stelle möchten wir die Bedeutung dieser Frau in der frühen Kirche hervorheben. In ihr symbolisiert sich die konfliktreiche und angespannte Situation unter den Jüngern, die nicht begreifen können, dass eine Frau dieselbe Stellung haben soll wie sie. Denn die zugrunde liegende Spannung spiegelt auch die Auseinandersetzung über die „Fähigkeit" der Frau wider (Gott oder Christus) zu repräsentieren. Diese Spannung mit den Jüngern wird am stärksten durch den Antagonismus zwischen dem „Apostelfürsten" und der bedeutendsten Frau des Evangeliums verkörpert. Mit anderen Worten: Auch am Anfang des Christentums gab es Spannungen, die noch nicht ausreichend erforscht und gelöst worden sind.

---

151 Anne Pasquier, L´évangile, selon Marie, Biblioteque copte de Nag Hammadi, (Das Evangelium nach Maria. Koptische Bibliothek von Nag Hamadi). Quebec, 1983.

Gemälde von Andrea de Sarto (16. Jahrhundert). Diskussion über die Dreifaltigkeit.
Maria Magdalena leitet die Diskussion mit dem Heiligen Stephanus, dem Heiligen Augustinus, dem
Heiligen Laurentius, dem Heiligen Petrus Martyr und dem Heiligen Franz von Assisi.

Maria Magdalena ist, wie wir bereits gesehen haben, in den „drei Marien" vereint worden. Aber sie ist auch auf viele verschiedene Arten interpretiert worden. Die bekannteste und am weitesten verbreitete ist die der Sünderin und Büßerin; über ihr späteres Leben kennen wir jedoch sehr unterschiedliche Überlieferungen: ihr Leben als Predigerin in Marseille und andere. Dies hat sich in einer interessanten Ikonographie niedergeschlagen. Die sehr zahlreichen, aber oft unbekannten Himmelfahrten Maria Magdalenas, Maria als Predigerin, die mit anderen großen christlichen Denkern über Theologie diskutiert, usw. Wir haben uns für diese wertvolle und bedeutungsvolle Darstellung von Andrea de Sarto (16. Jahrhundert) entschieden. Auch hier hilft uns die Ikonographie, tiefer zu gehen.

Die Ostkirche erkannte Maria Magdalena als „Apostelin der Apostel" an, bewahrt diesen Titel bis heute und feiert sie an zwei Festtagen. Papst Franziskus erkannte (im Juni 2016) den Titel als „Beispiel für eine wahre und authentische Verkünderin des Evangeliums an, weil sie eine Botin war und die frohe Botschaft von der Auferstehung

124

des Herrn verkündete". Aus diesem Grund hat er auch die Feier ihres liturgischen Festes, das weiterhin am 22. Juli stattfindet, in die gleiche Kategorie wie die der Apostel erhoben, mit einer neuen Präfation. Artur Roche, Generalsekretär für den Gottesdienst, sagte zu dieser Entscheidung: „Die Entscheidung ist Teil des gegenwärtigen kirchlichen Kontextes, der ein vertieftes Nachdenken über die Würde der Frau, die Neuevangelisierung und die Größe der Barmherzigkeit erfordert...", aber in Wahrheit ist der Titel, wie in der Ostkirche, eine reine Ehrenbezeichnung geblieben, ohne klare Auswirkungen auf das tägliche Leben der Kirche.

Die Himmelfahrt der Maria Magdalena im Gewand einer Büßerin, von José Ribera, (17. Jahrhundert).

Die vielen Bilder von den „Himmelfahrten" der Maria Magdalena. Im Allgemeinen stammen sie von Autoren des 16. und 17. Jahrhunderts, es gibt aber auch einige aus dem 18. und 19. Eine Tradition, die einmal mehr die Einzigartigkeit von Maria Magdalena zeigt, die sich in der Ikonographie widerspiegelt.

125

ANHANG 1
ZEUGNISSE VON BERUFENEN FRAUEN

Adell i Cardellach, Conxa

Terrassa (Barcelona), 1956. Lehramt-Diplom in Sozialwissenschaften (Blanquerna, 1977). Diplom in Religionswissenschaften (ISCREB, 2011). Benediktinerin.

Mitten im 21. Jahrhundert bleiben in der Zivilgesellschaft viele Fragen zum Thema Frauen ungelöst und manchmal wird die Sichtbarkeit von Frauen verwässert.

Die Frage des Frauenpriestertums wurde angegangen aus einer Perspektive der Gleichstellung oder der Menschenrechte oder aber im Vergleich mit anderen Berufen, in denen Frauen in der Minderheit sind. Es einzufordern hat zu einer Engführung der Debatte auf die Weihe als Endziel geführt, ohne sich die Rolle der Frauen in der Kirche aus anderen Blickwinkeln zu stellen. Das Nein in Großbuchstaben zum Priesteramt hat verhindert, andere Dienste eingehend in Betracht zu ziehen.

Mit Adelaide Baracco zusammen habe ich einige Fächer an der Theologischen Fakultät in Barcelona studiert. Wir haben nie verstanden, dass Männer bei gleichem Studium das Recht hatten, ständige Diakone zu sein und wir nicht. Später war sie es, die die Tatsache des Frauenpriestertums von der Berufung her formulierte.

Seitdem ist mein Standpunkt mehr als nur eine rein objektive oder soziologische Betrachtung. Ich sah mich gezwungen, mir die Frage zu stellen: Habe ich eine Berufung zum Priesteramt? Ich sah mich gezwungen, innezuhalten und nachzudenken, in mich zu gehen und nicht aus meinen Gefühlen heraus zu antworten, sondern aus der Tiefe meines Wesens. Wenn ich mich jetzt daran erinnere, zwingt es mich, erneut innezuhalten.

Ich entdeckte, dass ich gerne Priesterin geworden wäre, und dass diese Möglichkeit von der ersten Minute meiner Geburt an abgelehnt wurde.

Alle kirchlichen Dienste sind würdevoll. Aber wirklich konsekrieren zu dürfen, da reichen Worte nicht aus, um das Gefühl, den Ruf, die Berufung auszudrücken. Immer aus einer Position des Dienens und nicht der Macht heraus betrachtet, von der Gemeinschaft her und nicht aus dem Autoritarismus, vom gemeinsamen kirchlichen Weg, von der Synodalität.

Wir Frauen sind selbst unsere schlimmsten Feinde

Kirche, fürchte dich nicht, unbekannte Wege zu öffnen, denn du folgst jemandem, Jesus, der sein ganzes Leben darauf ausrichtete, neue Wege zu öffnen, um Engstirnigkeit zu erweitern.

Álvarez Benjumea, Olga Lucía

Yalí (Antioquía, Kolumbien), 1941. Höheres Diplom in Katechetik (ICLA-Celam). Theologiestudium (Centro San Bernardo Abad, Anglikanische Kirche, und Seminario Bíblico Latinoamericano, Costa Rica). Diplom in Jugendarbeit (Universidad Javeriana, Bogotá). Diplom in Krankenseelsorge (Universidad Javeriana, Bogotá). Kurse in feministischer Theologie bei mexikanischen Forschungstheologinnen. Priesterin der ARCWP (Vereinigung der römisch-katholischen Priesterinnen von Südamerika).

Wie meine Berufung aufkeimte

So wie sich ein Samenkorn unter der Erde entwickelt, so ist auch meine Berufung inmitten von Steinen, Wurzeln und Wassermangel in den Tiefen der irdischen Dunkelheit aufgegangen und gewachsen.

Zu Hause, in der Katechese, in der Schule und in der Hochschule lernte ich, dass der Tempel und der Altar die ausschließliche Aufgabe des Mannes sind.

In diesem Prozess lernte ich, dass ich in den Himmel und nicht in die Hölle gehen musste. Der vorgeschlagene Weg schien einfach und leicht zu sein. Es genügte, zu ALLEM „Ja" und „Ich glaube" zu sagen, die Gebote des Gesetzes Gottes und die Seligpreisungen zu befolgen, alle Sakramente zu empfangen, nur dass ich die Taufe nicht vollziehen kann, weil ich eine Frau bin. Ich konnte nicht fragen, ob dies vorteilhaft für mich war oder nicht, oder welche Vorteile dieser Ausschluss mit sich brachte. Ich verbrachte viele Jahre in diesem Nebel, zwischen Licht und Schatten, las das Leben der Heiligen und lebte meinen Wunsch, ihnen ähnlich zu sein.

Die Frauen der Bibel waren der beste Dünger für die Reifung meiner Berufung. Von ihnen allen habe ich gelernt, ihre Lebenserfahrungen habe ich aufgenommen. Viele von ihnen blieben anonym, wurden vom heiligen Schreiber „vergessen"; aber von ihnen hat sogar Christus selbst gelernt (Mk 7, 14-30).

Ich träumte mit Begeisterung davon, wie mir mein Berufungs-Samenkorn durch Glaube, Gebet und Reflexion den Veränderungsprozess in Kirche, Gesellschaft und Kultur aufzeigte. Wie sie sich von patriarchalischen Strukturen weg hin zu neuen Wegen entwickelten, um zu gedeihen und Früchte zu tragen statt nur als Geäst zu verbleiben. Es geht darum, „Gott mehr zu gehorchen als den Menschen" (Apg 5,29). Aber wie, was ist zu tun? Die Saat kann ja nicht aufgehen, denn das Eisen und der Zement, die darauf gelegt wurden, sind aggressiv, schwer und verletzend! Aber der Wassertropfen, der vom Himmel fällt, höhlt allmählich den Felsen, zersetzt die Strukturen, zerbricht den Zement. Auf diese Weise ignorierte ich den Canon 1024, der besagt: „Die heilige Weihe empfängt gültig nur ein getaufter Mann". Ich halte mich an die Lehren des Katechismus der römisch-katholischen Kirche, der wortwörtlich sagt: „Gott ist keineswegs nach dem Bild des Menschen. Er ist weder Mann noch Frau. Gott ist reiner Geist, in dem es keinen Geschlechtsunterschied geben kann." (Nr. 370). Wir sind nach dem Bild und Gleichnis Gottes erschaffen (Gen 1,26). Paulus sagt in Gal 3,28: „Da ist weder Jude noch Grieche, da ist weder Sklave noch Freier, da ist weder Mann noch Frau, denn alle sind eins in Christus Jesus".

Ich habe mich in meiner Kirche nie ausgeschlossen oder abgelehnt gefühlt, trotz Kanon 1398 *latae sententiae*, denn ich habe meine Taufe nie verleugnet, und niemand kann sie auslöschen oder mir wegnehmen. Auch habe ich die Kirche nicht verlassen. Meine Berufung steht nicht in Konkurrenz zu Priestern und Bischöfen, noch strebe ich nach irgendeiner Macht.

Wegen der Notwendigkeit von Priestern und angesichts des Priestermangels wurde meine Berufung besonders spürbar: den Gläubigen bei ihrem geistlichen Wachstum beizustehen und für die Rettung und Verkündigung des Evangeliums.

Es gab ein Ereignis, das das Aufkeimen meiner Berufung beschleunigte: Ich wurde zu einer Krankensalbung gerufen und gebeten einen Priester zu suchen, der sich um eine sterbende Mutter kümmern sollte. Die Tochter hatte bereits an mehrere Türen geklopft, und die Antworten waren: „Der Pater unterrichtet an der Universität", „Sie sind nicht aus meiner Pfarrei, ich kann nicht", und so weiter und so fort. Ich gehöre der Internationalen Bewegung römisch-katholischer Priesterinnen (ARCWP Association of Roman Catholic Women Priests) an, die innerhalb der Kirche tätig ist. Die Hierarchie erkennt uns nicht offiziell an, aber viele Gläubige, viele Ordensfrauen, mehrere Priester und einige Bischöfe haben ihre Unterstützung und Sympathie für diese Erfahrung kirchlichen Frühlings kundgetan.

Andrés Suárez, Elena

Portugalete (Bizkaia), 1968. Hochschulabschluss in Pädagogik. Ausbilderin von Ausbildern. Spezialistin für innere Bildung. Initiatorin des Systems "Lernen zu sein, während man sich um das Selbst kümmert". Verantwortliche für den Inhalt des Postgraduiertenkurses "Universitätsexperte für Innerer Bildung" am Centro Universitario La Salle - Aravaca (Madrid). Laiin und verheiratet.

Meine priesterliche Berufung ist ein Teil von mir, der von Gott neu erschaffen wurde. Gott hat sie mir gegeben, Er/Sie hat mich berufen und Er/Sie hat mich geführt, hat meine Berufung, auf für mich ungeahnte Arten und Weisen gelenkt.

Im Alter von sieben Jahren beschloss ich mit der Unschuld eines Kindes, dass Jesus immer mein Lebensmodell sein würde. Mit fünfzehn spürte ich bereits den Ruf zu einer besonderen Weihe, als ich die Seligpreisungen las. Mit siebzehn war das Priestertum für mich bereits klar, aber durch das uns aufgelegte kirchliche Modell, in dem wir leben, zwangsläufig ausgeschlossen. Viele Jahre sind vergangen, und heute, mit vierundfünfzig Jahren, möchte ich nicht mehr Priesterin im Sinne der Kirche sein. Ich weiß, dass ich durch die Taufe Priesterin bin, und Gott hat mich in dem Teil des Priestertums bestätigt, der meine Leidenschaft ist: anderen auf ihrem Glaubensweg oder ihrer spirituellen Suche zu helfen, sie zu begleiten und zu unterstützen.

Im Laufe der Zeit sind die Ohnmacht und die Traurigkeit, die ich in meiner Jugend empfunden habe, weil ich nicht in den priesterlichen Dienst eintreten konnte, da ich eine Frau bin, einer bewussten Entscheidung gewichen, meine Energien auf mein Leben zu konzentrieren, so wie es ist. Dort, in meinem Leben, ist das „Ja" Gottes eingeprägt zu der Berufung, die Er/Sie mir gegeben hat. Wenn sich mir Türen in einem bestimmten Zusammenhang schlossen, öffneten sich mir andere, die ich mir nicht hätte vorstellen können.

Natürlich kann eine Frau den Ruf zum Priestertum spüren. Gott ist viel weiter und größer als diese Kirche. Gott beginnt oder endet nicht an den lehrmäßigen und traditionellen Rändern der katholischen Kirche.

Als Erwachsene empfinde ich es als eine Beleidigung für Gott, dass wir uns Seiner/Ihrer bemächtigen wollen sowie seines/ihres Willens. Wie ungeschickt und töricht wir sind!

Ich empfinde immer noch Traurigkeit, wenn ich „in Kontakt trete" mit der Art und Weise, wie Frauen in der Kirche behandelt werden, wegen dieser aufgezwungenen Unmündigkeit. Aber ich lasse mich davon nicht von meiner Energie abbringen und folge Jesus trotz meiner vielen Schwächen in Treue zu der Berufung, die er mir geschenkt hat: die geistliche Betreuung anderer. Wie oft habe ich Einkehrtage, Exerzitien und Jugendtreffen geleitet! Und wie ohnmächtig ist man, wenn man die Eucharistie unter dem Vorsitz einer außenstehenden Person feiern muss, der die Erfahrung der Gruppe völlig fremd ist, nur weil die Kirche beschlossen hat, dass ich als Frau nicht Priesterin sein kann. Traurig, sehr traurig.

Ich bin überzeugt, dass eines Tages, vielleicht werde ich es nicht erleben, Frauen einer Eucharistie vorstehen, eine Gemeinde mit Leben erfüllen, das Volk Gottes anleiten und in völliger Autonomie begleiten werden. Sicherlich wird es in einer kleineren Kirche sein, die viel bescheidener und ungekünstelter ist, entsprechend dem Weg, den der jetzige Papst Franziskus mühsam eröffnet hat.

Als verheiratete Frau weiß ich auch, dass der Zölibat keine *unabdingbare* Voraussetzung für das Priesteramt sein wird.

Glücklicherweise weht die göttliche *Ruah* weiterhin über das von uns geschaffene Chaos und haucht diesem einen ewigen Atem des unaufhaltsamen Lebens ein. In diesem weiten, unaufhaltsamen, schönen Leben werden diese Grenzen verschwinden, die von einem Kirchenmodell auferlegt werden, das sich so vieler patriarchalischer Arroganz den Frauen gegenüber schuldig macht, diese kurzsichtigen, ungerechten Grenzen, die so schwere Lasten auf die Schultern der Kleinen legen.

Arana Benito del Valle, Maria José, RSCJ

Bilbao, 1943. Ordensfrau vom Heiligsten Herzen. Doktorin in Theologie. Soziologin. Lehrerin. Professorin für Theologie im Ruhestand (Theologische Fakultät Vitoria-Gasteiz).

Etwas über meine Berufung

Von klein auf spürte ich ein religiöses Interesse und die Nähe zu Jesus war für mich sehr wichtig - ich glaube, das Wichtigste. Ich fühlte mich zutiefst zum inneren Leben hingezogen. Die Erinnerung an meine Kindheit durchbricht völlig die Denkweise derjenigen, die meinen, dass Kinder nicht fähig sind, eine Gotteserfahrung zu machen, oder dass religiöse Dinge nur etwas für Erwachsene sind. Das ist ein großer Irrtum. Für mich hat alles dort angefangen und ich kann mich mit großer Klarheit und großer Dankbarkeit daran erinnern.

Aber als Jugendliche empfand ich, dass ich diese Berufung in die Tat umsetzen wollte, indem ich auch Priesterin würde. Natürlich war das unmöglich, aber ich konnte nicht verstehen, warum das nicht möglich war. Warum? Es gab eine Zeit, in der ich bedauerte, nicht als Junge geboren worden zu sein, aber schon bald dachte ich, dass es gut war ein Mädchen zu sein, und dass sich vielmehr die Gesetzgebung der Kirche ändern muss. Warum diese Unterschiede? Das konnte ich nicht verstehen, und ich empfand es immer als große Ungerechtigkeit. Das hat auch dazu beigetragen, dass ich für andere Ungerechtigkeiten sensibel geworden bin und sie bekämpfte. Seit dieser ersten Berufung habe ich immer für diese Sache gearbeitet, studiert und gekämpft. Eine dienende Berufung, ja, aber auch eine mystische Berufung, eine Berufung, die das ganze Wesen umfasst.

Die Gleichstellung der Frauen, vor allem in der Kirche zu erreichen, war eine Berufung und eine große Verantwortung, die mich angetrieben hat, die mich heute antreibt und die ich mein ganzes Leben lang getragen habe.

Aber die Zeit vergeht. Früher habe ich in der Hoffnung gearbeitet, mein Ziel noch zu meinen Lebzeiten zu erreichen. Jetzt tue ich es, indem ich an diejenigen denke, die wie Abraham, Mose und so viele andere des Alten Testaments „im Glauben gestorben sind, ohne den Gegenstand der Verheißungen erlangt zu haben, aber nachdem sie ihn gesehen und aus der Ferne begrüßt hatten" (vgl. Hebr 11,13). Wie Jules Verne zu sagen pflegte: „denken, sich vorstellen, träumen..., dass andere es erreichen werden"... Aber wir, mit Überzeugung und Hoffnung, bereiten den Weg. Gemeinsam stoßen wir die Zukunft an; das ist eine Verantwortung, die Gott uns anvertraut hat, die er mir anvertraut hat.

Die Kirche muss sich darüber im Klaren sein, was sie den Frauen vorenthält, und zwar sowohl denjenigen, die eine Berufung haben und denen sie das Recht vorenthält, ihrer eigenen Berufung zu folgen, als auch der Kirche als Ganzes, denn der Mangel an Frauen im geistlichen Amt verarmt sie zutiefst. Überdies muss die Kirche „sehen", wie Jesus im Evangelium mit den Frauen umgeht und sie zu echten Jüngerinnen macht; sie muss tief auf seine Worte und Gesten hören, aber vor allem muss sie die Heiligen Texte heute „neu lesen" und dieselbe Tradition in der Gegenwart aufgreifen, indem sie ihre befreiende Kraft, den dynamischen und sich entwickelnden Charakter des Fleisch gewordenen Wortes und der Tradition selbst hervorhebt; sie in das Leben der Kirche aufzunehmen, durch Zeit und Raum hindurch, das heißt, zu entdecken, was sie uns hier und heute sagen wollen, und zu verstehen, was die Welt und die Zivilgesellschaft heute verlangen. Für die Kirche ist es von grundlegender Bedeutung, auf das inkulturierte Wort und die Tradition von heute zu hören, und innezuhalten und den Frauen selbst aufmerksam zuzuhören.

Baracco Colombo, Adelaide

Turin (Italien), 1951. Doktorin der Theologie. Professorin am ISCREB (Institut Superior de Ciències Religioses de Barcelona), im Ruhestand. Laiin, verheiratet.

Wenn ich angeben müsste, wann meine Berufung zum Priestertum geboren wurde, könnte ich das nicht sagen. Ich wurde in eine katholische Familie der unteren Mittelschicht hineingeboren, die praktizierend und ziemlich fortschrittlich war, vor allem durch meine Mutter, die zum Glauben kam, als sie bereits erwachsen war. Ich hatte das Glück, die unmittelbare Nachkonzilszeit in Italien zu erleben, in einem katholischen Umfeld, das offen war für die neuen Dinge, die da kamen. Was meinen Glauben geprägt hat, war meine tiefe Freundschaft mit dem Pfarrer meiner Pfarrei, die fast dreißig Jahre lang bestand, von meinen Zwanzigern an, unterbrochen durch seinen frühen Tod kurz vor meinem sechzigsten Geburtstag. Wenn ich heute Christin bin, dann verdanke ich das ihm. An diese Jahre erinnere ich mich sehr gut, weil ich mich in sein „Priestersein" einfühlen konnte. Aber es kam mir nie in den Sinn, dass ich eine Berufung zum Priesteramt hätte. Im Alter von 45 Jahren begann ich Theologie zu studieren, und dann kam nach und nach das, was wir einen „Ruf" nennen, zu mir. Für mich war es eine starke innere Krise: Ich war seit über zwanzig Jahren glücklich verheiratet, mein Sohn und meine Töchter wurden erwachsen, und plötzlich sah ich mich mit etwas konfrontiert, von dem ich nicht wusste, wie ich damit leben sollte. Und das Problem war nicht die Tatsache, dass ich verheiratet war. Ich erinnere mich an ein Gespräch mit einem älteren, ziemlich weisen Priester, der mir auf meine Frage „was soll ich tun?" sagte: „Lebe deine *beiden* Berufungen". Das hat mir sehr geholfen, aber es nahm mir nicht das immer stärker werdende Leid, zu wissen, dass ich mich in der katholischen Kirche nie ganz „ich" fühlen konnte. Es waren Jahre der Wüste, aber auch des Wachstums, bis ich begriff, wozu ich mich berufen fühlte. Es waren die Worte eines Klassenkameraden aus der Fakultät, der aus dem Ausland (Polen) kam und von dem ich nie wieder etwas hörte, Worte, die mich wie ein Blitz erleuchteten, als ich ihm sagte, dass ich Priesterin werden wollte: „Du willst nicht Priesterin sein, du willst Hirtin sein". Ja, das war's. Von da an bin ich, inmitten der großen und schmerzhaften Frage an Gott, „warum hast du etwas in mich hineingelegt, das ich nicht leben darf", durch verschiedene Phasen gegangen.

Gleichzeitig litt ich unter der „dogmatischen" Verweigerung der Kirche, und durchlief verschiedene Phasen: von Wut über Resignation bis hin zum Willen, mit Worten und Überlegungen zu kämpfen, und manchmal (wenn sich die Gelegenheit bot) mit der Praxis, indem ich mit einer kleinen Gruppe den Wortgottesdienst feierte. Immer mit diesem dumpfen Schmerz, nicht ganz und gar sein zu können, was ich bin.

Meine Spiritualität hat sich vertieft: jetzt weiß ich, was mein „Priestersein" bedeutet, Etty Hillesum drückt es so aus: „Balsam für so viele Wunden zu sein". Am meisten leide ich unter der Unmöglichkeit, den priesterlichen Dienst auszuüben, wenn ich sehe, wie viel Kraft des Geistes, wie viel Zärtlichkeit, wie viel Fähigkeit zum Zuhören usw. die Kirche weggeworfen hat, indem sie uns Frauen, die sich zum Priesteramt berufen fühlen, die Möglichkeit verweigert hat, es auszuüben. Das ist eine schwere Sünde, eine Sünde gegen die Heilige Geistkraft. Und es lässt mich auch darunter leiden, dass ich nicht „gesandt" bin, wie der auferstandene Christus seine Jünger gesandt hat.

Kirche, hör zu! Das Priestertum würde mit Frauen nichts anderes tun, als was es mit Männern macht: es klerikalisiert die Frauen nicht, die nicht klerikalisiert werden wollen. Darum geht es nicht, und das weißt du. Es geht (vielleicht) um (das Nichtaufgeben von) Macht. Ich will keine Macht. Ich möchte, dass du anerkennst, was ich lebe, und mir die Möglichkeit gibst, meiner Berufung treu zu sein. So wie du es mit jedem Mann tust, der an die Tür eines Priesterseminars klopft.

Carrizosa Carrizosa, Mercedes

Azuaga (Badajoz), 1945. Hochschulabschluss in Religionswissenschaften (Päpstliche Universität von Salamanca). Stellvertretende Verwaltungsleiterin von Telefónica im Ruhestand. Laiin.

Meine Berufung habe ich schon als Kind gespürt. Im Alter von 18 Jahren kam ich nach Madrid und mit 20 Jahren trat ich in die Telefónica ein. In meinem Viertel (Vallecas), der Pfarrei Unsere Liebe Frau der Frömmigkeit, war ich Katechetin, in der Katholischen Aktion, Ich habe auch an der Liturgie teilgenommen und die Eucharistie ausgeteilt. Ich war Mitglied der Säkularen Apostolischen Bewegung, bei der Aufnahme und den Aktivitäten für junge Menschen. Hier entdeckte ich, dass es möglich war, im Pastoralinstitut Leo XIII. Theologie für Laien zu studieren. Ich begann mein Studium 1975/79 und machte mein Lizentiat in Religionswissenschaften am Seminar San Dámaso in Madrid und schloss es 1982/83 an der Päpstlichen Universität Salamanca ab. Ich spürte deutlich einen Ruf, eine tiefe Berufung zum Priestertum, aber ich war mir auch der Grenzen bewusst.

1986 schloss ich mich der Bewegung für den freiwilligen Zölibat an und dem Verein Frauen und Theologie in Madrid, und das war eine große Unterstützung für meine Berufung. Im Kampf gegen die geschlechtsspezifische Diskriminierung in der Kirche war meine Teilnahme an Presse, Radio und Fernsehen von 1978 bis 2002 ein Mittel, um meine BERUFUNG ZUM PRIESTERAMT bekannt zu machen. Aber Papst Johannes Paul II.

veröffentlichte 1988 das apostolische Schreiben über die Würde der Frau und verbot am 31.5.1994 endgültig und unwiderruflich das Priesteramt der Frau. Hier liegen meine Grenzen. Meine Gefühle? AKZEPTANZ UND HOFFNUNG.

Cigarán González, Luz María

Ciudad de Artigas (Uruguay), 1967. Hochschulabschluss in Erziehungswissenschaften und Postgraduate in Management von Bildungszentren, Katechetin und Ausbilderin von Katecheten. Ordensfrau, Tochter Marias, Helferin der Christen (Salesianerin).

Nicht nur Priesterin werden, sondern auch die priesterliche Erfahrung machen. Ich glaube, dass es nichts gibt, was mich daran hindern könnte, einer Feier vorzustehen, egal wie viele Argumente uns gegeben werden. Ich lebe zutiefst, dass ich eine Gläubige bin - eine Katechetin, die für das Reich Gottes geweiht ist. Seit meiner katechetischen Ausbildung hat sich in mir die Freude an der Verkündigung und an der Vertiefung der Geheimnisse des Glaubens entwickelt, um meine Katechumenen und die Menschen, die meinen Lebensweg kreuzen, zu ermutigen; die Ausbildung hat meinen priesterlichen Dienst geweckt und angeregt. Dieser Dienst bedeutet für mich: die Erfahrung der Begegnung, des Vertrauens, des Eins-zu-eins-Seins mit jedem Menschen, der Führung und der Hinführung zu einer persönlichen und intimen Begegnung mit Gott.

Heutzutage gibt es in den Städten und Dörfern einen zunehmenden Priestermangel. Diejenigen, die in den Gemeinden präsent sind und sie beleben, sind die Frauen - Laien und/oder Ordensleute, die sich der Verkündigung verpflichtet fühlen. Sie sind für die gesamte Gemeinde verantwortlich.

Wenn die Priester kommen, um der Feier vorzustehen, ist bereits alles von den Frauen vorbereitet und aufgebaut worden. Als Katechetin für die Initiationssakramente war ich lange Zeit bei den Kindern und Jugendlichen und habe die Eucharistie Schritt für Schritt vom Lesepult bis zum Altar begleitet. Ich unterrichte junge Menschen und lade sie ein, diese einzigartige Gotteserfahrung in der Tiefe zu erleben. Die Gemeinschaft, die mit dem Kennenlernen und der Begleitung der Gruppe und jedem einzelnen Kind und Jugendlichen entsteht, hat diese Berufung, diese Leidenschaft geweckt, die mich dazu bringt, mich zu fragen: Warum kann ich nicht der Feier vorstehen?

Die stärkste Erfahrung, die mich bewegt, die mich übersteigt, die mich berührt, ist, wenn ich zu einigen Eucharistiefeiern eingeladen werde, um die Kommunion auszuteilen. Es berührt mein ganzes Wesen, ich gebe Jesus. Aus meiner Menschlichkeit heraus lädt er mich ein, ihn zu geben, aus meiner Zerbrechlichkeit heraus bedient er sich meiner. Jedem Gläubigen, der sich nähert, den „Leib Christi" zu geben, erfüllt die Seele, und es geht um das, wofür ich lebe und was ich bin: ihn zu geben. In Uruguay ist es üblich, dass Männer und Frauen (Laien und Ordensleute) das Wort verkünden und die Kommunion spenden; ich glaube, dass dies ein lokaler Reichtum ist, der auch diese persönliche Sehnsucht, die tief im Inneren ist, motiviert und verstärkt. Und manchmal ist es notwendig, wie die jungen Leute sagen, eingeladen zu werden, die Predigt zu halten, die Gemeinde zu kennen und Teil von ihr zu sein.

Als Küsterin in der Gemeinde bereite ich die Kapelle für die Feiern vor: den Altar, die Blumen, die liturgischen Farben, die Räume, die Lieder. Das alles vertieft noch diese priesterliche Leidenschaft.

Meine Erfahrung als Seelsorgerin stammt aus der direkten Katechese mit Kindern und Jugendlichen und auch aus der Ausbildung von Katecheten; ich lebe es als Dienst, Jesus in anderen zur Welt zu bringen, von ihm zu sprechen, für ihn und mit ihm.

Was mir am meisten zu schaffen macht, sind die ewigen Predigten (einiger), die weit weg sind, von dem, was die Menschen leben - begleitet von einer Theologie, die das Gesetz über den Menschen stellt und dem Menschen nicht nah ist. Die Menschen leben andere Realitäten, die der Priester manchmal nicht begreift, weil er nicht so sehr in deren Lebenswirklichkeit eingebunden ist. Und so ist es schwer, an dieser Lebenswirklichkeit anzuknüpfen, um das Evangelium da hinein zu verkünden.

Ich würde der Kirche raten, den Geist nicht zurückzuhalten. Wenn in einigen Ländern aufgrund von konkreten und schwierigen Situationen der Kirche Frauen erlaubt wurde, das Amtspriestertum zu leben, warum werden sie dann allgemein so sehr gebremst? Wir brauchen Menschen, die diesen Ruf spüren. Die das Priestertum aus der weiblichen Wirklichkeit heraus leben, mit einer eigenen Prägung, und immer auf die Gemeinschaft in der Kirche achtend.

Díaz, A. R.

Barcelona, 1976. Hochschulabschluss in Betriebswirtschaft und Management. Hochschulabschluss in Religionswissenschaften. Wirtschaftswissenschaftlerin. Laiin, verheiratet und Mutter.

Ich möchte gerne Priesterin werden, um die Messe zu feiern und die Sakramente spenden zu dürfen. Ich empfinde das als eine besondere Art und Weise, den Menschen die Liebe und Gegenwart Gottes zu vermitteln, seine Zuneigung und Nähe und seine Hoffnung auch in den schwierigsten Lebenssituationen weiterzugeben. Obwohl es möglich ist, auf andere Weise zu kommunizieren, fühle ich mich zu dieser besonderen Art der Kommunikation hingezogen, es ist ein zutiefst innerer Wunsch. Wenn ich meine Geschichte Revue passieren lasse und insbesondere meine Kindheit und Jugend, gibt es viele Anzeichen für diese Anziehung. Zum Beispiel in meinem Interesse für Messen, Predigten, Gebete, Exerzitien, Katechese, Theologie, Messbücher, die Bibel und kirchliche Angelegenheiten. Ich engagierte mich mit großer Leidenschaft in christlichen Gruppen. Eine Schulfreundin erzählte, dass ich einmal gesagt habe, wenn ich ein Junge wäre, würde ich Priester werden. Ich erinnere mich nicht daran, sie schon. Was ich nie hatte, war der Wunsch, eine Ordensfrau zu werden.

Der Wunsch zum Priestertum wurde mir erst während meines Theologiestudiums bewusst, welches ich als Erwachsene zum Spaß absolvierte. Die Ablehnung, weil ich eine Frau bin, war ein Schock, auf den Wut und Bitterkeit folgten und eine vernarbte Wunde,

134

die schmerzt, wenn man sie berührt. Doch akzeptiere ich dies mit einer inneren Ruhe, denn Gott ist größer! Und das immer in dem Bewusstsein, dass die menschliche Begrenztheit auch die Institution Kirche betrifft und dass es einen Teil des Lebens gibt, den wir nicht verstehen. Ich versuche, mich an Initiativen zu beteiligen, die dieses Thema sichtbar machen. Das Schlimmste ist das gewaltsam erzwungene Schweigen, das Tabu. Wenn man sagt, man sei zum Priestertum berufen, wird man von allen Seiten angegriffen. Ich bin traurig über die starke Dekadenz, die ich in der Kirche sehe, und sie wird immer schlimmer. Ich würde ihr sagen, sie soll ihre Türen für uns öffnen, denn das wäre ein Segen für alle.

Díaz Garduño, Carmelita (Carmen)

Zinacantepec (Mexiko), 1966. Bachelor-Abschluss in Buchhaltung. Lizentiat in Theologie. Derzeit Pastoralreferentin in der Diözese San Cristobal, Chiapas, Mexiko.

Ich möchte Priesterin werden, weil ich fühle und glaube, dass das Amt nicht nur für Männer ist, weil Jesus nicht nur Männer, sondern auch Frauen zu Jüngerinnen in die Nachfolge berufen hat.

Ich lebe eine Spiritualität des Dienstes, die mein Leben im Dorf belebt, indem ich mich auf die Realität der Menschen einlasse und meine Ausbildung, meinen Glauben, meine Hoffnung und meinen Weg mit ihnen teile.

Die patriarchalische Hierarchie, die den Frauen den Zugang verwehrt und die Tür für unsere Teilnahme verschließt, ist eine schwere Last. In der Glaubensgemeinschaft, in der ich derzeit lebe, gibt es gravierende Lücken in der Beteiligung von Frauen an pastoralen Diensten. Frauen akzeptieren das Weiterbestehen dieser Lücken und reproduzieren patriarchalische Praktiken. Das führt zu Ängsten vor einem Leben in Freiheit und Würde und vor der Übernahme von Leitungsrollen.

Ich leide unter der Unmöglichkeit, Priesterin zu sein. Am meisten leide ich unter dem Machismo, dem Klerikalismus, der Verschlossenheit, dem Fehlen von Dialog, den monarchischen und absolutistischen Haltungen.

Die Kirche muss sich vom begangenen Machtmissbrauch befreien. Er steht im Widerspruch zum Vorbild Jesu. Sie muss die patriarchalischen Privilegien aufgeben. Sie muss den Katakombenpakt aufgreifen, zu dem sich die am Zweiten Vatikanischen Ökumenischen Konzil teilnehmenden Bischöfe verpflichtet haben. Und die Straffreiheit vieler päderaster und pädophiler Priester, die so vielen Kindern, Jugendlichen und Erwachsenen (Frauen und Männern) Schaden zufügen, muss aufgehoben werden.

In meiner Glaubensgemeinschaft beten wir um die Anerkennung von uns Frauen und den Zugang zu allen kirchlichen Diensten und Ämtern, einschließlich des Priesteramtes.

Wir sollten gemeinsam darüber nachdenken, welche Art von Priestern die Kirche heutzutage braucht, je nach Bedarf in den einzelnen Diözesen. Es ist dringend notwendig, die klerikale Dynamik zu überwinden und vom Konzept der „Pfarrei" zu dem der „Gemeinschaft" überzugehen. Wir müssen uns bewusst werden, dass wir ohne Synodalität nicht leben können, weil alles miteinander verbunden ist und uns nichts fremd sein kann.

Wir sollten die Feiern zu einer wirklichen Erfahrung von Menschwerdung machen, in dem Kontext, in dem wir leben, um Salz der Erde und Licht für die Welt zu sein. Tiefes und aktives Hinhören auf die Realität der menschlichen Gemeinschaft, in der wir leben, um uns zu engagieren und die ungerechte Realität zu verändern, in der Frauen und Männer von heute leben.

Wir brauchen eine große Portion Wagemut, Kühnheit und Kreativität; keine Wiederholung veralteter Modelle oder oberflächlicher Flickschusterei, denn es ist keine Zeit mehr, sich von unwesentlichen Dingen ablenken zu lassen.

Es muss ein synodaler Dialog eröffnet werden, an dem das ganze Volk Gottes teilnehmen kann, und in dem es möglich ist, das menschliche, geistliche, theologische, pastorale und kirchliche Profil zu erkennen, das vom Bischof und bis zu allen pastoralen Akteuren gefördert werden muss.

García Calvo, Curín (María José)

Madrid, 1985. Hochschulabschluss in spanischer Philologie und Theologie. Erzieherin, Ordensfrau von Jesús und María. Derzeit Missionarin in Haiti.

Als ich im Alter von 20 Jahren begann, mich ernsthaft mit meiner Lebensentscheidung auseinanderzusetzen, spürte ich, dass Gott mich zu einer restlosen Hingabe berief. Deshalb entschied ich mich nach einer „harten" Entscheidungsfindung, in die Kongregation der Ordensleute Jesu und Mariens einzutreten, mit dem Wunsch, vom und für das Reich Gottes zu leben.

Schon sehr früh begann ich zu erkennen, dass Frauen in der Kirche aus vielen Gründen diskriminiert wurden (natürlich hatte ich das schon viel früher bemerkt, aber es begann für mich ein grundlegendes Problem zu werden). Eine der konkreten Erscheinungsformen dieser Diskriminierung hatte damit zu tun, dass es für Frauen unmöglich war, eine Berufung zum Priestertum in Betracht zu ziehen. Dann, als ich etwa 23 Jahre alt war, las ich die *Ordinatio sacerdotalis* und „mir fiel die Seele zu Füßen". Die in dem Dokument genannten Gründe für den Ausschluss von Frauen vom geweihten Dienst überzeugten mich nicht. Ich war entrüstet. Und ich war überrascht, dass viele der Frauen, mit denen ich mein Leben teilte, gar nicht an diesem Thema interessiert waren. Sie wollten für Jesus leben, aber nicht so, wie der Klerus es ihnen vorlebte. Es wurde mir bewusst, dass das ordinierte Amt eigentlich ziemlich ungeordnet war und ich war Gott dankbar, dass ich nicht entscheiden musste, ob Gott mich zu diesem Dienst berief.

In Wahrheit fand ich aber nie Ruhe. Ich hatte immer den Eindruck, die Unmöglichkeit für Frauen, ins Priesteramt einzutreten, ist nur ein weiteres Zeichen für die patriarchalische Macht, die der Kirche so viel Schaden zufügt. In diesem Sinne zeigt sich das Patriarchat am Klerikalismus in unserer Kirche. Ich kann nicht sagen, dass mein

Leben nicht ausgefüllt ist, weil ich keine Priesterin bin. Aber seit Jahren mache ich die Erfahrung, dass es nicht nur um mich, um „meine Fülle" geht.

Sprechen wir über die Fülle der Kirche, in der jeder Christ berufen ist, sich einzubringen. Reden wir darüber, dass es nicht darauf ankommt, wer einer Eucharistie vorsteht, sondern auf die Gemeinschaft, die das Ereignis von Leben, Tod und Auferstehung Christi feiert und sich daran erinnert. Reden wir darüber, dass es wirklich wichtig ist, dass jede christliche Gemeinde Zugang zum sakramentalen Leben hat und dass es für die Kirche als Verfechterin der Gleichheit von Mann und Frau einfach nicht stimmig ist, mehr als die Hälfte ihrer Mitglieder von der Möglichkeit auszuschließen, ein maßgebliches Mitspracherecht zu haben.

Also, ja, ich möchte Priesterin werden können. Nicht aus einer persönlichen Laune heraus. Nicht um sozial aufzusteigen. Sondern um eine lebendigere, stimmigere, menschlichere und damit gottähnlichere Kirche zu schaffen. Ich glaube, dass die Kirche in der Frage des Frauenpriestertums ihre eigene Berufung und Sendung aufs Spiel setzt.

Harth, Elfriede

Bogotá (Kolumbien), 1949. Diplom des Institut d'Etudes Politiques de Paris. Diplôme Approfondi in Sozialwissenschaften. Politische Aktivistin. Laiin. Hausfrau und Mutter.

Als Erstgeborene von sechs Geschwistern musste ich schon früh viel Verantwortung für meine Geschwister übernehmen, vor allem weil unsere Mutter eine gesundheitlich zerbrechliche Frau war. Im Alter von 14-15 Jahren war es keine Seltenheit, dass ich mich in den Ferien zwei oder drei Wochen lang allein um alle meine Geschwister kümmerte, wenn wir ohne unsere Eltern oder einen anderen Erwachsenen in einer Wohnung zusammenkamen.

Verantwortung für andere Menschen zu übernehmen, war für mich schon immer von grundlegender Bedeutung. Die Rolle der Vermittlerin, der Moderatorin zu spielen, dafür zu sorgen, dass Harmonie herrscht, dass Ungerechtigkeit vermieden wird, dass jeder Mensch er selbst sein kann. Sich um einen Tisch zu versammeln, um Ideen, Träume und Brot zu teilen... ist etwas, das ich mit vielen Menschen und in vielen Zusammenhängen versucht habe.

Wenn wir das tun, worum Jesus uns beim letzten Abendmahl gebeten hat: uns an ihn und alles, was er gelehrt hat, zu erinnern und uns um einen Tisch zu versammeln, um zu teilen, dann ist das eine Aufgabe, die es uns ermöglicht, Gemeinschaft zu schaffen.

Heute bin ich der Überzeugung, dass ich diesen Dienst völlig frei und profan ausüben kann, unabhängig von der kirchlichen Institution. Für mich ist diese Institution, wie viele andere auch, nicht befreiend, sondern sie stellt mich unter Vormundschaft, sie entmündigt mich. Anstatt zu helfen, die emanzipatorische Botschaft Jesu zu leben, sperrt sie sie in Kodizes und Normen ein.

Ich fühle mich solidarisch mit denen, die diese Institution verändern wollen, weil die

137

Kirche jenseits ihrer Kodizes und Regeln eine Gemeinschaft von Menschen ist, mit denen mich Menschlichkeit und der Glaube an Jesus und den Gott Jesu verbindet.

Herath Chapman, Deborah

Shirley (Massachusetts, USA), 1955. Ehrendoktorin (PhD). Ordinierte Priesterin in der anglikanischen Kirche 2006. Verheiratet.

Ich hätte nie gedacht, dass ich einmal Priesterin werden würde. Mein erstes Universitätsstudium begann ich 1972, ein Jahr nach meiner Bekehrung, als ich Christus als meinen Herrn und Retter kennenlernte. 1975, im Alter von 20 Jahren, wusste ich bereits, dass ich Missionarin werden wollte. Es war mir ein großes Bedürfnis, mein ganzes Leben und all meine Fähigkeiten Jesus zu widmen, der meinem Leben einen Sinn gegeben hatte. Nach meinem BA-Abschluss (Bachelor of Arts) in den USA ging ich nach England, um Linguistik und dann Theologie zu studieren (am London Bible College, der heutigen London School of Theology), um mich auf die Arbeit als Bibelübersetzerin für die Wycliffe-Bibelübersetzer-Bewegung vorzubereiten. Dort lernte ich meinen Mann kennen, und wir arbeiteten schließlich gemeinsam in der Mission, in Peru, im Vereinigten Königreich (mit internationalen Studenten an den Universitäten) und in Papua-Neuguinea. Während mein Mann dann 11 Jahre lang als Direktor von *Enlace Latino* unterwegs war und unsere Kinder zur Schule gingen, machte ich meinen Master in Bibelauslegung und promovierte anschließend in Theologie. Damals dachte ich, dass Gott vielleicht wollte, dass ich Akademikerin werde, aber ich fühlte mich nicht erfüllt. 1999 wechselten wir die Kirche und gingen in die anglikanische Kirche (Christ Church Roxeth), wo unsere Kinder im Teenageralter die große Jugendgruppe besuchten. Dort ernannte mich der "Vikar" (der für die Gemeinde zuständige Priester) sofort zur Laienpastorin. Sowohl er als auch mein Mann waren überzeugt, dass Gott mich zur Priesterin berufen hatte. Im Jahr 2000 nahm ich an einem BAP (Bishops' Advisory Panel)[152] teil, wurde aber nicht ausgewählt. Paradoxerweise war es dieses Ereignis, bei dem ich schließlich persönlich den Ruf Gottes zum Priestertum spürte. Mein Entscheidungsprozess ging weiter, bis ich 2004 ausgewählt wurde. Bis dahin hatte ich meinem Mann immer gesagt, dass ich immer noch nicht wüsste, was ich werden wolle, wenn ich erwachsen sei! Die Freude über meine Weihe, erst zur Diakonin und dann zur Priesterin, bestätigte mir, dass dies die Erfüllung dessen war, was Gott für mich wollte. Und dann, als ich zum ersten Mal die Eucharistie feierte, spürte ich in der Stille des Abschlusses und vor der Verabschiedung, dass ich einen zeitlosen Raum betreten hatte, der von Gottes Frieden und Liebe umhüllt war, einen Raum, den ich nicht verlassen wollte, indem ich den Moment mit Worten unterbrach, denn dort konnte ich ‚ich' sein; dort hatte ich bereits meine ewige Heimat betreten.

Ich lebe eine sehr reiche ministerielle Spiritualität, beginne jeden Tag mit einer Stunde

---

152 Auswahlprozedur von KandidatInnen für die Ausbildung zum Weiheamt

138

Gebet und Bibellesen und nach dem Frühstück (an vier Tagen in der Woche) mit dem Morgengebet mit den Mitgliedern unserer kleinen Gemeinde in St. George's. Wir haben einen fünfstündigen Gebets- und Bibellektürerhythmus, der von musikalischen Signalen unterbrochen wird, die uns daran erinnern, dass Gott für unser Leben zuständig ist. Ich studiere weiterhin christliche Theologie und Spiritualität und reflektiere in meinem Tagebuch. Hier schreibe ich, was ich denke und was ich glaube, was Gott mir offenbart. Ich besuche regelmäßig meine geistliche Begleiterin, versuche, mir einen Tag im Monat nur für das Gebet zu nehmen, und manchmal nehme ich mir ein paar Tage Zeit für Exerzitien alleine, wo ich ganz offen bin, um auf Gottes Stimme zu hören. Ich bin eine Malerin und Bildhauerin. Besonders seit meiner Priesterweihe hat Gott mir erlaubt, meine Vision von Ihm durch meine Kunst auszudrücken. Manchmal benutze ich meine Bilder im Rahmen von Exerzitien, um biblische Wahrheiten (sowohl für Geistliche als auch für Laien), Predigten, Bibelstudien usw. zu erklären.

Hidalgo Jiménez, Amelia

Brenes (Sevilla), 1951. Hochschulabschluss in Biologie. Studium der Religionswissenschaften (DEI), um Religionslehrerin zu werden. Studium der Feministischen Theologie (EFETA). Forscherin an der Biologischen Station Doñana (CSIC); Dozentin für Naturwissenschaften und Biologie; Dozentin für Marktrechnungswesen; Dozentin für Religion. Mitglied von Frauen und Theologie und der Europäischen Gesellschaft von Frauen für Theologische Forschung (ESWTR). Im Ruhestand. Verheiratet.

Ich lebe intensiv eine Spiritualität des Dienens. Ein Dienst, der mich manchmal ermüdet, der mir aber nicht schwerfällt, seit ich eine Begegnung mit dem auferstandenen Jesus hatte. Ich war jung. Ich war 23 Jahre alt. Mein Leben nahm eine große Wendung. Ich hatte viel Leben empfangen und wollte mich mit Leben revanchieren. Während der Erziehung meiner Kinder und danach habe ich versucht, mich in Theologie weiterzubilden. Ich war begeistert von meiner Begegnung mit der feministischen Theologie. Ich bin reich beschenkt worden, ohne viel dazu zu tun. Ich kann mehr geben. Ich habe oft Predigten bei großen christlichen Festen gehalten und wie mir gesagt wurde, fühlen sich die Gemeindemitglieder mit mir verbunden. Ich glaube, ich fühle mich bereit, Priesterin zu werden. Meine Ziele wären: zu betreuen, zu lehren und eine Pfarrgemeinde zu bilden. Einer meiner Söhne sagte mir sogar unverblümt auf den Kopf zu, dass ich gerne Priesterin geworden wäre. Er hatte Recht. Heute habe ich mehr Wissen und mehr Erfahrung, aber ich frage mich, ob ich diese Aufgabe erfüllen kann, obwohl ich noch genauso enthusiastisch bin wie am Anfang. Ich vermute, ich würde die ersten Grenzen bei den Gemeindemitgliedern selbst finden, die eher unpersönliche und starre priesterliche Ideen und Haltungen gewohnt sind. Zweitens würde ich Grenzen in der Hierarchie finden. Ich würde den Fokus meines Amtes auf einen Dienst der Versöhnung legen. Dabei stelle ich das Sakrament selbst nicht in Frage. Meine Spiritualität drängt mich, die Gemeindemitglieder zu einer

Versöhnung mit sich selbst, mit der Welt um sie herum und mit der Geschichte im Allgemeinen zu führen. In den Kirchen, die ich besucht habe, habe ich jedoch festgestellt, dass die Priester den größten Teil ihres Amtes als sakramentale Funktionäre verrichten. Echte Gemeindeversammlungen habe ich mit ihnen nicht erlebt.

Die Gesellschaft hat sich seit langem verändert, und es scheint, dass die Kirche sich dessen nicht bewusst ist. Ihre Haltung ist geradezu pervers, da sie versucht, an veralteten und unverständlichen Strukturen festzuhalten. Viele wenden sich von ihr ab in ihrer Suche nach Spiritualität, obwohl keine so erfüllend ist, wie die, die Jesus vermittelt hat. Außerdem rechtfertigt sich die Amtskirche selbst, indem sie versucht, die Menschen davon zu überzeugen, dass ihr System perfekt mit der Botschaft Jesu übereinstimmt, welche sie jedoch manipulieren und entstellen. Ich frage mich, ob sie sich des Bösen bewusst sind, das sie anrichten, oder besser gesagt, des Guten, das sie unterlassen. Ich leide darunter. Viele Gemeindemitglieder folgen ihnen unter dem Deckmantel von Traditionen, die verworrene Vorstellungen bewahren, ohne zu berücksichtigen, dass Jesus selbst gegen die Traditionen auftrat. Traditionen, die Menschen versklavten, ausschlossen und verachteten. Nicht ich setze die Grenzen. Sie setzen sie, wenn sie jede noch so kleine Erneuerung begrenzen. Und diejenigen, die sich entschließen, einige Grenzen zu überschreiten, bringen sie zum Schweigen, wie sie es mit Jesus getan haben.

Der kirchlichen Hierarchie möchte ich sagen, dass sie die Zeichen der Zeit erkennen und auf die Stimme des Volkes hören sollte, auf die Stimme der Frauen, auf die Stimme der jungen Menschen. Aber nicht die, die in ihrem kirchlichen Umfeld lauern, sondern die, die auf die Straße gehen, die, die zur Arbeit gehen, die, die alleine sind. Das ist es, was Jesus getan hat. Es geht nicht nur um die Aufnahme von Frauen in den Priesterstand. Es geht um eine innere Erneuerung der Kirche. Diese ist unerlässlich, um sie näher, verständlicher und stärker in die sozialen Probleme einzubeziehen.

Jordà Llambrich, Pili

Amposta (Tarragona), 1969. Hochschulabschluss in spanischer Philologie. Pädagogische und pastorale Tätigkeit. Widmet sich dem Unterricht und der Seelsorge. Karmelitische Ordensfrau. Theresianische Missionarin.

Ich bin glücklich, wenn ich meinen Glauben in der Gemeinde und in der Gemeinschaft leben kann, weil ich weiß, dass ich Kirche bin. Ich liebe die Schule, das Kommunizieren, das Erzählen, das Teilen von Erfahrungen, das Begleiten und vor allem das Zeugnis des Lichtes, das in den Augen derer aufleuchtet, die gerade etwas Neues entdeckt haben. Ich liebe die Natur, die Kunst, das Leben, alles, was ein Abbild des Schöpfers ist.

„Als ich ein Kind war, redete ich wie ein Kind, dachte wie ein Kind und urteilte wie ein Kind. Als ich ein Mann wurde, legte ich ab, was Kind an mir war. Denn jetzt schauen wir in einen Spiegel und sehen nur rätselhafte Umrisse, dann aber schauen wir von Angesicht zu Angesicht. Jetzt erkenne ich unvollkommen, dann aber werde ich durch

140

und durch erkennen, so wie *ich auch durch und durch erkannt worden bin*. Für jetzt bleiben Glaube, Hoffnung, Liebe, diese drei; doch am größten unter ihnen ist die Liebe" (1 Kor 13,11-13).

Wenn ich von meiner Berufung spreche, spreche ich von etwas, das „ich nicht in Worte fassen kann, es bleibt stammelnd". Ich versuche es zu beschreiben: „Berufung ist die Identität, die von innen heraus aufsteigt, wo Gott sie von Anfang an gesät hat. Sie ist etwas, das dich zu einem anderen Seinszustand drängt, ohne genau zu wissen, wie dieser aussieht, aber sie bringt dich unabänderlich dazu, auf dieses *Sein* zuzugehen..." dem du jedem Tag konkret Gestalt gibst in jedem täglichen „*es geschehe*" . Ich fühle mich zum Priestertum berufen, nicht aus meinem eigenen Wunsch heraus, auch nicht, um die Rolle der Frau in der Kirche einzufordern. Ich fühle mich berufen, und mit einem gewissen Erröten und mit Zaghaftigkeit wage ich zu sagen, dass es meine DNA ist. „Ihr alle, die ihr auf Christus getauft seid, habt Christus angezogen; da ist weder Jude noch Grieche, da ist weder Sklave noch Freier, da ist weder Mann noch Frau; denn ihr seid alle eins in Christus Jesus" (Gal. 3,27-28).

Ich weiß, dass Gott diesen Samen und dieses Siegel in mein Herz gelegt hat. Er hat mich so gemacht. Ich glaube es immer noch von ganzem Herzen, von ganzer Seele und mit meinem ganzen Wesen. Vielleicht werde ich mich nie geweiht und von der Kirche anerkannt sehen, ich weiß nicht, ob ich jemals in der Lage sein werde, dieses Amt offen von der Kirche und für die Kirche auszuüben, aber ich weiß, dass ich so bin, wie ich auch weiß, dass ich eine geweihte Frau bin. Ich bin bereits Priesterin, für etwas, das ich nicht verstehe, ich weiß nur, dass ich in den Händen und im Herzen Gottes Priesterin bin, ohne es zu verdienen, aus Gnade.

Manchmal durchfährt mich das Gefühl des älteren Bruders im Gleichnis vom barmherzigen Vater; ich schaue die anderen Priester an, ich protestiere ein wenig gegen *das Fest, das beste Gewand, den Ring, den gemästeten Ochsen....* Ich weiß, dass ich wie Samuel im Tempel aufgewachsen bin (ich wuchs auf zwischen den Gerüsten und Steinen spielend, mit denen die Pfarrkirche in meiner Nachbarschaft gebaut wurde; nach außen hin ein Schelm, doch voller Aufmerksamkeit für das, was ich hörte und was im Inneren geschah), und ich weiß, dass ich immer diese „innere Stimme" gehört habe, die inmitten von Träumen und Nächten meinen Namen aussprach. Ich habe diese Berufung in meinem Herzen bewahrt, als wäre sie eine kleine Flamme einer Tabernakel-Kerze, im Wissen, dass nicht ich, sondern Christus in mir lebt... Mit Zweifeln, Ängsten und dem Wissen, dass ich menschlich und schwach bin, habe ich nie aufgehört, auf mein besonderes *angelus* zu hören, in welchem sein Wort erklingt, das in mir werden will. Ich weiß nicht, ob ich Unsinn rede, es ist das, was ich nach den Worten des Heiligen Johannes vom Kreuz „zu fühlen, aber nicht zu sagen weiß". In meinen Händen befinden sich eine Handvoll Gewissheiten und eine Handvoll Ängste. Ich fühle mich weit weg von zu Hause, immer eine Fremde, immer auf dem Weg, immer Israel, Gottes Volk auf dem Weg ins gelobte Land. Aber es fehlt weder am Tag die Wolkensäule noch in der Nacht

141

die Feuersäule, die mich ermutigt, mit den gleichen Worten des barmherzigen Vaters, der mich mit der zärtlichsten und tiefsten Stimme, die man je hören kann, anleitet: „Tochter, du bist immer bei mir, und alles, was mein ist, ist dein" (Lk 15,31).

Ich erkenne mich selbst, wie ich mit allen Priestern der Welt die Liebe Gottes feiere, ich erkenne mich, trotz meines Elends, ,in persona Christi'. Und mit der Musik meines Herzens verkünde ich das große Gebet der eucharistischen Lobpreisung: „Durch Christus, mit ihm und in ihm, dir, Gott, dem allmächtigen Vater, in der Einheit des Heiligen Geistes, alle Ehre und allen Ruhm, in Ewigkeit, Amen".

Ich werde immer die sein, die ich bin. Überzeugt von meiner Berufung und mit dem heiligen Paulus bekräftigend:

„..., dass die Gaben und die Berufung Gottes unwiderruflich sind" (Röm 11,29).

Miguel, Rosi María

Burgos, 1963. Hochschulabschluss in Psychologie. Gesundheitspsychologin. Laiin.

Ich schreibe über meine Berufung zum Priesteramt, gerade jetzt, wo ich den 40. Jahrestag dieser Berufung feiere. Ich wurde wortwörtlich beim Namen genannt, um eine Apostelin zu sein, und zwar in einem Kontext totaler und unbeschreiblicher Liebe, den ich, wenn ich mich daran erinnere, mit all seiner Kraft wieder erlebe. Es mag überraschen, dass diese zutiefst spirituelle Erfahrung, die seit vierzig Jahren im Mittelpunkt meines Lebens steht, stattfand, als ich noch Atheistin war. Das bedeutete auch meine Rückkehr zum Glauben.

Ich habe auch versucht, meine Berufung eine Zeit lang zu vergessen. Aber der Herr gibt nicht so leicht nach, und immer wieder, in Lebensereignissen, im Gebet selbst, in der Gemeinde, tauchte der Ruf wieder stark auf. Eine Anekdote: Einmal kam ein Mann zu mir, der mich nicht kannte und bat mich, ihm die Beichte abzunehmen und ihm die Absolution zu erteilen, und obwohl ich ihm klar machte, dass ich kein Priester sei und ihm keine sakramentale Absolution erteilen könne, bestand er darauf. Ich hörte ihm zu und konnte ihm nur meine geschwisterliche Vergebung gewähren. Außer meiner priesterlichen Berufung habe ich keine Erklärung für dieses Verhalten.

Ich hatte ein Berufungsgespräch mit einem auf die Begleitung von Seminaristen spezialisierten Theologen. Seine Einschätzung war positiv und er schloss auch aus, dass der Herr mich zu einem Kirchenwechsel (anglikanisch usw.) rief. Ich glaube, dass ich das getan habe, was ich ehrlich tun musste und dass die Verwirklichung meiner Berufung von nun an in Gottes Hand liegt.

Die vom Vatikan verhängte Exkommunikation für geweihte Frauen scheint einigen Ortskirchen wie meiner, der Erzdiözese von Kastilien, freie Hand zu geben, uns zu „bestrafen", nur weil wir erkannt haben, dass wir von Gott berufen sind. Sie verweigern mir jegliche kirchliche Mitarbeit, selbst in dem Gebiet, in dem man mich aufsucht wegen meines Berufes als Psychologin,

142

für Betreuung im Krankenhaus, in Leichenhallen, bei der Caritas usw.

Aber zwischen Licht und Schatten ist meine Spiritualität eine dienende, sie kann nicht anders sein. Die Berufung ist Teil der persönlichen Identität. Die Berufung entwickelt sich weiter, im Laufe der Jahre läutert sie sich, aber bleibt lebendig. Gott weiß es...

Die katholische Kirche betrügt sich selbst, wenn sie behauptet, es gäbe keine Tradition, es gibt die frühchristlichen Mosaike und Reliefs von Diakoninnen, Priesterinnen und Bischöfinnen, es gibt die Verheimlichung der Gedichte von Therese von Lisieux über ihre Berufung zum Priestertum. Noch skandalöser ist, dass die Inquisition Mitte des 20. Jahrhunderts die Verehrung Marias als "Virgo Sacerdos" verbot, obwohl Päpste, Kirchenväter, Kirchenlehrer usw. in ihr das Priesteramt in seinem höchsten Grad, als Episkopat, auch ohne Weihe anerkannten.

Der Vatikan muss ernsthaft überlegen, ob er den Willen Gottes sucht. Denn Priesterinnen gehören zu Gottes Plan und zu Seiner Heilsgeschichte, und die Manipulationen und Verschleierungen in der Geschichte der Kirche sind eine Beleidigung für Gott selbst.

Nuín Ciriza, Tere
Villanueva de Yerri (Navarra), 1945. Hochschulabschluss in Pädagogik. Theologiestudium (Deusto). Lehrerin. Ordensfrau der Oblaten des Heiligsten Erlösers. Begleitung von weiblichen Prostituierten.

Ich flüstere, Ruah, im Dienste der Versöhnung.

Nun habe ich die Gelegenheit, mein Sandkörnlein mit einfachen und demütigen Worten anzubieten, die aus der Erfahrung eines im Geist heilenden Lebens entspringen. Ich werde weiterhin prophetische Arbeit leisten, um die Strukturen der Ungerechtigkeit innerhalb der Kirche anzuklagen.

Zeichen und Einflüsterungen in meinem persönlichen Lebensweg: Kindheit in Navarra. Ich wurde in einem wohlhabenden Land geboren, das reich an Priester- und Ordensberufen war. Mein Zimmer war mit Bildern einiger meiner Onkel und Tanten in Soutane und Habit geschmückt. Zweifellos empfing ich gleich nach meiner Geburt das Sakrament der Taufe und gehörte somit zum Volk Gottes. Meine unvergessliche Kindheitserinnerung: Ich bemerkte, dass wir nicht gleich behandelt wurden. Die Frauen gingen häufig zur Beichte, die Männer nur einmal im Jahr. Der Beichtvater war zufällig mein Onkel, ein Mann Gottes, der das Charisma hatte, zu vergeben und zu versöhnen wie unser Gott Vater-Mutter. Voller Erstaunen brachte ich das zur Sprache, woraufhin eine Nachbarin mir das Kompliment machte: „Wenn du groß bist, wirst du die Beichte abnehmen können wie die Priester". Das war für mich eine Stimme, ein Flüstern, das ich nach und nach mit Gebet und Nachdenken füllte.

Es gab ein weiteres Geflüster an der Theologischen Fakultät in Deusto. In den siebziger Jahren des letzten Jahrhunderts gab es nur sehr wenige junge Studentinnen. Ich war

143

allein, umgeben von Jungen, die nicht alle die Theologie als Ausbildung verstanden, sondern als eine von Rom auferlegte Voraussetzung für das Priestertum betrachteten. An einem Frühlingsmorgen hörte ich von einem Freund und Weggefährten die hoffnungsvolle Botschaft: „Wenn du Priesterin wirst, werde ich der erste sein, der bei dir zur Beichte geht". Zu diesem Zeitpunkt hatte ich bereits diskriminierend gehört: „Frauen in die Küche"!

Gemeinsam mit anderen, in ihrer Würde als Töchter Gottes ausgeschlossenen Frauen, ging ich im Auftrag Jesu den gleichen Weg der Befreiung, als ich eines Tages auf der Straße ein einzigartiges Geschenk erhielt: Eine sehr liebe Frau stellte mich einer Freundin vor mit den Worten: „Es ist, als wäre sie ein Priester! Aber warum ist sie es nicht, obwohl sie doch dasselbe tut wie diese? Sie ist es nicht, weil sie eine Frau ist". Ja, die Diskriminierung war für mich sehr leidvoll. Und auch, dass die Schuld von Frauen „höher gehängt" wurde und gleichzeitig im Verhalten von Priestern nicht immer die Vater-Mutter Barmherzigkeit Gottes spürbar war. Es gab sogar Fälle, in denen sie aufgrund einer mangelnden spezifischen Ausbildung für den priesterlichen Dienst Machtmissbrauch und spirituellen Missbrauch begingen. Das ist eine große Diskriminierung und Ungerechtigkeit, die Im Widerspruch steht zur inklusiven Haltung von Jesus von Nazareth.

Ein Wort Gottes, das mir ein Licht ist auf meinem Weg zum Sakrament der Vergebung, der Versöhnung: „Alle, die ihr auf Christus getauft seid, haben Christus angezogen; da ist weder Jude noch Grieche, da ist weder Sklave noch Freier, da ist weder Mann noch Frau, denn ihr seid alle eins in Christus" (Gal 3, 27-28). Der Evangelist Lukas stellt in Kapitel 8 die Frauen als Jüngerinnen an die Seite der Apostel. Mit den Augen einer getauften Frau lese ich diesen Text des Johannes: „Empfangt den Heiligen Geist, und wem ihr die Sünden vergebt, dem sind sie vergeben" (Joh 20,23).

Wenn ich mich in meine Kindheit zurückversetze, erinnere ich mich an das Erbe meines Onkels: Er trug die *Freude am Evangelium* in sich und er genoss es, Kindern, Jugendlichen, Männern und Frauen aus dieser Freude heraus Vergebung und Versöhnung zuzusprechen. Ich fühle mich berufen, ihm zu folgen und diese *gute Nachricht weiterzugeben. Alle einzuladen, die Güte unseres Gottes zu kosten.*

Schließlich fühle ich mich als Getaufte berufen, in diesem geistlichen Prozess der Weltsynode aktiv mitzuwirken, mit offenem Geist und Herzen auf das Flüstern der *Ruah zu hören und* mich in den Dienst der Versöhnung stellen.

Werden wir jemals die Priesterweihe für Frauen erleben?

Sáiz Azurza, Merche

San Sebastian, 1963. Diplom in Humanwissenschaften. Höhere Studien in Musik und Flöte. Krankenpflegehelferin im Ruhestand. ARCWP-Priesterin.

Ich stamme aus einer zutiefst katholischen Familie, die der Kirche sehr nahe steht. Schon in jungen Jahren äußerte ich den Wunsch, Priesterin zu werden, obwohl man mir

144

erklärte, dass ich das nicht könne, weil ich kein Junge sei. Aber diese Berufung wuchs in mir, und da ich mir dessen bewusst war, dachte ich sogar darüber nach, in die anglikanische Kirche einzutreten, wie es zwei mir sehr nahestehende Personen getan haben, weil dort Frauen geweiht werden. Aber tief im Innern wollte ich die katholische Kirche nicht verlassen, denn es schien mir besser, Wege zu finden, um innerhalb der Kirche Schritte zu gehen. Es gab Zeiten, in denen ich kein Licht sehen konnte, aber ich weiß um meine inneren Fähigkeiten und das erlaubt mir, meine Persönlichkeit für diesen priesterlichen Dienst immer weiter zu entwickeln. Das Gebet und das Nachsinnen, die Feststellung des Mangels an Berufungen haben mich ermutigt, meinen Weg weiterzugehen. Jeden Tag habe ich den Herrn gefragt, was er von mir will, und er hat mich eingeladen, diesen Weg zu gehen. Berufung ist die innere Gewissheit, die von Gott kommt, und die Freude an allem, was Gottes ist, sie ist eine großartige Entdeckung der Begegnung mit Christus. Es drängt mich, dieses Bedürfnis nach Selbsthingabe, das mir angeboren ist, zu teilen und weiter daran zu arbeiten.

Als christliche Frau und in der katholischen Kirche getauft, empfinde ich, dass mich der Canon 1024 des Codex des kanonischen Rechts erstickt, der besagt, dass nur der getaufte Mann die heilige Weihe empfängt, so dass ich als Frau auf den Zugang zum Priesteramt verzichten muss, wie es die Kirche verlangt, während doch Gott Mann und Frau nach seinem Bild und Gleichnis schuf. Von Männern diktierte Gesetze überwältigen mich, verletzen mich, schließen mich aus und drängen mich in den Hintergrund, in dem ich nicht bleiben will. Die kirchliche Hierarchie gibt uns Brotkrümel, wie die Tatsache, dass wir heute Messdienerinnen sein dürfen, die Lesung lesen, die Kommunion austeilen und die Kirchen fegen. Das will ich nicht akzeptieren, ich will das Ganze. Es stimmt nicht, dass meine Kirche ist eine Universalkirche ist, denn die Hälfte der Menschheit ist völlig ausgeschlossen. Sie ist eine hinkende Kirche, und das Schlimmste ist, wenn man die Regeln bricht, gibt es immer eine Strafe, die in diesem Fall die *Exkommunikation* ist.

Was ich verlange, ist Besinnung, Einheit und Offenheit, damit wir gemeinsam wirklich das Volk Gottes bilden.

Schreiber, Karin Maria

Bonn (Deutschland), 1954. Staatsexamen (Übersetzerin aus dem Englischen und Spanischen). Beraterin für Entwicklungshilfeprojekte. Im Ruhestand. Laiin.

Wenn ich von einer Berufung sprechen kann, wie ich in den letzten Jahren mehr und mehr lebe, dann zeigt sie sich in der großen Sehnsucht, im Ruf, über die Wirklichkeit Gottes in meinem Leben zu sprechen und mit anderen Suchenden die Bibel zu teilen, um sie in unsere heutige Zeit und Situation zu übersetzen. Ich bin überzeugt, dass unser Glaube nur durch den ehrlichen Austausch in kleinen Gemeinschaften lebendig gehalten und in relevantes Handeln umgesetzt werden kann. Es ist mir auch wichtig, ganz praktische soziale Projekte und Umweltschutzprojekte durchzuführen.

Der Klerikalismus in unserer deutschen Kirche hat mir das Priesteramt nie als erstrebenswertes Ziel erscheinen lassen. Vielmehr fühle ich mich berufen, die Heiligkeit unseres Alltags, unserer Handlungen und Beziehungen, unserer täglichen Begegnungen anzugehen. Das mag daran liegen, dass ich zwar gerne heilige Orte besuche und auch der Kontemplation als einer sehr wichtigen Praxis in meinem Leben viel Raum gebe, mich aber von klein auf, eher unspektakulär und alltäglich, immer in Verbindung mit der göttlichen Gegenwart erfahren habe.

Mein Bild: Mein Esstisch ist eine Erweiterung des Altars, so wie der Altar eine Erweiterung meines Esstisches ist. Ich möchte an diesem Tisch mit verschiedenen Menschen Gemeinschaft leben, Vertrautheit wachsen lassen, damit sie sich nach und nach in all ihren Facetten, auch in den eigenen Nöten und Ängsten, zeigen können. Hier wird gutes Essen und Freude wie auch Trauer geteilt, der Anfang gefeiert und das Ende betrauert, und zwar von Dingen, die uns wichtig sind. Alles bekommt seinen Raum in Ehrfurcht und natürlich auch mit Ritualen wie dem Teilen von Brot und Wein. So verstehe ich das allgemeine Priestertum.

Ich persönlich leide also nicht darunter, dass ich in der katholischen Kirche nicht Priesterin sein darf, aber ich bin empört und verletzt, weil Frauen, die diese Berufung leben wollen, dies völlig grundlos und menschenrechtswidrig verwehrt wird. Denn dadurch wird den Menschen die weibliche Spiritualität im pastoralen Dienst vorenthalten, die so notwendig ist.

Die Kirche muss begreifen, dass sie nicht aus hierarchischen Strukturen, festgefahrenen Doktrinen und Ritualen und Männern besteht, die zur Selbstkritik nicht fähig sind. Wir müssen begreifen, dass wir alle Kirche sind; wir gestalten sie in unserem täglichen Leben.

Seguí Marti, Anna, OCD

Menorca, 1954. Karmelitin im Kloster von Puçol (Valencia). Studium der monastischen Ausbildung und der Bibel.

Der Wunsch, Priesterin zu werden, wurde mir inmitten der lustigen und unterhaltsamen Spiele meiner Kindheit in die Wiege gelegt. Es war die Frucht der Religiosität, die wir in jenen Tagen vor dem Konzil erlebten.

Während meiner Jugend blieb dieser Wunsch nach dem Priesteramt bestehen, aber ich wurde enttäuscht, als ich feststellte, dass es für eine Frau eine unrealistische Option war. Mir wurde immer klarer, dass Evangelium und Macht nicht gut zusammenpassen. Und so sehr sich die Dinge heute auch geändert haben, Ungerechtigkeit und Diskriminierung sind die Realität, die für Frauen in der Kirche fortbesteht.

Angesichts dieser Unmöglichkeit verwarf ich die Option des Priestertums, aber der Wunsch, mein Wissen über das Wort Gottes zu erweitern, wuchs in mir. Ich begeisterte mich für die Bibel und wollte sie gründlich kennen lernen.

146

Heute kann ich sagen, dass ich meine eigenen persönlichen Überzeugungen habe, die sich von den offiziell festgelegten unterscheiden. Für mich ist klar, dass die Pluralität ihren Weg finden muss, so wie die ersten christlichen Gemeinden plural und vielfältig waren.

Als Nachfolgerin Jesu ist für mich das Priestertum zu einer persönlichen Identität geworden. Und was ich dabei erlebe, ist, dass Jesus selbst mir sein Priestertum weitergibt, um das zu zelebrieren, was wir wirklich sind: Eucharistie. Für uns alle bestimmt das Priesterliche und Eucharistische als untrennbare Wirklichkeit unser ganzes Sein. Und dieses steht in seiner Ausführung in nichts dem nach, was wir als Amtspriestertum bezeichnen.

Ich fühle mich in meinem Priestertum bestätigt, aber gleichzeitig glaube ich, dass wir Frauen die jetzige Art der Amtsausübung nicht reproduzieren dürfen, sondern eine neue Realität schaffen müssen. Es hat keinen Sinn, das jetzige Modell der Kirchenmänner zu reproduzieren. Es bringt uns genauso wenig weiter, wie wenn wir davon ausgeschlossen bleiben. Seit dem 2. Jahrhundert hat sich die Kirche auf eine einseitige und patriarchalische Weise entwickelt, weil sie nur von einem Teil ihrer Gesamtheit gedacht, benannt und entschieden wurde: von den männlichen Hierarchen.

Das Neue der Kirche muss nun von der Kreativität und den inneren Überzeugungen der Frauen ausgehen. Welche Kirche wollen wir leben und aufbauen? An welches Priestertum glauben wir? Jesus fragt auch uns persönlich: „Und wer sagt ihr, bin ich?"

Üben wir jetzt das Priestertum aus. Und tun wir es in kleinen Gemeindegruppen, in denen wir alle ZelebrantInnen sind, und bezeugen wir es offen mit dem Brot und dem Wein unserer Mahlzeiten. Wir sind Fleisch und Blut Jesu Christi, wir sind Eucharistie, damit die Welt lebt. Füreinander Speise sein, wie Jesus sich selbst zu essen gab. Wir sind einander Nahrung.

Möglicherweise wird das Christentum der Zukunft mehr im Außen als in den Tempeln zu finden sein. Eine pilgernde Eucharistie auf dem Lebensweg sein und wie Jesus „umherziehen und Gutes tun". Jesus war kein Priester. Das Wesentliche an Jesus war, dass er uns das Reich Gottes und die Seligpreisungen als eine Art des Seins und Lebens inmitten der Menschheit gab.

Vom kirchlichen System werden wir das Amtspriestertum nicht erhalten. Aber das spielt keine Rolle mehr, denn was in Wahrheit zählt, sind die inneren Überzeugungen, der Glaube, mit dem diese gelebt werden. Und diese Überzeugung wird sich wie ein Feuer entzünden, und die Eucharistie und lebendige und wirkmächtige Gemeinschaft wird sich wie ein Lauffeuer auf der Erde ausbreiten. Dem Christentum muss es darum gehen, Frohe Botschaft zu sein, alle mit der Güte Gottes zu überschütten und durch Liebe und Mitgefühl anzuziehen.

Die beste Erfahrung mit der Spiritualität des Priestertums habe ich während Corona im Lockdown gemacht. Wir haben in unserer Gemeinschaft auf Priester verzichtet und uns solidarisiert mit den Menschen, für die es keine Messe gab. Wir haben unsere Gottesdienste selber gestaltet und sehr einfach gehalten, einschließlich des gesamten österlichen Triduums und seiner großen Vigil, und haben dies als eine gemeinschaftliche Freude und als Besonderheit erfahren. Die Predigten wurden gemeinsam gehalten, und es war bereichernd und bewegend, was die Heilige Geistkraft in jede von uns einhauchte. Heute vermisse ich diese Eucharistien.

Ich habe mich mit dieser Realität abgefunden. Aber ich fühle mich berufen, neue, lebendige und wirkmächtige Wege zu eröffnen. Selbst, wenn ich die Verwirklichung nicht mehr erlebe, möchte ich doch meinen Teil zu diesem Weg beitragen. Ich habe das Gefühl, dass ich dazu bestimmt bin, Neues zu säen. Was in mir geboren wird, muss mitgeteilt werden, ich kann es nicht zum Schweigen bringen. In unserem ganzen Sein sind wir Priesterschaft und Zelebrantinnen.

Ich leide unter der Ungerechtigkeit der Ausgrenzung wegen unseres Frauseins. Was Gott weit und frei für alle macht, verkleinern und verengen die kirchlichen Gesetze. Die Hierarchie lehnt uns ab, anstatt unser Angebot als Bereicherung und Möglichkeit im Dienst am Volk anzunehmen. Bei einem Treffen mit einem Bischof fragte dieser öffentlich, ob sich jemand zum Priestertum berufen fühle. Zwei Personen hoben ihre Hand, ein verheirateter Mann und ich. Keine(n) von uns beachtete er, mich nicht, weil ich eine Frau bin, und den Mann nicht, weil er verheiratet war. Es gehen nicht nur Werte verloren, sondern das System stellt sich über die Heilige Geistkraft, die beruft.

Ich würde der Kirche raten, sich bewusst zu machen, dass Veränderungen von der Basis ausgehen müssen. Keine Angst vor Herausforderungen zu haben. Die Kraft und den Mut zu verantwortungsvollem Ungehorsam zu haben, wie Jesus, der tat, was die Gesetze verbaten. Diejenigen, die das priesterliche Amt ausüben, sollen sich ‚erniedrigen'. Sie sollen damit beginnen, ihre Mitra abzusetzen, ihre Krummstäbe niederzulegen, von ihren Thronen herabzusteigen, ihre Paläste zu verlassen, ihre Gewänder abzulegen, ihre Lenden zu gürten, sich zu den Füßen der Menschen zu beugen und diese zu waschen. Es soll mehr Evangelium und weniger Kirchenrecht geben. Und ich schließe mit einem Wort Jesu an sie: „*Effata*, öffne dich! "

Yuste Cabello, Pilar

Zaragoza, 1964. Hochschulabschluss in Psychologie. Hochschulabschluss in Religionswissenschaften und Theologie. Master in Migrationen und interkommunalen Beziehungen. Master in Einzel- und Gruppenpsychotherapie. Religionslehrerin. Mitglied und Förderin mehrerer NGOs und sozialer und religiöser Gruppen. Laienhelferin und Mutter.

Seit meinem vierten Lebensjahr fühlte ich einen sehr starken Ruf des Glaubens. Ich wollte Schwester Pilar genannt werde (ich besuchte eine wunderbare Salesianerinnen-Schule), und ich wollte auch Ärztin werden („um die Menschheit zu heilen"...). Als ich etwa sieben Jahre alt war, setzte meine Erstkommunion einen besonderen Akzent. Ich hätte am liebsten mit der ganzen Menschheit die Liebe Gottes, das Brot, Jesus, diese

Freude, dieses große und gleichzeitig schöne Geheimnis geteilt. Ich spielte mit einem Plastikkelch in Goldfarbe, um zu konsekrieren und meinen Freundinnen die Kommunion zu reichen. Ich war auf der Suche nach dem „Mehr".

Ich machte ein Berufungspraktikum bei den Schwestern von St. Anna, meiner neuen Schule, aber ich entdeckte, dass meine Berufung woanders lag. Im Alter von zwölf Jahren fragte mich mein Religionslehrer nach meiner Berufung. Ich überraschte ihn mit der Antwort: „Priesterin werden". Ich erinnere mich, wie ich unter Tränen ein Buch las, das ich mir als religiöse Lektüre gekauft hatte, *Inter insigniores*, in dem Paul VI. gegen die Weihe von Frauen argumentierte. Dennoch habe ich nie daran gedacht, die Kirche zu verlassen. Sie ist meine Familie. Und ich habe mich weiterentwickelt. Als ich vierzehn Jahre alt war, kam zu meinem Wunsch, Psychologie zu studieren, der Studienwunsch Theologie hinzu. Immer die beiden Säulen, Gott und der Mensch.

Meine Eltern unterstützten mein Universitätsstudium ohne zu zögern, sowohl mit finanziellem Aufwand und trotz ihres Schmerzes, dass ich meine Heimat Zaragoza verlassen musste, um in Salamanca zu studieren. Auch die Diözese unterstützte mich beim Abschluss meines Theologiestudiums, Dank Monsignore Elías Yanes und D. Francisco García. Für ihr Vertrauen werde ich ihnen immer dankbar sein.

In dieser Zeit gab das Studium mir *Sinn*. Denn wie ich einmal mit meiner Schwester Mercedes Carrizosa schrieb (mit der ich viele Beiträge veröffentlicht habe), sind wir „in Wirklichkeit Priesterinnen."[153] Wir widmeten ein ganzes Leben dem theologischen Studium und der Lehre, der Begleitung und der Gemeindebildung durch Feminismus, Ökologie, ökumenischen und interreligiösen Dialog, Solidarität und Gerechtigkeit.

Es bereitet mir *Schmerz*. Angesichts einer katholischen Kirche, die (wie andere auch) zum Teil immer mehr verliert, weil ihr der Mut fehlt, diesen unvermeidlichen Schritt zu tun, der natürlich vielen nicht gefällt, der aber der Gerechtigkeit und dem Evangelium entspricht. Es schmerzt zu sehen, wie ohne theologische Grundlage Charismen verloren gehen. Es schmerzt, wenn ich sehe, wie zum Beispiel Menschen von den kirchlichen Rändern aus meine Anwesenheit als Seelsorgerin verlangen und sie, da ich nicht befugt bin (nicht einmal zu taufen oder zu verheiraten), lieber auf den Empfang dieses Sakraments verzichten.

Es macht mir *Freude zu sehen, dass wir nicht allein sind.* Das WOW[154]-Treffen in Dublin im Jahr 2001 war ein historischer Moment. Ebenso wie dieses Buch hier oder die kirchlichen Netzwerke, die zur Gleichberechtigung aufrufen.

Zum Gedenken. Eine Anekdote: Meine Mutter, eine hingebungsvolle Arbeiterin, die

---

153 M. Carrizosa und P. Yuste, "De hecho, presbíteras" in El sacerdocio de la Mujer. Verapaz, 11 (Salamanca: San Esteban, 1993) 77-99.
154 Women's Ordination Worldwide (Frauenordination weltweit, WOW), 1996 auf der Ersten Europäischen Frauensynode in Österreich gegründet, ist ein ökumenisches Netzwerk, ihr Hauptanliegen ist die Zulassung der römisch-katholischen Frauen zu allen Weiheämtern.

kaum lesen und schreiben konnte, hat immer auf meine Berufung vertraut, auch ohne es mir zu sagen. Es war nicht leicht für sie. Nach Interviews, die ich gab, rief sie ein konservativer Verwandter an und brachte sie zum Weinen. An einem 19. März, nachdem ich meinem Vater gratuliert hatte, reichte er ihr das Telefon, weil sie mich etwas fragen wollte: „Wir waren in der Messe, und der Priester bat uns, für Priesterberufungen zu beten, weil es nicht genug davon gibt. Nun, ich habe gesagt, dass ich deshalb nicht bete, weil es so nett wäre, wenn mein Mädchen hier Pfarrerin wäre, und sie lassen sie nicht, also bete ich nicht für einen anderen. Habe ich das gut gemacht, Tochter?"

Danke, Mama! Danke, Papa!

Jugendgruppe

Grupo Feminista&cristiana (Madrid, Galicien, Barcelona, Bilbao, Zaragoza, Cordoba, Mexiko, Ecuador). Sie setzt sich zusammen aus jungen Frauen zwischen zwanzig und vierzig Jahren. Die meisten von ihnen haben bereits ein Studium abgeschlossen (Geisteswissenschaften, Politikwissenschaft, Soziologie, Jura, Medizin, Sozialarbeit, Theologie, Pädagogik, Ingenieurwesen usw.) und arbeiten in verschiedenen Bereichen. Einige arbeiten als Freiwillige in Nichtregierungsorganisationen und/oder in sozialen Bewegungen, Bürgervereinigungen und Gewerkschaften. Sie sind mit Kirchengemeinden oder Laiengemeinschaften verbunden. Laiinnen. Viele sind Teil der „Frauenrevolte in der Kirche". Kontaktperson: María G. Barral. https://feministasycristianas.blogspot.com.

Wir sind eine Gruppe junger christlicher Frauen, die sich regelmäßig trifft, um uns zu bilden und gemeinsam über einige Aspekte unseres Glaubens aus einer feministischen Perspektive nachzudenken. Die Antworten sind das Ergebnis eines Dialogs über die Gestalt des Priesters und unsere Identifikation mit diesem Amt.

Im Moment fühlt sich keine von uns zu dieser Art Priestertum berufen, obwohl einige von uns in ihrer frühen Jugend von bestimmten Aspekten dieser Berufung angezogen wurden: dem Dienst an der christlichen Gemeinde, der Möglichkeit, Missionarin zu sein... Es stiftet Verwirrung festzustellen, dass, wenn sich Männer zum Ordensleben berufen fühlen, das Priestertum mehr oder weniger implizit in dieser Berufung enthalten ist - obwohl wir verstehen, dass es einen weiteren Unterscheidungsprozess geben muss -, dies aber für Frauen nicht der Fall ist. Vielleicht ist einer der Gründe, warum wir uns nicht zum Priestertum berufen fühlen, der, dass uns diese Option von vornherein verwehrt ist, dass uns ein Vorbild fehlt.

Wir glauben jedoch, dass der größte Hinderungsgrund für unsere Berufung weniger die Tatsache ist, dass sie uns verwehrt wird, sondern vielmehr, dass wir das aktuelle Priesterbild als sehr weit weg von unseren Interessen und Bedürfnissen empfinden und dass es mit unserer Gotteserfahrung wenig zu tun hat. Wir stellen fest, dass das Priestertum weniger mit Dienst in Verbindung gebracht wird, sondern vielmehr mit Privilegien und Autorität. Und wir haben den Eindruck, dass jeder Schritt in der Priesterausbildung diese Männer ein wenig weiter vom wirklichen Leben entfernt, sie in

Räume hineinführt (der Altar, die Darstellung Gottes, das Sakramentale usw.), die sie vielleicht als für sie „reserviert" oder „heilig" erleben, die uns aber nicht oder zumindest nicht auf dieselbe Weise berühren. Wir sind der Meinung, dass sich dies ändern würde, wenn es Priesterinnen gäbe. Und sei es auch nur wegen des symbolischen Gewichts der Neuheit. Das Weiheamt müsste neu gedacht werden!

Wir finden es unverständlich, dass die Leitung in den christlichen Gemeinden immer von Priestern ausgeübt wird, und es schmerzt uns, von diesem Amt ausgeschlossen zu sein. Dies ist für uns eine Diskriminierung, da man unweigerlich daraus schließen kann, dass wir den Männern in unserer Kirche unterstellt sind. Wir sehen einen großen Bedarf an neuen Formen von Leitung und von Beziehungen zwischen gläubigen Menschen sowie an einer inklusiveren Art und Weise, von Gott zu sprechen. Und wir glauben, dass dies alles nicht möglich ist, ohne dass Frauen Zugang zu allen Ämtern haben.

ANHANG 2
DIE MÄNNER MEINEN

Abad Heras Alfredo

Málaga, 1963. Hochschulabschluss in Theologie. Pfarrer der Evangelischen Kirche. Präsident des Ständigen Ausschusses der Spanischen Evangelischen Kirche. Verheiratet mit einer Evangelischen Pfarrerin, mit der er sich den Dienst in Granada und Madrid geteilt hat.

Ich glaube, dass das weibliche Priestertum, in unserem Fall der pastorale Dienst, ein Reichtum für die Kirche im Allgemeinen ist und ein Segen für die katholische Kirche im Besonderen, genauso wie für die protestantischen Kirchen. Nicht nur aus Gründen der Gleichheit, der Gleichberechtigung oder der Menschenrechte, die schon Argumente genug wären, sondern aus dem theologischen Grund, dass die Heilige Geistkraft erwählt, wen sie will, und wir dem keine dogmatischen oder kirchlichen Grenzen setzen können.

Unser Maßstab als evangelische Kirchen ist die Bibel, und in der Bibel gibt es zahlreiche Hinweise auf Ämter, Gaben und Gottes Erwählung von Frauen. Gott erwählt Prophetinnen und Predigerinnen, Kirchenführerinnen und Richterinnen, Matriarchinnen und spricht viele Frauen direkt an. Und was besonders auffällt, Jesus spricht Frauen ohne Diskriminierung an; es gibt keinen Raum für Diskriminierung. Diese stünde im Widerspruch zu dem, was die Bibel uns lehrt.

Ich unterstütze die Zulassung von Frauen zum Priesteramt und zwar auf Grundlage des allgemeinen Priestertums aller Gläubigen und besonders unserer Weihe als Gläubige durch die Taufe. Ich glaube, dass Kirchen, die dieses Amt nicht anerkennen, Charismen und einen notwendigen Beitrag zum gesamten Dienst der Kirche Jesu Christi ablehnen. Wenn wir die Gleichstellung der Geschlechter nicht akzeptieren, entfernen wir uns von dem Bild Gottes, das gemäß Genesis in der Vielfalt der Geschlechter vollendet wird.

Frauen, die eine Berufung zum Priestertum haben, möchte ich ermutigen und bestärken. Sie können sich der Geistkraft nicht widersetzen, denn ihre Gnade ist unvermeidlich, und sie müssen sich weiter voll dafür einsetzen, dass ihre Charismen anerkannt werden. Sie haben bereits einen großen Beitrag in der Theologie, der Diakonie und auf allen Ebenen des Engagements für die Verbreitung und Ausbreitung des Evangeliums geleistet. Ich möchte ihnen sagen, dass sie nicht aufgeben sollen, vor allem, weil sie nicht nur für sich selbst einstehen, sondern auch für die vielfältige Gnade Gottes.

Meine Botschaft an die Kirche, im Allgemeinen an die christliche Kirche Jesu Christi und im Besonderen an jene Kirchen, die das priesterliche Amt der Frauen nicht anerkennen, lautet, dass sich Gottes Wille in der Vielfalt der Geschlechter zeigt und daher nur eine gleichberechtigte Beteiligung aller Geschlechter an allen Ämtern theologisch begründet ist. Ich würde auch sagen, dass die relativ neuen kulturellen

152

Gründe, die eine solche volle Ausübung der Ämter verhindern, eine Perversion des Wirkens des dreieinigen Gottes in der Menschheit sind. Nicht nur die Kirche Jesu Christi, sondern auch die Menschheit selbst profitiert von einem vollen Zugang zu allen Dimensionen des Religiösen, zu allen Dimensionen des menschlichen Wesens, dem Bild Gottes in Frau und Mann. In einer gebrochenen Menschheit muss die Kirche Jesu Christi Zeugnis ablegen, dass sie nicht diskriminiert und die Würde jedes Menschen achtet.

Alonso Carpintero, José María

Sevilla, 1944. Hochschulabschluss in Rechtswissenschaften an der UNED und Bachelor in Pastoraltheologie an der Universität Salamanca. Im Ruhestand. Laie. Verheiratet.

Die Zeichen der Zeit (Geist) führen uns zur Gleichheit von Mann und Frau in allen Lebensbereichen, der Geschichte zum Trotz. Im Evangelium gibt es keine tiefgreifenden und stichhaltigen Gründe, Frauen vom Zugang zum Priestertum, der ein Dienst an der Gemeinschaft ist, auszuschließen. Vielmehr ist das Gegenteil der Fall.

Dem Geist können und dürfen keine Türen verschlossen werden. Er klopft immer inkognito an. Das gilt auch für die Frauen. Deshalb wird es Berufungen zum Priestertum von vielen Frauen geben. Wir werden ihre Bereitschaft akzeptieren müssen. Das JA ist eine Frage der Zeit, genauso wie das WANN.

Es ist wahr, es wird sich um ein Amt handeln, das anders aussehen muss, als das jetzige. Ein freies, dienendes, schöpferisches, nicht verbeamtetes Amt, mit neuen Lebensformen, die den Glauben bezeugen, in Demut und ohne Macht- und Herrschaftsgehabe.

Die Kirche, die bisher hierarchisch und patriarchalisch war, muss ihre mittelalterliche Haltung und ihre mittelalterliche Denkweise neu formulieren, für eine multifunktionale Kirche, die offen ist für das Evangelium. Es wird eine Kirche kommen, die Frauen zum Priesteramt zulässt, und dann werden alle ihre Institutionen in diesem Stil erneuert werden müssen.

Arregi Olaizola, José

Azpeitia (Gipuzkoa), 1952. Doktor der Theologie am Institut Catholique de Paris. Professor für Theologie an der Universität von Deusto, im Ruhestand. Laie.

Meine Erfahrung in der theologischen Lehre und in allen Arten von Gemeinschaften haben mir gezeigt, dass Frauen - Laiinnen und Ordensfrauen, junge und alte - viel kritischer, offener und flexibler sind als Männer im Allgemeinen und Kleriker im Besonderen, wenn es um dogmatische Formeln, moralische Normen in Bezug auf den Körper und das Geschlecht und das klerikale Modell der römisch-katholischen Kirche geht. Mir scheint, dass diese größere Freiheit der Frauen vor allem darauf zurückzuführen ist, dass die Frauen - gerade wegen ihrer Marginalisierung in der Kirche - viel unabhängiger oder viel weniger abhängig von der institutionellen Rolle sind, die den Männern vorbehalten ist: Macht, Orthodoxie, traditionelle Moral.

Gerade deshalb scheint mir, dass der Zugang der Frauen - in voller Gleichberechtigung mit den Männern - zu allen kirchlichen Aufgaben ein entscheidender Schritt auf dem Weg zur Überwindung des hierarchischen und radikal männlichen Modells der Kirche sein könnte. Die radikale Überwindung des männlichen, klerikalen Modells ist unabdingbar und dringlich, wenn wir wollen, dass die Gegenwart und das Wort der Kirche, der patriarchalischsten aller westlichen Institutionen, für die Männer und Frauen von heute eine Bedeutung haben. Es ist sehr spät, vielleicht sogar schon zu spät.

Ich unterstütze die Zulassung von Frauen zum Priesteramt, ohne Frage und ohne Verzögerung. Und zwar nicht in erster Linie aus Treue zum historischen Jesus - in dessen engstem Kreis der wandernden Nachfolger auch Frauen waren -, auch nicht aus Treue zu den Ursprüngen der Kirche - viele ihrer Gemeinden wurden von Frauen geleitet -, sondern aus Treue zum Geist, der in den Zeichen der Zeit spricht, zum Atem, der das Leben und die Gemeinden erneuert, der die universale Geschwisterlichkeit fördert, ohne an den Buchstaben oder an die Vergangenheit gebunden zu sein.

Der Zugang der Frauen zum Priestertum ist eine notwendige und zugleich vorläufige Bedingung. Die Gleichstellung von Männern und Frauen in den „heiligen Weihen" des „sakramentalen Priestertums" sollte nicht das Ziel, sondern eine Zwischenstufe sein. Die entscheidende Herausforderung ist die Überwindung des klerikalen Modells, das zwischen „Klerus und Laien" unterscheidet. Dazu braucht es einen Bruch mit der Unterscheidung in „Grad" und „Qualität" zwischen dem „allgemeinen Priestertum" und dem „geweihten Priestertum".

Den Frauen, die eine Berufung zum Priestertum haben, möchte ich sagen, dass sie weiterhin ihre Berufung zum ganzheitlichen Dienst im Bereich des kirchlichen Lebens als Recht der Gemeinden und als ihre eigene Pflicht einfordern sollen. Mögen sie ihren Dienst nach dem Wort Jesu: „Ihr seid alle Schwestern und Brüder", in einem partizipatorischen und demokratischen Geist und Stil ausüben. Wo immer sie die Möglichkeit haben (in Ordensgemeinschaften, Basisgemeinden, etc.) ihren Dienst auszuüben, sollen sie dies tun, ohne auf eine kanonische Anerkennung oder kirchliche Genehmigung zu warten. Mögen sie der Aufforderung Jesu folgen: „Steht auf und geht". Wo sie, aus welchen Gründen auch immer, seinem Ruf nicht folgen können, sollen sie nicht den Mut und die Lebenskraft verlieren, sondern dies mit prophetischer Freiheit anprangern und in dieser und anderen lebenswichtigen Fragen weiterhin eine dem Evangelium gemäße „Revolte" anstoßen, „Unruhe stiften". Wo sie das Priestertum fordern, sollen sie es einfordern, um es radikal zu überwinden, mit Blick auf ein Modell von Kirche, das von den sakralen und klerikalen Schemata der Vergangenheit befreit ist. Sie sollen sich theologisch bilden und aus ihrer eigenen Quelle schöpfen.

Ich würde die Kirche auffordern, sich zum Evangelium Jesu zu bekehren. Sie soll sich bewusstwerden, dass wir *heute* - in der Gegenwart - leben und wie skandalös heute die

154

Verweigerung der Gleichheit von Mann und Frau in allen Aufgaben und Diensten der kirchlichen Gemeinschaft ist; wie unzeitgemäß und antiprophetisch das männlich-klerikale Modell der Kirche heute ist, und wie unhaltbar die historischen und theologischen Argumente geworden sind, mit denen sie dieses Modell weiterhin verteidigt. Sie soll sich vom Buchstaben und vom Ballast veralteter Kulturen und Epochen befreien. Erinnern wir uns an Jesus, den reformierenden Propheten: Er hat, auch ohne alle patriarchalischen Vorurteile überwunden zu haben, in seinen Gleichnissen und in seinen Beziehungen die Grundlagen des Patriarchats erschüttert. Möge die Kirche jeden Tag über seine Worte meditieren: „Lasst euch nicht Herr, Vater, Meister nennen". „Die Ersten sollen die Letzten sein, die Befehlenden die Dienenden", und sie möge diese Worte als Ausdruck eines radikalen Bruchs mit jedem vertikalen Schema verstehen, das auf Macht beruht, erst recht, wenn diese sakralisiert ist. Die Kirche möge sich an Jesus erinnern, nicht um ihn sklavisch in allen seinen Überzeugungen und Verhaltensweisen nachzuahmen, sondern um seinen Geist zu bewahren, der immer wieder neu - und nicht in irgendeiner Form starr und unbeweglich bleibt. Sie möge sich an Maria von Magdala, Lydia, Priscilla, Phoebe, Junia... und an so viele andere Frauen erinnern, von denen wir wissen, dass sie in den Anfängen des Christentums Gemeinden vorstanden, besonders wenn sie sich versammelten, um Wort, Brot und Wein zum Gedenken an Jesus zu teilen. Selbst wenn die Frauen dies nie getan hätten, dürfte sie das nicht daran hindern, es heute zu tun, und sie hätten es schon längst tun sollen. Möge sie (die Kirche) das tiefe Leid, das das klerikale Modell in der Psyche, in den Arbeits- und den menschlichen Beziehungen der Kleriker verursacht, sehen und dafür sensibel werden. Möge sie atmen und atmen lassen.

Bellella Cardiel, Antonio

Aranda de Duero (Burgos), 1965. Doktor in Kirchengeschichte (PUG - Rom). Direktor des Theologischen Instituts für das Ordensleben (ITVR Madrid). Professor für die Geschichte des geweihten Lebens im selben Institut. Claretianer. Priester.

Aus historischer Sicht lassen sich zwei Grundprinzipien formulieren: Alles wird in seinem Kontext verstanden und: es gibt keine abrupten Brüche oder Zeitsprünge. Beide Gesetze gelten gleichermaßen für religiöse Lehren und die sie repräsentierenden Institutionen. Die Religion interagiert mit der Kultur, sie formt und erschafft sie gleichzeitig und wird paradoxerweise sowohl Herr als auch Sklave des Kontextes, in dem sie sich befindet. Diese Dialektik ist in den frühen Phasen der Entwicklung einer Glaubensgemeinschaft besonders intensiv, so dass es vorkommen kann, dass einige der Neuerungen eines religiösen Projekts verändert oder sogar unwirksam werden, wenn sie mit der sie umgebenden Kultur in Berührung kommen.

Dies geschah in Bezug auf die Rolle der Frau in der frühen christlichen Gemeinde. Es liegt auf der Hand, die Kirche entfernte sich in dieser Hinsicht von der Praxis Jesu und passte sich der patriarchalischen (jüdischen) Kultur an, in der das Christentum geboren wurde und sich entwickelte. Dies war nicht der einzige Aspekt, in dem sich die Kirche an das kulturelle Umfeld anpasste; etwas Ähnliches geschah mit dem Modell des christlichen Priesters, das eng mit einer priesterlichen und rituellen Interpretation von Jesus verbunden war, die im Evangelium nur schwer zu finden ist. Die Frage der Rolle der Frau und die des Priesters in der Kirche unterscheiden sich zwar voneinander, teilen aber dasselbe Schicksal: in beiden Aspekten erfuhr die christliche Tradition stark den Einfluss der sie umgebenden Kultur. Haben wir es mit einem Mangel an Unterscheidungsvermögen zu tun oder mit einer bewussten Haltung, obwohl diese der Botschaft des Meisters widerspricht? Ich wage kein Urteil; ich kann nur feststellen, dass es kulturelle Prägungen und säkulare Traditionen gibt, die man nicht ignorieren kann und deren Erben wir sind.

Ausgehend von diesen kurz angedeuteten Prämissen halte ich es seit Jahren für dringend geboten, sowohl die Theologie des geweihten Amtes als auch die Frage des Priestertums der Frauen gleichzeitig zu überdenken, sie von Atavismen zu reinigen und sich zu bemühen, sie in Treue zum Wesen des Evangeliums und zur gegenwärtigen Kultur neu zu formulieren. Das ist eine wesentliche Vorarbeit. Ohne die, so befürchte ich, eine „Anerkennung" des Priestertums der Frauen nur eine weibliche Version der Parameter sein wird, innerhalb derer sich das Priestertum der Männer entwickelt hat. Ich habe einen guten Eindruck im Umgang gewonnen mit einigen Priesterinnen anderer christlicher Konfessionen oder mit recht zahlreichen katholischen Theologinnen in Mitteleuropa, die ihre Gemeinden leiten, auch wenn sie nicht der Eucharistie vorstehen. Dennoch reicht es nicht aus, darüber nachzudenken, sondern es müssen entschiedene Schritte unternommen werden, um alles zu fördern, was ermöglich, dass die Gleichstellung von Mann und Frau, wie sie Jesus vorgeschlagen und gelebt hat, in der Kirche immer sichtbarer, realer und wirksamer wird. Denn im Kontext eines wahrhaft priesterlichen Volkes darf das Geschlecht kein Hindernis für die Anwärterinnen auf das Weiheamt sein.

Casas Andrés, Roberto

Portugalete, 1971. Theologe, Dozent an der Pädagogischen Hochschule. Doktor der Theologie. Hochschulabschluss in Philosophie. Lehrbeauftragter für Theologie am Institut Superior de Ciències Religioses in Barcelona. Lehrer für das Sekundarschulwesen. Gewerkschaftler. Ständiger Diakon in der Diözese von Bilbao. Verheiratet.

Zunächst möchte ich sagen, dass ich Schwierigkeiten mit dem Ausdruck „Priestertum" habe, wenn er auf jemand anderen als Jesus Christus selbst angewendet wird. Im Grunde genommen hat die Verwendung dieses Wortes für Männer, die einen Dienst in der Gemeinde ausüben, für die Kirche eine gefährliche Rückkehr zum alttestamentlichen Kult bedeutet. Die Kirche kokettiert mit Ideen, dass Menschen, die dem Dienst an der Gemeinschaft geweiht sind, sakralisiert werden. Dass die Gaben, allein durch die Tatsache, dass sie von ihnen dargebracht werden, Gott wohlgefällig sind

156

und seine Haltung gegenüber den Menschen verändern können.

Die Organisation Kirche entstand nicht durch die Zustimmung einer Gruppe von Menschen, die bestimmte Ideen teilen. Sie wurde vielmehr von demjenigen zusammengerufen, der den Tod besiegt hat und die Erstlingsgabe einer neuen und endgültigen Schöpfung ist. Dadurch wird die Kirche zum Sakrament dieser neuen Welt in unserer Geschichte. Die christlichen Gemeinden entstanden gerade deshalb, weil sie von den Zeugen der Auferstehung, den Aposteln, zusammengerufen wurden. Diese ermöglichen es Christus, die Kirche durch die Geschichte hindurch weiter zu berufen und zu gestalten. Dieses apostolische Amt hat im Laufe der Jahrhunderte verschiedene Formen angenommen und zahlreiche Veränderungen erfahren, aber ohne dies würde die Kirche aufhören, „apostolisch" zu sein, wie wir im Glaubensbekenntnis beten. Von Anfang an haben sich Männer und Frauen jeder Rasse und jedes Standes zu dieser Berufung im Dienst am Aufbau und am Wachstum der christlichen Gemeinschaft berufen gefühlt. In der Tat ist die erste Zeugin der Auferstehung gerade eine Frau, die als erste die Aufgabe des Apostels gegenüber denjenigen ausübte, die später „Apostel" genannt werden sollten: Maria Magdalena. Auch andere Frauen im Neuen Testament werden als Apostelinnen bezeichnet oder haben verschiedene Führungsaufgaben in christlichen Gemeinden.

Ich kenne viele Frauen, die diese Berufung verspürt haben. Einige haben es sogar zu ihrer Lebensaufgabe gemacht, dem Wachstum der christlichen Gemeinschaft zu dienen. Viele von ihnen sagen jedoch, dass ihre Berufung nicht der herkömmliche apostolische Dienst ist. Gleichzeitig beschränken die kirchlichen Strukturen dieses Amt weiterhin auf Männer. Das Ergebnis: Gemeinden, die unter dem Mangel an wirklich Dienenden leiden, und andererseits Berufene, die ihren Dienst versteckt oder gar heimlich tun müssen. Wie lange noch?

Castillo, José M.
Puebla de Don Fadrique (Granada), 1929. Doktor der Theologie. Emeritierter Professor für Theologie. Autor zahlreicher Werke über Theologie. Laie.

Der zunehmende Priestermangel und der Druck, den die Frauen ausüben, um gleichen Rechte und gleiche Würde wie die Männer anerkannt zu bekommen, sind nicht nur zwei gewichtige Gründe, sich ernsthaft mit der Frage des Priestertums der Frauen zu befassen, sondern sie zwingen uns vor allem dazu, gründlich darüber nachzudenken, was wir zu diesem Thema, das von Tag zu Tag drängender wird, sagen können und sollen.

Wenn das Problem angesprochen wird, wird eine so ernste und dringende Frage oft schnell mit dem traditionellen Argument abgetan, dass Frauen den Männern nicht „gleich" sind. Das waren sie noch nie. Und werden es auch nie sein. Diese Antwort - ich sage es jetzt -, ist typisch für Unwissende.

Nun, nachdem ich dies gesagt habe, muss man zunächst einmal wissen, dass aus rechtsphilosophischer Sicht der „Unterschied" eine Sache ist und die „Ungleichheit" eine andere. „Unterschied" ist eine Tatsache, „Gleichheit" ist ein Recht. Es ist offensichtlich, dass Frauen und Männer unterschiedlich sind. Heißt das aber, dass Frauen und Männer ungleich sind? Vergessen wir nicht, dass der Unterschied ein Produkt der Natur ist, während die Gleichheit oder Ungleichheit auf dem Gesetz beruht. Die Natur ist nicht von uns Sterblichen abhängig. Das Recht ist ein Produkt der Kultur, der Gesellschaft, der Interessen der Politik usw. Und mit welchem Argument können Frauen nicht die gleichen Rechte haben wie Männer? Ausgehend von unseren religiösen Überzeugungen kommt die Natur von Gott, während das Recht von den Menschen stammt. Und natürlich haben sich die Männer die Rechte angeeignet, die ihnen zustehen, während die Frauen die Pflichten, die ihnen auferlegt wurden, akzeptieren - und sich ihnen beugen mussten.

Anmerkung: Wir sollten nicht vergessen, dass die ersten elf Kapitel der Genesis nicht historisch, sondern mythisch sind. Mit anderen Worten: Eva, die aus einer Rippe Adams stammt, usw., all das ist ein Mythos, dessen Ursprung unbekannt ist.

Das rechtliche Problem ist damit gelöst. Wenn es heute eine Tatsache ist, dass eine Frau jedes öffentliche Amt bekleiden kann, und zwar mit vollem Recht, warum kann dann eine Frau „Staatsoberhaupt" und nicht „Priesterin" sein? Die Antwort ist klar und einfach: Die Theologie, die in den Seminaren und Zentren für kirchliche Studien gelehrt wird, stagniert und ist in den grundlegendsten Fragen in dem stecken geblieben, was die Theologen im Mittelalter dachten und schrieben. Und viel früher, im ersten Jahrhundert, zur Zeit Jesu, war die soziale Situation der Frauen eine echte Qual, wie Professor Joachim Jeremias im letzten Kapitel seines monumentalen Werkes: Jerusalem zur Zeit Jesu (Madrid, Ed. Cristiandad, 1977, S. 371-390) gut erklärt.

Wenn wir einen Schritt weitergehen und diese Angelegenheit von der gegenwärtigen Situation der Kirche aus betrachten, ist es von grundlegender Bedeutung, sich vor Augen zu halten, was das Zweite Vatikanische Konzil in der Konstitution Lumen gentium bekräftigt hat: „Die Laien haben wie alle christlichen Gläubigen das Recht, von den heiligen Hirten ... vor allem die Hilfe des Wortes Gottes und der Sakramente in reichem Maße zu empfangen" (LG, 37). Angesichts des alarmierenden und zunehmenden Rückgangs der Anzahl an Priestern in der ganzen Welt, vor allem in den entwickelten Ländern, hat die Kirche das Recht und die Pflicht, den Auftrag des Zweiten Vatikanischen Konzils zu erfüllen, die vielen Tausend Pfarreien, die keinen Priester haben, seelsorgerisch zu betreuen.

Das Problem ist also nicht, ob Frauen das Weihesakrament empfangen dürfen. Das Problem ist, dass die Kirche dringend damit beginnen muss, so viele Frauen zu weihen, die bereit und perfekt qualifiziert sind, die Gläubigen seelsorgerisch zu betreuen, welche ein Recht darauf haben, in ihrem Glauben und christlichen Leben betreut zu werden.

158

García Maestu, Gregorio (Goyo)

Barriobusto (Álava), 1934. Priester der Diözese Vitoria, jetzt im Ruhestand. Seelsorgerische Erfahrung: Pfarrer auf dem Land und in zwei abgelegenen Bezirken; Seelsorge für ältere Menschen.

Die Initiatorinnen dieses Buches haben mich um meine Meinung zum Priestertum der Frauen gebeten. Dies ist ein sehr wichtiges Thema in der Kirche.

Ich werde versuchen, meine Gedanken und Erfahrungen - Früchte meines langen Lebens - zum Priestertum der Frauen darzulegen. Meine Gedanken und Erfahrungen sind während sechs Pontifikaten entstanden, von Pius XII. bis Franziskus, und vor allem im Gefolge des Zweiten Vatikanischen Konzils.

Meine Gedanken

Ich denke, dass das Frauenpriestertum und die Gleichstellung der Geschlechter heute in der Kirche in einem Kontext von Pluralität diskutiert werden muss. Ein Theologie-Professor sagte vor einem halben Jahrhundert: „Nach dem Zweiten Vatikanischen Konzil ist die Kirche von der Uniformität zum Pluralismus übergegangen. Sie wird nicht zur Uniformität zurückkehren". Und im Jahr 2012 machte ein anderer Theologe dieselbe Feststellung. In Bezug auf die Eschatologie sagte er: „Kein Mensch hat das letzte Wort, weder in der Wissenschaft, noch in der Theologie, in gar nichts. Es kann immer höchstens das vorletzte Wort sein".

Einige Beispiele aus diesem Zusammenhang:

Johannes Paul II. erklärte in seinem Schreiben *Ordinatio sacerdotalis* (1994) mit Nachdruck, „dass die Kirche in keiner Weise die Befugnis hat, Frauen die Priesterweihe zu erteilen, und dass diese Entscheidung von allen Gläubigen der Kirche als endgültig betrachtet werden muss". Es war ein definitives NEIN.

Die Konstitution *Praedicate Evangelium*, die Papst Franziskus am 19. März 2022 inmitten der Vorbereitungen für die Synode über die Synodalität verabschiedet hat, kehrt voll und ganz zum Geist des Zweiten Vatikanischen Konzils zurück: das Volk Gottes, das aus allen Getauften besteht. Wird Papst Franziskus einen weiteren großen Schritt in Richtung des Priesteramts für Frauen machen?

„Es gibt einen politischen Kampf in der Kirche, zwischen denen, die *die* Kirche wollen, von der das Zweite Vatikanische Konzil geträumt hat, und denen, die das nicht wollen" (Arturo Sosa, General der Jesuiten, 16.9.2019). Viele sehen die Gleichstellung der Geschlechter und das Frauenpriestertum in der Kirche als das, von dem das Zweite Vatikanische Konzil geträumt hat. Also geht die Debatte weiter.

Meine Erfahrung

An dieser Stelle kommen wir auf die Frage zurück: Was ist vom Frauenpriestertum zu halten? Was ist von der Gleichstellung der Geschlechter zu halten? Meine Antwort ist zweigeteilt. Zunächst einmal habe ich einen Traum: Ich träume von einer Kirche, die aus Männern und Frauen in Gleichberechtigung besteht, bereichert durch ihre unterschiedlichen und sich ergänzenden menschlichen Werte. Aber wenn ich aus diesem Traum aufwache, sehe ich die Realität, die ganz anders aussieht.

Macht und Ungleichheit

José María Castillo beklagt mit der für ihn charakteristischen lauten und klaren Stimme, dass die Kirche eine Macht ist, die einer „absoluten Monarchie" gleicht, die Macht und Dienst gleichsetzt, und dass daher, je mehr Macht ausgeübt wird, desto mehr Dienst an der Gesellschaft geleistet wird. All dies hat zur Folge, dass in der kirchlichen Gesellschaft Verhaltensweisen der Unterwürfigkeit, Schmeichelei und Unfreiheit entstehen. Auch Schweigen und Unterwerfung; und Angst, viel Angst. Aufgrund meiner langjährigen pastoralen Erfahrung stelle ich fest, dass die Frauen in der Mehrheit sind. Sowohl bei der Teilnahme an religiösen Feiern als auch in den verschiedenen Gruppen der Pfarrei. Die Frauen waren der Kirche schon immer näher. In den 1950er Jahren sagte ein Prediger der Volksmissionen in einem Gespräch mit den Männern des Dorfes: „Wisst ihr, warum es in den Gefängnissen mehr Männer als Frauen gibt? Nein, antworteten sie. „Nun, weil es in der Kirche mehr Frauen als Männer gibt".

Heute fragen wir uns: Sind die Dinge immer noch so wie früher? Offensichtlich nicht. In den letzten Jahren haben die feministischen Forderungen nach Gleichstellung der Geschlechter an Boden gewonnen. In allen Bereichen der Gesellschaft. Auch in der Kirche. Die Frauen erkennen, dass die patriarchalische Kirche sie den Männern unterordnet. Ihre Forderungen, wie zum Beispiel das Frauenpriestertum, werden von der absoluten Macht abgelehnt. Das wurde auf der Amazonas-Synode im Oktober 2019 deutlich. Deshalb fühlen sich viele Frauen in ihren Rechten an den Rand gedrängt. Ihr Schweigen ist manchmal Unterwerfung. Zu anderen Zeiten ist es Resignation. Immer mehr Frauen treten aus der Kirche aus. Damit sie zurückkehren, muss sich in dieser Kirche etwas ändern.

García Paredes, José Cristo Rey

Castellar de San Tisteban (Jaén), 1945. Doktor der Theologie. Emeritierter Professor für Theologie des religiösen Lebens (UPS). Professor für Theologie in verschiedenen Zentren in Europa (Madrid), Amerika (Curitiba-Brasilien), Asien (Manila, Bangalore, Taiyuan). Claretiner-Missionar. Priester.

Ich war beeindruckt, als ich zum ersten Mal von einer Ordensfrau mittleren Alters, die sich sehr für die charismatische Mission ihres Instituts einsetzte, hörte, dass sie sich zum ordinierten Dienst in der Kirche berufen fühlte, und dass dies ein Ruf Gottes war. Im Laufe der Jahre habe ich festgestellt, dass diese Berufung zum Weiheamt häufiger vorkommt, als es „scheint". Ich interessierte mich besonders für das Weiheamt von Frauen in anderen christlichen Konfessionen und bewunderte den Stil von Leitung und Lehre.

Ich widmete einen Abschnitt in meiner „Theologie der christlichen Lebensformen". Bd. II." Systematisch-theologische Perspektive: Grundlagen und Identität"

160

(Publicaciones Claretianas, Madrid, 1999) dem „Amt auf weibliche Weise" (S. 507-518), das ich mit folgendem Satz einleitete: „Ich glaube, dass wir nicht klar zwischen weiblichen und männlichen Ämtern unterscheiden sollten. Natürlich gibt es eine männliche und eine weibliche Art, Ämter auszuüben. Diese Art und Weise muss sicherlich charismatisch und gleichzeitig beziehungsorientiert sein..., was uns ermöglicht, zu einer ganzheitlichen Amtsausübung zu gelangen, die Gemeinschaft schafft statt Verwirrung" (S. 507, 518).

In diesem Zusammenhang habe ich festgestellt, dass die lehramtlichen oder theologischen Argumente für den Ausschluss von Frauen vom Weiheamt auf den Berichten über das „letzte Abendmahl" beruhen, bei dem nur die zwölf Männer als Empfänger in Betracht gezogen wurden. In meiner früheren Veröffentlichung „Christliche Initiation und die Eucharistie: Besondere Theologie der Sakramente" (San Pablo, Madrid, 1997) habe ich die Verbindung des letzten Abendmahls in Jerusalem mit dem „vorletzten" Abendmahl in Bethanien hervorgehoben - dem traditionell wenig Bedeutung beigemessen wird und in dem spätere Elemente vorweggenommen werden und die Frau im Mittelpunkt steht (S. 239-242).

Argumente gegen das Weiheamt der Frau wie „das war der Wille Jesu und muss befolgt werden" oder „die Kirche hat Frauen immer vom Weiheamt ausgeschlossen" (Diakonat, Priestertum, Episkopat) verlieren an Kraft, wenn man alles in einer pneumatologischen Perspektive sieht. „Der Geist wird euch lehren... Er wird euch zur ganzen Wahrheit führen". Es ist die eucharistische und dienende Pneumatologie, die uns den Weg öffnet, damit wir auf neue Weise betrachten, was der Geist den Kirchen sagt. Und um die Berufungen zu erkennen und nutzbar zu machen, die der Geist Gottes des Vaters und des Sohnes, Jesu, in unserer Zeit weckt.

Gil Martín, Agustín

Villaverde de la Peña (Palencia), 1949. Professor für Physik und Chemie. Master-Abschluss in Wissenschaftsdidaktik. Lehrer für Physik und Chemie im Sekundarbereich (im Ruhestand). Wissenschaftlicher Berater am Lehrerzentrum von Vitoria. Koordinator des Teams für Naturwissenschaften des Projekts Ostadar der Konföderation der Ikastolas des Baskenlandes. Mitglied einer christlichen Basisgemeinde. Laie. Verheiratet.

Die von Ihnen aufgeworfenen Fragen scheinen mir die enorme Trennung der katholischen Kirche (Hierarchie, Dogmen, Kirchenrecht usw.) von der modernen Gesellschaft aufzuzeigen. Dies ist das historische Ergebnis der Umwandlung der Botschaft Jesu in eine patriarchalische Religion und in eine Verbündete der römischen Kaisermacht seit dem 4. Jahrhundert. Ich sehe die hierarchische katholische Kirche als eine unzeitgemäße, in Dogmen und Traditionen verhaftete Institution, die weit von den menschlichsten Werten unserer Gesellschaft entfernt ist, wenn sie nicht sogar im Gegensatz zu ihnen steht, wie z. B. in Sachen Gleichheit aller Menschen, ohne jegliche Diskriminierung (einschließlich des Geschlechts).

Unsere Religion gründet traditionell auf Glaubensvorstellungen (Dogmen) und Anbetung (Riten) und entstellt damit die schöpferische und befreiende Botschaft des Jesus von Nazareth (er war ein Laie, der Gründer einer Bewegung von Anhängern und nicht einer neuen Religion). Eine wissenschaftlich-technische Gesellschaft wie die unsere kann keine dogmatische Auffassung von Wahrheit akzeptieren, die auf einer übernatürlichen Offenbarung beruht, wie das die hierarchische Kirche verteidigt. Ebenso wenig kann sie eine Institution akzeptieren, die glaubt, sie habe die Autorität, Demokratie oder Menschenrechte (das ethische Minimum unserer heutigen Gesellschaft) zu verweigern, wie im Fall des Ausschlusses von Frauen vom Priesteramt. Die Christen müssen die Offenbarung und die Tradition auf symbolische, kritische und undogmatische Weise lesen und die Werte akzeptieren und teilen, die Grundlage sind für das ethische Minimum unserer Gesellschaft (nämlich die Menschenrechte, Gleichberechtigung der Frau, Demokratie, Säkularismus und Trennung von Kirche und Staat, usw.).

Als Mitglied einer christlichen Basisgemeinde verstehe ich unter Kirche die Versammlung der Nachfolger Jesu (das Volk Gottes nach dem Zweiten Vatikanischen Konzil) und somit nicht nur die Hierarchie (Priester, Bischöfe, Papst) oder die traditionellen Pfarreien, die ich kritisch sehe. In diesem Kirchenmodell, das ich meine, werden die verschiedenen Ämter im Dienst der Gemeinschaft stehen, ohne Unterschied des Geschlechts, wobei das Priestertum allen Mitgliedern der Gemeinschaft zusteht. Und wenn wir mit Priestertum die geweihte Person meinen, wie es gegenwärtig der Fall ist, wäre die Zulassung von Frauen mit einer Berufung dazu ein minimaler Schritt hin zu dieser Versammlung von Gleichen, wie sie der Vision Jesu entspricht. Es sollte auch daran erinnert werden, dass trotz des patriarchalischen Charakters der Gesellschaft zur Zeit Jesu die Frauen einen sehr wichtigen Teil der Gemeinschaft seiner Anhänger bildeten, aber ihre Aufgabe in dem Maße eingeschränkt wurde, wie diese Gemeinschaft zu einer patriarchalischen Religion wurde.

Unser Beitrag zur Gesellschaft sollte darin bestehen, die ethischen Mindeststandards der Gerechtigkeit, die von jedem Menschen verlangt werden, zu überbieten mit dem Ziel einer universellen und bedingungslosen Liebe, wie sie Jesus von Nazareth gezeigt hat (Ethik der Maxima). Wir Christen müssen versuchen, Barmherzigkeit und Liebe ohne Bedingungen zu leben und mit unserem Handeln die Hoffnung zu nähren, dass ein neuer Mann und eine neue Frau möglich sind. All dies beruht auf einer befreienden Spiritualität, die in Glaubensgemeinschaften gelebt werden muss, die sich aufrichtig in allen Bereichen für Gerechtigkeit einsetzen. Dafür reichen die rein rituellen und traditionellen Gemeinden nicht aus. Ich glaube, dass die kleinen Gemeinden und die Kirche, die als Gemeinschaft von Gemeinschaften verstanden wird, ein vorwegnehmendes Beispiel für diese neue Welt sein müssen, die wir anstreben und in der die Frauendiskriminierung kein Problem mehr ist, weil sie durch die Praxis der Gleichheit überwunden sein wird.

Igualada Ballesteros, Ángel

Madrid, 1954. Hochschulabschluss in Pastoraltheologie und Katechese. Erzieher mit Spezialisierung auf Marginalisierung (Randgruppen). Lehrer. Ehemaliger Missionar in Ecuador. Gefängnisseelsorger (Carabanchel, Alcalá-Meco, und derzeit Madrid-Vitoria Kent). Er war in der Seelsorge für Roma und Emigranten in der UVAS (Madrid) tätig. Er ist Mitglied der Fraternität von Charles de Foucauld. Priester.

Wir sind bereits durch die Taufe Priester, und wenn wir ernsthaft lieben, wie Jesus es tat, bedeutet das, dass wir uns selbst hingeben, und das war das Priestertum Jesu und ist das Priestertum eines jeden Christen: sich hinzugeben, um andere zu lieben.

Wenn wir uns auf das Amtspriestertum beziehen, das heißt auf den Dienst an einer Gemeinde, indem wir im Namen Jesu den Vorsitz führen, mit Ihm zusammenarbeiten und gute Hirten sind, die wie Er und mit Ihm das Beste für die Gemeinde suchen, sehe ich kein Hindernis (für das Priestertum der Frauen). Frauen leiten und gestalten Familien, Unternehmen, Gruppen, warum können sie nicht eine christliche Gemeinschaft führen, besonders heute, wo wir die Gleichberechtigung der Frauen einfordern? Man sagt, dass es daran liegt, dass die Apostel Männer waren. Aber man sagt nicht, dass es auch Jüngerinnen gab und dass ‚die Zwölf' ein Symbol für die zwölf Stämme Israels ist. Aber versetzen wir uns in die Mentalität der jüdischen Super-Macho-Gesellschaft seiner Zeit, wo ihnen das nicht einmal in den Sinn gekommen wäre. Ich glaube, eine der größten Revolutionen Jesu war die Ermächtigung der Frauen, denn die ersten Christen haben, sein Empfinden aufgreifend, ihnen die Aufgabe übertragen, das Leben der Gemeinde zu verwalten; sie waren Diakoninnen, die rechte Hand des Bischofs. Einige waren Leiterinnen der Gemeinden, wie Priscilla, die Frau des Aquila: mit anderen Worten natürlich Presbyterinnen oder Priesterinnen auf Amtsebene; und vor allem waren sie die Zeuginnen dessen, was unseren Glauben begründet, der Auferstehung. Gleichzeitig durften sie in der jüdischen Gesellschaft keine Zeuginnen sein, weil Frauen kaum etwas zählten... Sie waren wie Objekte, sie konnten aus dem Haus geworfen werden, wenn sie das Essen hatten anbrennen lassen. Ich glaube, in unserer Gesellschaft gäbe es keinen Grund für sie, ein auf Tempelmacht gründendes Priesteramt auszuüben, denn Jesus war kein Tempelpriester, sondern ein Priester im Leben. Jesus heilt selbst den Diener des römischen Hauptmanns, isst mit den Zöllnern und Sündern..., lässt sich von der sündigen Frau die Füße waschen, kümmert sich um die Ausgegrenzten, indem er sein Leben durch Heilung am Sabbat gefährdet...

Natürlich unterstütze ich die Weihe von Frauen zum Priesteramt, aber nicht, weil es um eine Frau geht, sondern weil sie es gut kann und weil heute niemand diskriminiert werden darf, schon gar nicht in der Kirche und im Namen Gottes. Ich habe mit Mercedes Carrizosa studiert, wir hatten beide mehr oder weniger den gleichen Hintergrund und wollten Priester werden; sie, weil sie eine Frau ist, konnte das nicht, ich aber schon. Das erfüllte mich mit Scham und Empörung. Nur weil sie eine Frau ist. Kein Wunder, dass so viele junge Menschen die Kirche verlassen oder nicht eintreten.

Den Frauen, die eine Berufung zum Priestertum haben, möchte ich sagen, dass sie sich zu dieser Berufung weiterhin bekennen und ihr wahres Priestertum leben sollten. Dass sie die Menschen, vor allem die Armen und die Ausgegrenzten, lieben und sich ihnen wirklich hingeben sollten, denn das ist die Grundlage des Priestertums: Dienst, Hingabe, Liebe.

Die Kirche ist keine Abstraktion, die Kirche sind konkrete Menschen und Gemeinden, die existiert haben, existieren und existieren werden. Aber diesen Menschen und Gemeinden möchte ich sagen, dass wir uns an Jesus und dem Evangelium orientieren sollten, dass ihnen nichts im Wege steht, dass wir den bestehenden Machismo und die Diskriminierung von Frauen in diesem Bereich des Priestertums hinter uns lassen sollten. Wir wertschätzen die Frauen, wie Christus sie wertgeschätzt hat und wertschätzt.

Lucea de la Encina, Aritz

Bilbao, 1984. Hochschulabschluss in Psychopädagogik. Bachelor in Religionswissenschaften. Verantwortlich für die pastorale Arbeit in Bizkaia. Lehrer. Religionslehrer. Laie. Verheiratet.

Zunächst einmal möchte ich klarstellen, dass ich in diesen Zeilen eine persönliche Meinung und Überlegung zum Ausdruck bringe. Wenn ich als Religionslehrer arbeite, bin ich gemäß der kanonischen Missio, die mich im Namen der Kirche zu dieser Aufgabe entsendet, der Tradition und dem Lehramt der Kirche treu und versuche, sie unabhängig von jeder individuellen Position darzustellen. Darüber hinaus bin ich der Meinung, dass theologische Debatten, Zweifel, Diskussionen, Forderungen... in den entsprechenden Foren intern geführt werden sollten, ohne die Perspektive der evangelisierenden und lebenswichtigen Mission zu verlieren, die Jesus uns anvertraut hat.

Und dieses Buch scheint mir der richtige Ort zu sein, um eine der Fragen zu behandeln, bei der ich mit der offiziellen Position der Kirche nicht einverstanden bin: die Frage des Priesteramts der Frauen. Als Nachfolger von Jesus von Nazareth glaube ich, dass der Weg, den er uns vorgezeichnet hat, klar ist. Jesus war gegenüber den Gepflogenheiten des Judentums seiner Zeit radikal *für* die Frauen: zum Beispiel im Gespräch mit der Samariterin (Joh 4,27); er hat sich dafür eingesetzt, dass die Ehebrecherin nicht gesteinigt wird, und hat ihnen vergeben (Joh 8); er hat ihnen als Erste überhaupt die Auferstehung offenbart.

Er hat keine einzige Frau unter den zwölf Aposteln ausgewählt? Ich zögere, diese Debatte aufzugeben. Wir schulden sie u.a. der heiligen Maria Magdalena, Apostolorum apostola (Apostel der Apostel), die wir seit 2016 zumindest liturgisch „offiziell" auf der Ebene der anderen Apostel anerkennen[155].

Der „Geist der Norm", der Weg, den Jesus in Bezug auf die Frauen vorgezeichnet hat,

---

155 https://press.vatican.va/content/salastampa/es/bollettino/pubblico/2016/06/10/magdala.html

scheint mir ungeheuer klar zu sein. Es wäre absurd zu sagen, dass spanische oder französische Priester (oder Bischöfe oder Kardinäle) keine Legitimität für das geweihte Amt haben, weil Jesus, der unter den römischen Soldaten seiner Zeit keine Hispanier oder Gallier erwählen konnte, keine erwählt hat. Aus demselben Grund scheint es mir unsinnig, alle Frauen vom Priesteramt auszuschließen, selbst wenn man das Argument gelten lässt, dass er keine Frau erwählt hat, und die Debatte über Maria von Magdala (und andere, wie Maria von Nazareth, seine Mutter) ausklammert.

Es hat in der Tradition nie geweihte Priesterinnen oder Diakoninnen gegeben? Ich denke, auch hier gibt es viel zu diskutieren. Aber selbst, wenn dies nicht der Fall gewesen wäre, wäre es meiner Meinung nach nicht mit der Radikalität vereinbar gewesen, mit der sich Jesus für die Frauen seiner Zeit eingesetzt hat. So wie die Kirche im 19. Jahrhundert das Evangelium in das Licht der Zeit zu stellen wusste, um den Weg der Sozallehre der Kirche zu beginnen und zu den Gewerkschaften, der Produktion oder der Arbeiterbewegung Stellung zu nehmen, so glaube ich, dass es für die Kirche im 21. Jahrhundert soziale und historische Gerechtigkeit wäre, von Jesus berufene Frauen auf die Ebene zu stellen, die sie verdienen. Und sie wird sie dorthin stellen. Die Frauen, die ja selbst Kirche *sind*, werden sich dorthin stellen und die Ämter ausüben, zu denen sie berufen sind. Der Geist weht.

Madrazo Lavín, Javi

Riaño (León), 1960. Hochschulabschluss in Philosophie. Abgeordneter des baskischen Parlaments (1994-2001). Minister für Wohnungswesen und soziale Angelegenheiten der baskischen Regierung (2001-2009). Generalkoordinator der EB-IU (Ezker Batua - Izquierda Unida) (1995-2009). Mitglied der HOAC. Lehrer für Philosophie und Ethik in der Sekundarstufe. Verheiratet.

Ohne echte Gleichheit gibt es keine christliche Gemeinde.

Ich bin fest davon überzeugt, dass die Kirche nicht in der Lage sein wird, die Frohe Botschaft glaubwürdig weiterzugeben und in der heutigen Welt von Bedeutung zu sein, solange sie das derzeitige klerikale und patriarchalische Modell nicht verändert.

Sicherlich, und das sage ich mit großer Traurigkeit, ist wohl die Kirche heute die Institution, die die Ungleichheit zwischen Männern und Frauen am stärksten verfestigt. Dies ist meiner Meinung nach ein echter Skandal. Es ist eine absolute Entstellung von Jesus von Nazareth und seinem Evangelium. Die Frauen in der Kirche werden weiterhin zum Schweigen gebracht und unsichtbar gemacht und spielen weiterhin eine untergeordnete Rolle: Es gibt nur sehr wenige Theologinnen; es gibt praktisch keine Ausbilderinnen in den Seminaren; sie sind nicht an den Orten präsent, an denen die wichtigsten Entscheidungen getroffen werden. Und natürlich wird ihnen weiterhin der Zugang zum ordinierten Amt verwehrt.

Im kirchlichen Bereich besteht ein starker Machismo als ideologisches Substrat der diskriminierenden Behandlung von Frauen fort. Ihr Körper steht nach wie vor unter

Verdacht, und es wird eine negative Sichtweise der Sexualität aufrechterhalten.

Gleichzeitig hält sich in der Theologie eine ausschließlich männliche Vorstellung von Gott. Gott ist aber Vater und Mutter zugleich.

Glücklicherweise gibt es immer mehr Stimmen, die den Zugang von Frauen zum ordinierten Amt fordern. Und das, obwohl Johannes Paul II. 1994 mit seinem Apostolischen Schreiben *Ordinatio sacerdotalis* diese Debatte beenden wollte.

Die dogmatischen und juristischen Argumente, die diese Tür schließen wollen, scheinen mir inkonsequent zu sein. In der Tat weist der Theologe und emeritierte Professor der Theologischen Fakultät von Vitoria-Gasteiz, Jesús Martínez Gordo, in einer interessanten Veröffentlichung zu diesem Thema darauf hin, dass Johannes Paul II. „eine auf eine Person reduzierte Aneignung eines Typus von Lehramt vorgenommen hat, das als ‚ordentliches und allgemeines Lehramt des Papstes mit den Bischöfen' anerkannt und typisiert ist". Und er schreibt, dass „die endgültige Lösung dieser Angelegenheit durch Einberufung einer außerordentlichen Synode oder, falls erforderlich, einer Sonder- und Beratungssynode gefunden werden kann", wie es in der Apostolischen Konstitution „Episcopalis Communio" (2018) von Papst Franziskus heißt.

Wir haben es also nicht mit einer dogmatischen Frage zu tun, sondern mit zwei Arten, Tradition zu verstehen: als biblische Archäologie oder als lebendige Tradition. Bis jetzt hat sich das „archäologische" Verständnis von Offenbarung und Tradition durchgesetzt.

Ich halte es für wichtig, darauf hinzuweisen, dass Frauen die ersten Zeugen der Auferstehung waren, oder zu betonen, dass Jesus eine Person war, die Muster sprengte, Normen überschritt und sich den Institutionen, Sitten und Gebräuchen einer sehr machohaften Gesellschaft entgegenstellte. Angesichts der Art und Weise, wie Jesus sich gegenüber Frauen verhielt, kann die Vorgehensweise der Kirche heute nur darin bestehen, sie auf den neuesten Stand zu bringen. In der heutigen Sprache würden wir sagen, dass Jesus die Frauen radikal ermächtigt und sich für die Gleichberechtigung als Kennzeichen seines Projekts der Neuen Menschlichkeit eingesetzt hat. In der Tat war die Gleichberechtigung ein radikaler Beitrag des Christentums zur Menschheitsgeschichte. Es ist dieser Weg Jesu, der die Kirche auch heute noch inspirieren muss.

Meiner Meinung nach ist es kohärenter und katholischer, eine Offenbarung zu verteidigen, die weder versteinert noch statisch ist und sich auf einen bestimmten Moment in der historischen Zeit bezieht. Mit den Worten von Jesús Martínez Gordo: „Wenn die Offenbarung in einer lebendigen Tradition zu uns kommt, muss sie notwendigerweise in synodaler und mitverantwortlicher Weise in unserer Zeit neu geschaffen werden. Was Jesus gesagt und getan hat, muss im Licht der Zukunft von Fülle und Leben gesehen werden. Darum geht es bei der Erlösung, zu der wir berufen sind und für deren Verwirklichung wir in jedem Augenblick der Geschichte verantwortlich sind. Dies war die "Glaubensregel" der ersten christlichen Gemeinden.

166

Und angesichts ihrer fruchtbaren Kreativität muss sie auch heute die unsere sein".

Die päpstliche Entscheidung über den Ausschluss von Frauen vom Priesteramt kann nicht als unfehlbar dargestellt werden. Es handelt sich nicht um ein göttliches Recht, nicht um eine von Gott geoffenbarte Wahrheit, sondern um eine Entscheidung des Lehramtes. Aber diese Entscheidung kann zu einem späteren Zeitpunkt neu betrachtet werden, auch um der Einheit der Kirche willen. Dafür gibt es zahlreiche Beispiele in der Geschichte der Kirche.

Wenn wir von leeren Kirchen sprechen, schauen wir nach außen, in Richtung Säkularisierung. Wir täten besser daran, nach innen zu schauen, selbstkritisch zu sein und zu akzeptieren, dass wir mittelalterliche, kranke, überholte und absolutistische Strukturen haben, die weit entfernt sind von den echten Werten des Evangeliums, einschließlich der Gleichheit von Mann und Frau. Was natürlich viel mehr ist, als Frauen den Zugang zur Priesterweihe zu ermöglichen. Die Strukturreform der Kirche braucht eine weibliche und feministische Perspektive. Wenn dies nicht dringend geschieht, läuft die Kirche Gefahr, die Frauen zu verlieren, wie sie die Arbeiter, die Intellektuellen und die Studenten verloren hat.

Glücklicherweise dringt die feministische Bewegung auch in die Kirche hinein. Es gibt Anlass zur Hoffnung, wenn man die wachsende Dynamik der Forderungen beobachtet, die Jahr für Jahr ihre Stimme erheben, um eine wirksame Anerkennung der Gleichstellung in der kirchlichen Gemeinschaft zu fordern.

Es besteht kein Zweifel daran, dass die Führung und die Vorreiterrolle in den Frauenbewegungen den Frauen gehört, aber wir Männer müssen die Forderung nach Gleichstellung mit Mut und Entschlossenheit unterstützen und begleiten.

Eine mitverantwortliche Kirche, die sich die Gleichstellung auf die Fahne schreibt, vermenschlicht Männer und Frauen. Sie lässt uns Gemeinschaft und Gemeinsamkeit leben und spüren. Sie lässt uns wahrhaftig echte christliche Geschwisterlichkeit leben.

Marín Mena, Tomás J.

Don Benito (Badajoz), 1993. Hochschulabschluss in Theologie. Hochschulabschluss in Philosophie. Wissenschaftlicher Mitarbeiter und Dozent an der Universität Loyola-Andalucía. Redakteur bei SM-PPC (Religions-Verlag). Laie.

Ausgehend von meiner christlichen Identität und meiner theologischen Berufung ist die Frage, die ich für zentral halte, folgende: Wo liegen die Grenzen oder heiklen Linien, die das priesterliche Amt der Frauen in der katholischen Kirche weiterhin behindern?

Meiner Meinung nach sind die grundlegenden Grenzen nicht in der Diskussion der biblischen und historischen Bereiche zu finden, d.h. ob es in der Heiligen Schrift Gründe dafür gibt, Frauen das Priesteramt zu verweigern, und ob in der Geschichte der Kirche jemals eine Frau geweiht worden ist. Auch wenn einige heute auf diese Argumente zurückgreifen, stellen sie eher eine Schwierigkeit als eine Grenze dar. Ich denke also,

167

dass wir zwar weiter auf diese Punkte eingehen müssen, aber der Kern der Sache liegt nicht dort. Ich würde sagen, dass die Grenzen, die es zu erforschen gilt, die folgenden sind:

Die Grenzen der Art des Logos (Diskurs, Sprache, Logik): Auf welche Art der Argumentation greifen wir zurück, wenn dieses Thema in der kirchlichen, gesellschaftlichen oder medialen Arena auftaucht? Sollte die Frage des Frauen-priestertums (und des Frauenamtes im Allgemeinen) unter dem Aspekt der Bürgerrechte oder aus einer rein theologischen und vom Evangelium her gerechtfertigte Perspektive angegangen werden? Ich glaube, dass wir weder praktisch noch theoretisch vorankommen werden, solange das Thema in Begriffen von (bürgerlichen) Rechten abgehandelt wird. Heute stecken wir genau deshalb fest. Aber das ist überwindbar.

Die Grenze des anthropologischen Arguments. Einige nicht unbedeutende Theologen (von Balthasar) sind der Meinung, dass die Frage, ob Frauen Zugang zum Priesteramt haben oder nicht, darin besteht, ob es (vor Gott, d.h. theologisch) eine Art spezifisches Amt von Männern und Frauen gibt. Wenn man meint, diese Diskussion sei einfach zu lösen, dann soll man es anpacken. Aber ich warne gleich, dass mit großer Vorsicht vorgegangen werden muss. Viele Schritte könnten in diese Richtung unternommen werden, allerdings mit Geduld.

Die ekklesiologisch-ökumenische Grenze. Die katholische Kirche kann einen Schritt wie den Zugang von Frauen zum Priesteramt nicht tun und dabei die Ostkirche ausschließen, weder die Orthodoxe - noch die mit Rom unierte Katholische. Wir Katholiken können in Theologie und Praxis vorangehen, aber wir dürfen unsere orthodoxen Brüder und Schwestern nicht übergehen. Wir zählen auf sie; wir dürfen die *Comunio* nicht aufs Spiel setzen. Mit ihnen teilen wir (sehr wichtig!) die sakramentale Sicht des Amtes; mit den Protestanten nicht so sehr, auch wenn sie unsere Phantasie beflügeln.

Kurzum, ich glaube, dass alle Fortschritte zur wirklichen Klärung der Frage des Frauenpriestertums über den theologalen Weg kommen werden, genauer gesagt: durch gute Theologie und Gemeinschaft.

Melloni Ribas, Javier SJ

Barcelona, 1962. Doktor in Theologie und Anthropologe. Lehrbeauftragter an verschiedenen Fakultäten. Er hält Vorträge und ist Autor zahlreicher Bücher. Jesuit.

Zunächst möchte ich mein Bedauern und meine Traurigkeit darüber zum Ausdruck bringen, dass wir in einer so offensichtlichen Frage immer noch so weit zurück sind. Die Gesellschaft ist uns in einer Frage der Gleichheit und Gerechtigkeit, in der wir Vorreiter hätten sein müssen, um Jahrzehnte voraus.

Aber die Kirche lebt in den Parametern eines Patriarchats, das sie nicht in Frage stellen kann, weil sie sich selbst in diesem Patriarchat gebildet hat, und es fällt ihr schwer, sich selbst aus anderen Parametern neu zu denken.

Unsere Gottesbilder sind patriarchalisch und männlich. Maria spielt eine stellvertretende, ausgleichende und untergeordnete Rolle, aber das reicht nicht aus, denn sie bleibt marginal.

Ich habe immer daran gedacht, was mir zu Beginn meiner Priesterweihe passiert ist. Ich studierte zu dieser Zeit in Paris. Am Ende einer Messe, die ich mit großer Hingabe zelebriert hatte, kam eine alte Frau auf mich zu und sagte, sie müsse mit mir sprechen. Es handelte sich um eine sehr zierliche, überhaupt nicht aggressive Frau, die mir gegenüber ihr Unbehagen an unserer Liturgie zum Ausdruck zu bringen wusste. Sie sagte mir, dass sie sich als Frau von vielen Gebeten ausgeschlossen fühle und dass es ihr wehtue, zur Messe zu gehen. Ich war sehr beeindruckt.

Das gab mir zu verstehen, dass die Frage des Frauenpriestertums weit über die Tatsache hinausgeht, dass Frauen geweiht werden können, was, wie ich bereits sagte, für mich selbstverständlich ist. Es bedeutet, sich von einer neuen Sensibilität in vielen anderen Gebieten durchdringen zu lassen. Wenn es Priesterinnen gäbe, dann gäbe es auch Bischöfinnen und sogar Päpstinnen. Das bedeutet, dass viele der kirchlichen Dokumente weiblicher wären und sich der Stil, die Akzente und die Bereiche vieler Vorschriften usw. ändern würden.

Hinter all dem steht jedoch eine andere grundlegende Frage: Es ist das Priestertum als solches, das wir überholen müssen, unabhängig davon, ob es männlich oder weiblich ist. Wir würden keinen Fortschritt machen, wenn wir in eine weibliche Klerikalisierung verfallen würden. Das Frauenpriestertum ist eine Gelegenheit, das Priestertum in seiner Gesamtheit neu zu überdenken.

Das Erleben von Priestern oder Priesterinnen, die ganz im Dienst der Gemeinschaft stehen! Das stellte einen alternativeren und hoffnungsvolleren Ansatz dar, statt in die alten Fallen zu tappen, die uns im männlichen Priestertum begegnen, im weiblichen Geschlecht zu wiederholen und auszuweiten. Es ist genauso wichtig, wenn nicht sogar noch wichtiger, die Rolle und die Theologie des Priestertums zu überdenken als die Frage, ob es männlich oder weiblich ist. Wenn wir darüber wirklich gut nachdenken, wird dies unter seinem eigenen Gewicht zusammenbrechen.

Oscoz Vivanco, Juantxu

Bilbao, 1943. Mitglied verschiedener kirchlicher und sozialer Organisationen, u.a. der Gemeinschaft C.V.X., des Ständigen Sozialforums des Baskenlandes, der Elkartzen-Bewegung für soziale Rechte, etc. Hat im Zentrum für Berufseinführung für Jugendliche aus zerrütteten Familien gearbeitet. Im Ruhestand. Laie. Verheiratet.

Meiner Meinung nach hätte die Frauenfrage schon längst gelöst werden – und von der Weltkirche vollständig anerkannt und übernommen werden müssen.

Die Gleichstellung der Frauen in der Kirche sollte überhaupt nicht diskutiert werden,

169

wenn die Kirche wirklich demokratisch wäre. Feiern, Versammlungen, Dialoge, Vorschläge... sollten immer auf gleicher Augenhöhe stattfinden.

Natürlich unterstütze ich das Frauenpriestertum. Aber ich unterstütze es nicht nur, ich fordere das Priestertum für Frauen. Auf gleicher Augenhöhe mit den Männern. In dieser Phase der Synode muss all dies zur Sprache gebracht, diskutiert, debattiert, erörtert werden..., um einen vollständigen Konsens zu erreichen. Nicht nur in dem, was geschrieben wird oder werden kann, in dem, was gesprochen und diskutiert wird, sondern auch in dem, was in der Praxis angenommen wird.

Den Frauen mit Berufung möchte ich sagen: Denkt daran, dass ihr bereits Teil einer Kirche seid und zu ihr gehört. Eine Kirche, die eine Gemeinschaft von Gleichen ist, in der Frauen als vollberechtigte Subjekte anerkannt werden, die überall eine Stimme haben und mitentscheiden können, in der Frauen für ihre Talente, ihr Charisma und ihren Beitrag für die Gemeinden geschätzt werden. Frauen in der Kirche, die für die Gleichberechtigung kämpfen, mit einer aktiven Präsenz. Eine Kirche, in der Frauen bereits da sind und wir sie mit Präsenz, Autorität und Führung anerkennen.

Eine Kirche, in der Frauen und Männer, Laien, Laiinnen, geweihte Personen und Priester gemeinsam die Leitung innehaben. Eine paritätische Kirche, pluralistischer und weniger hierarchisch. Wir fordern eine Neue Kirche.

Die Konstitution *Gaudium et spes* sagt mit kristalliner Klarheit: „Es gibt nichts wahrhaft Menschliches, das nicht ein Echo in seinem Herzen findet. Die christliche Gemeinschaft besteht aus Männern [und Frauen], die, in Christus versammelt, vom Heiligen Geist auf ihrem Pilgerweg zum Reich des Vaters geleitet werden und die frohe Botschaft des Heils empfangen haben, um sie allen zu verkünden. Die Kirche fühlt sich daher in enger und wahrer Verbundenheit mit dem Menschengeschlecht und seiner Geschichte".

Es ist klar, wir sind viele, die tagtäglich Keimzelle der Zukunft sind und unsere Stimme erheben, um in der Kirche in Gleichheit zu leben.

Pérez-Soba Díez del Corral, José María (Chema)

Lleida, 1969. Doktor in Geschichte (Complutense). Abschluss in Dogmatisch-Fundamentaltheologie (Comillas). Master-Abschluss in Religionswissenschaften (Comillas). Universitätsdozent. Laie. Verheiratet.

Ich denke, dass wir die Schlussfolgerungen aus der Ekklesiologie des Zweiten Vatikanischen Konzils über den Dienst der Hierarchie in der Kirche nicht wirklich gezogen haben. Das Problem scheint mir in der Art und Weise zu liegen, wie dieser Dienst ausgeübt wird: Wenn wir ernsthaft annehmen, dass der Laienstand eine Berufung ist, ein Ruf Gottes zu einem Leben in Fülle in der Mission der Evangelisierung, dann muss der Dienst an der Kirche diese Berufung ermutigen und fördern. Dies bedeutet meines Erachtens, dass wir dazu beitragen müssen, dass erwachsene christliche Gemeinden entstehen, die von Laien geleitet werden und an deren Seite die

Gemeinde steht. Eine solche Kirche, die wirklich synodal ist, in der wir wirklich „gemeinsam gehen", ist eine Kirche, in der der sensus fidelium wirklich gehört werden kann.

In diesem Kontext muss meines Erachtens auch die Frage des weiblichen Priestertums gesehen werden. Es scheint mir weder eine Frage von Rechten noch von Wünschen zu sein, sondern eine Frage des Dienstes und des Hörens auf Gott - in dem, was Er in der Geschichte und im Leben der Menschen sagt.

Johannes Paul II. nennt in der *Ordinatio sacerdotalis* drei Gründe für den Ausschluss der Frauen vom Priesteramt: „das in der Heiligen Schrift aufgezeichnete Beispiel Christi, der seine Apostel nur aus Männern auswählte; die ständige Praxis der Kirche, die Christus nachgeahmt hat, indem sie nur Männer auswählte; und ihr lebendiges Lehramt, das immer wieder festgestellt hat, dass der Ausschluss der Frauen vom Priesteramt im Einklang mit dem Plan Gottes für seine Kirche steht".

Die erste dieser Fragen ist eine exegetische Frage, und die Forschung in diesem Bereich sollte fortgesetzt werden: Die Apostel werden nicht einfach mit den Zwölfen gleichgesetzt, und die Bedeutung der unbestreitbaren Tatsache der Auswahl der Zwölf sollte weiter erforscht werden, wahrscheinlich unter dem Blickwinkel der prophetischen Taten Jesu (vgl. zum Beispiel John Meier, Un judío marginal: nueva visión del Jesús histórico. Tomo III. Compañeros y competidores (Ein randständiger Jude: Neue Sicht auf den historischen Jesus. Band III: Kameraden und Konkurrenten), Estella, Verbo Divino, 2005, S. 145-215).

In ähnlicher Weise geht das Studium der Ursprünge des Christentums weiter, und es stimmt, dass die ersten beiden Jahrhunderte ein komplexer Raum sind, in dem die Ämter nicht einheitlich oder klar organisiert sind und in dem die Forschung weitergeht (vgl. E. W. Stegemann und W. Stegemann, Historia social del cristianismo primitivo, (Sozialgeschichte des frühen Christentums) Estella, Verbo Divino, 2001, S. 493 ff.)

Aus diesem Grund scheint es wichtig zu sein, weiterhin sowohl auf die historisch-theologische Forschung als auch auf den sensus fidei zu hören, während wir weiterhin eine wahrhaft synodale Kirche aufbauen.

Placer Ugarte, Félix

Bilbao, 1937. Doktor der Theologie, Hochschulabschluss in Philosophie und Erziehungswissenschaften. Master-Abschluss in Pastoral- und Katechetischer Pädagogik. Gemeindepfarrer und Lehrer im Ruhestand. Priester.

Aus meiner Erfahrung als Pfarrer in verschiedenen Kontexten und als Theologe sehe ich nicht nur die Möglichkeit des priesterlichen Dienstes von Frauen, sondern auch seine Notwendigkeit und Dringlichkeit. Zweifellos war im traditionellen Modell der Kirche und in ihrer Geschichte dieser Dienst ausschließlich Männern vorbehalten, was vom Lehramt als normal und als undiskutabel anerkannt wurde.

Aber die Zeichen der Zeit haben sich gewandelt. Die Säkularisierung, die gesellschaftliche Sensibilität für die Gleichstellung der Geschlechter, der Wandel und die Pluralität der kulturellen Modelle auch in der Kirche, der Rückgang der Berufungen haben eine neue Debatte eröffnet, die sich nicht nur darauf konzentriert, ob Frauen Zugang zum Priesteramt in seinen drei Funktionen haben oder nicht. Sie geht darüber hinaus.

Erstens ist es notwendig, den Klerikalismus sowie den Patriarchalismus und die männliche Dominanz in der Kirche zu überwinden, die große Hindernisse für den priesterlichen Dienst von Frauen waren und sind. Der Mittelpunkt der Kirche ist jedoch nicht die Hierarchie, sondern das Volk Gottes (II. Vatikanum). Das traditionelle Verständnis des Priesters als ausschließlicher Diener des Heiligen macht ihn zu einem Heiligen und damit zu einem abgetrennten und zölibatären Wesen, das in der christlichen Gemeinschaft einen höheren Rang einnimmt; Priester stehen jedoch nicht über anderen, sondern sind qualifizierte Diener des Volkes Gottes in dieser Gemeinschaft.

Wenn man also dazu aufruft, den Zugang der Frauen zur Ausübung des priesterlichen Dienstes zu überdenken, geht es natürlich nicht darum, in ihnen die gegenwärtige Ausprägung der Priester zu reproduzieren. Es geht um eine tiefgreifende Veränderung innerhalb eines Kirchenmodells, das die Frauen weder klerikalisieren noch sakralisieren darf. Keine muss zölibatär leben, sondern soll dieses Amt neben den Männern, gleichberechtigt und innerhalb der Säkularität (wie Jesus) ausüben: im Dienst der Kirche und der Menschheit an konkreten Orten, in Solidarität mit ihren Freuden und Hoffnungen, Ängsten und Befürchtungen, zutiefst mitfühlend im Sinne von Etty Hillersum: „Man möchte ein Balsam sein, der über so viele Wunden gegossen wird...".

Das Priestertum kann neu verstanden werden und das jetzige einheitliche Modell überwinden. Das Priestertum der Frauen mit allem, was es beinhaltet, öffnet uns also für einen Pluralismus in der Praxis des priesterlichen Dienstes. Es muss vor allem erwachsen aus einer Spiritualität aus dem Geist Jesu. Daraus entspringt eine gemeinsame Würde und Gleichheit in der Kirche, eine mitfühlende Beziehung der befreienden Zärtlichkeit mit allen Leidenden. In der Ausübung einer solchen sakramentalen Praxis ist das erste Sakrament das Dienen, das Sein für andere.

Aus dieser Perspektive sehe ich die Ausübung des priesterlichen Dienstes durch Frauen als einen notwendigen Schritt, der die Erneuerung der Kirche und der Konzeption des Priestertums und des Weihesakramentes für Männer und Frauen innerhalb des „priesterlichen Volkes Gottes" bedeutet. Im Dienst der Kirche, damit diese, in Anlehnung an die Pastoralkonstitution des Zweiten Vatikanischen Konzils, „innig und wahrhaftig solidarisch mit dem Menschengeschlecht und seiner Geschichte" sein kann.

Sánchez Valiente, Jesús

Hinojos de Calatrava (Ciudad Real), 1944. Hochschulabschluss in Psychologie. Kirchliche Studien in Theologie. Lehramtsstudium. Master-Abschluss in Transkultureller Spiritualität. Laie. Verheiratet.

Ich habe mich immer für die Zulassung von Frauen zum Priesteramt innerhalb der katholischen Kirche eingesetzt, für Frauen, die sich dazu berufen fühlen. Die derzeitige gegenteilige Situation ist eine klare und unsinnige Diskriminierung, die die skandalöseste gesellschaftliche Position eines Machismo darstellt, der typisch ist für eine alte patriarchalische Kultur. Mit dieser Ungleichbehandlung auf Grund des Geschlechts verstößt die Kirche gegen die elementarsten Menschenrechte.

Die Zulassung von Frauen zum Priesteramt, mit den Männern gleichberechtigt, ist schließlich ein Recht, nicht so sehr wegen der Gabe selbst, sondern weil Jesus die ungerechte Diskriminierung ausschließt, „denn es gibt weder Mann noch Frau...". Diese Praxis könnte sich als schwerwiegender für das Gewissen erweisen als Ungehorsam innerhalb der Institution Kirche.

Zusätzlich zu dieser ersten Reaktion möchte ich mich an die Frauen wenden, die sich zum Priestertum berufen fühlen, indem ich sage, dass sie, bevor sie diesen Schritt tun, überprüfen, welches Erbe sie dann antreten: sie sollten alle patriarchalischen Anhaftungen aus so vielen Jahrhunderten auswerten, die den Status und die Praxis des priesterlichen Dienstes begleiten. Dazu gehört die dualistische Auffassung von Klerus und Laien, die in der Praxis der Ekklesiologie des Gottesvolkes diesem aufgezwungen wird. Sie sollten auch die Menge an pyramidaler Symbolik auswerten, die der priesterlichen Person zugeordnet sind, sowohl in sozialer als auch in liturgischer Hinsicht. Sie sollten sich im Klaren sein über bestimmte Dinge, die dem Priestertum anhaften: Heiligkeit, ewiges Priestertum, Zölibat... Das sind Normen und Ausformungen, die das Priestertum in alttestamentliche Zeiten und in fremde Protokolle zurückversetzen.

Aus der Erfahrung vieler Jahrhunderte weiß die hierarchische Kirche, dass die missionarische Verfügbarkeit der Frauen (Katechese, Sakramente, Caritas, andere liturgische Handlungen, Fürsorge, usw.) der Schlüssel ist, um die Mehrheit der Menschen in die Kirche Jesu zu berufen und dort zu halten. Die kirchliche Institution steht in einer tiefen Schuld bei den Frauen. Diese Schuld ist so schwer, dass die Frauen Dank und Anerkennung innerhalb der Eucharistiefeier der Gemeinde verdienen. Daran werden wir immer wieder erinnert, wenn wir im Neuen Testament die Bewegungen der Frauen in der Urkirche betrachten.

An dem Tag, an dem die Handauflegung auch auf das Haupt der Frauen Wirklichkeit wird, wird ein weiteres Pfingsten in der Kirche stattgefunden haben, und dieser Flug des Geistes über die Gemeinschaft Jesu wird ausbalanciert sein.

Ich wage es, der hierarchischen Kirche zaghaft zu bedenken zu geben, dass sie, sich der Vernunft und dem Geist öffnend, sich zur Zulassung von Frauen zum Priesteramt bekehren sollte. Denn auch wenn die Kirche auf die Gegenwart des Geistes bis zum Ende der Zeiten vertraut, sollte sie es tun, bevor sie, um ihrer Selbsterhaltung willen, die Frauen anflehen muss, das Priesteramt zu übernehmen, und das dann auch noch auf armselige Weise rechtfertig.

Solà i Montserrat, Josep Maria

Mataró (Barcelona), 1947. Hochschulabschluss in Theologie. Leiter der Escola de Teologia del Maresme. Mitarbeiter der Website Catalunya Religió. Laie. Verheiratet.

Es gibt keine biblischen Texte, die den Ausschluss von Frauen von der Priesterweihe rechtfertigen. Ich werde nicht weiter auf dieses Thema eingehen, das andere bereits behandelt haben.

Die Kirche kann die großen Fortschritte, die die Gesellschaft in Bezug auf die Würde und die Verteidigung der Rechte der Frauen macht, nicht ignorieren. Und wenn wir immer mehr Frauen in Führungspositionen in der Gesellschaft sehen, muss dies auch in der Kirche der Fall sein; daher ist die Ordination von Frauen nicht nur ein Recht, sondern eine Notwendigkeit.

Es reicht nicht aus, dass die Würde der Frau in kirchlichen Dokumenten und Manifesten aller Art bekräftigt wird; es reicht nicht aus, einige wenige Positionen in den entsprechenden kirchlichen Gremien zu vergeben, sondern diese Würde muss sichtbar und spürbar gemacht werden, denn die Menschen lesen keine kirchlichen Dokumente, aber sie sehen Frauen, die an einem Altar stehen, oder sie können sehen, wie Frauen eine christliche Gemeinde leiten und einer Eucharistiefeier vorstehen. Die Würde der Frau muss klare und offensichtliche Formen annehmen.

Den Frauen, die eine Berufung zum Priestertum haben, würde ich sagen, dass sie daran arbeiten sollten, ihr Ziel zu erreichen, und dazu sollten sie sich zusammenschließen und in Gruppen zusammenarbeiten, um für ihre Forderungen eine breitere Grundlage zu haben. Aber der Dienst in der Gemeinschaft hängt nicht nur von besonderen Berufungen und mystischen Erfahrungen ab. Er hängt davon ab, dass man sich in den Dienst der Gemeinde stellt, sei es auf Lebenszeit oder für eine bestimmte Zeit oder für bestimmte Aufgaben.

Die Frauenordination muss mit anderen grundlegenden Reformen der Kirche Hand in Hand gehen. Die Frauenweihe darf nicht deshalb erfolgen, weil es einen Priestermangel gibt. Und bloß, um eine Messe zu feiern, wie wir es allzu oft erleben muss eigentlich niemand geweiht werden.

Die Kirche kann den immer lauter werdenden Ruf (*sensus fidelium*) nicht ignorieren, dass die Rolle der Frau in der Kirche auch das eingesetzte Amt der Frau als Leiterin von Gemeinden umfassen sollte, und dass sie der Eucharistiefeier vorstehen und die Sakramente spenden können sollte. Das ist eine Aufgabe, die bisher den Männern vorbehalten war. Hinter diesem Ruf steht der Impuls des Geistes, der nicht durch historische Argumente, Traditionen und theologische Spitzfindigkeiten übertönt werden kann.

Die Verweigerung der Frauenordination kann das Risiko mit sich bringen, konservative Ideologien zu unterstützen, die die Gender-Ideologie, den feministischen Kampf und die Verteidigung von Schwulen und Lesben leugnen. Vorsicht damit, Argumente zu liefern und den Diskurs des Neofaschismus zu unterstützen, der Gestalten hervorbringt, die, wie sich zeigt, sehr gefährlich sind!

Telleria Zeberio, Pello

Brinkola (Legazpi, Gipuzkoa), 1950. Hochschulabschluss in Philosophie. Kirchliche Studien in Theologie. Beamter der baskischen Regierung im Ruhestand und stellvertretender Sekretär von Euskaltzandia (Königliche Akademie der baskischen Sprache). Laie. Verheiratet.

Ich würde die Zulassung von Frauen zum Priesteramt vorbehaltlos unterstützen, da ich weder in den Evangelien noch in einem Dogma ein Hindernis sehe. Es ist eine Norm der kirchlichen Hierarchie, also diskutabel und veränderbar. Ich bin sicher, dass Frauen das priesterliche Leben bereichern würden, sie würden diesen Dienst in der Kirche neu beleben, so wie sie es bereits in anderen gesellschaftlichen Bereichen tun. Und vor allem würde es einer jahrhundertealten Ungerechtigkeit ein Ende setzen, die die kirchliche Hierarchie gegenüber Frauen aufrechterhält, nur weil sie Frauen sind.

Ich ermutige Frauen, die sich zum Priestertum berufen fühlen, dies der kirchlichen Hierarchie und, wenn möglich, auch der kirchlichen Gemeinschaft mitzuteilen. Wenn sie sich berufen fühlen, der Kirche durch das Priesteramt zu dienen, haben sie das gleiche Recht wie Männer, dass ihre Bitte gehört wird. Es ist nicht der Geist, sondern die Hierarchie, die nach dem Geschlecht unterscheidet. Es wird ein langer Weg sein, aber es ist einen Versuch wert, und ich glaube, dass viele Gläubige diese Forderungen unterstützen würden.

Ich würde der Kirche raten, die Debatte über das Priestertum der Frauen zu eröffnen, damit sowohl die Hierarchie als auch die Gläubigen sich äußern können. Es wäre wünschenswert, dass der Papst, die Kardinäle, die Bischöfe und die Priester ihre Meinung ohne Angst und Zensur in Freiheit äußern könnten und dass auch der Rest der Kirche einbezogen wird, denn die Kirche besteht aus allen Gläubigen, und es ist ein Thema, das uns alle angeht, denn es ist an der Zeit, die Hälfte aller Gläubigen nicht länger aufgrund ihres Geschlechts auszugrenzen.

Gott hat den Menschen als Mann und Frau nach seinem Bild geschaffen, aber die Hierarchie der katholischen Kirche hat die Frauen ausgegrenzt. Ich frage die Hierarchie: Wo ist das andere Bild Gottes, das Bild, das die Frauen darstellen sollten und das die Hierarchie verhindert? Oder will sie uns zum jetzigen Zeitpunkt glauben machen, dass die Heilige Geistkraft nur Männer inspiriert und ihnen Gaben wie die Priesterberufung zuteilt?

Die Gesellschaft, der die kirchliche Hierarchie oft Ratschläge und Ermahnungen zu verschiedenen Themen erteilt, unternimmt in vielen Bereichen wichtige Schritte in Richtung Gleichberechtigung der Frauen. Ich bitte die Hierarchie, diesen Schritten zu folgen, denn dies sind Zeichen dafür, dass sich die Menschheit - zu der auch die Kirche gehört - in dieser Frage in die richtige Richtung bewegt.

Vidal García, Marciano, C. SS. R.

San Pedro de Trones (León), 1937. Doktor der Moraltheologie. Professor für Moraltheologie an der Päpstlichen Universität von Comillas (Madrid), am Höheren Institut für Moralwissenschaften (Madrid) und an der Alphonsianischen Akademie (Rom). Im Ruhestand. Redemptorist.

Ich bin weder ein Spezialist für die Exegese des Neuen Testaments, noch für die Geschichte des frühen Christentums. Ich äußere meine Meinung aus meiner Position als Gläubiger und aus meinen Studien auf dem Gebiet der Moraltheologie. Ich drücke meine Meinung in den folgenden Aussagen aus:

Ich glaube, die biblischen, historischen, theologischen und praktischen Gründe zu kennen, die angeführt werden, um die gegenwärtige Weigerung der katholischen Kirche zu rechtfertigen, Frauen das ordinierte Amt zu übertragen. Keiner von ihnen, auch nicht die Summe von ihnen, überzeugt mich als endgültige Rechtfertigung für eine solche Ablehnung. Die negative Argumentation enthält zweifellos objektiv gültige Elemente; aber diese Gültigkeit geht nicht so weit, dass sie eine absolute Ablehnung der Ordination von Frauen in der Kirche erfordert.

Ich habe die Gründe geprüft, die aus der Sicht der Moraltheologie zur Unterstützung der Ablehnung angeführt wurden. Ich habe zwei wesentliche Gründe gefunden:

Der Grund der rituellen Unreinheit. Im historischen Christentum wurden viele der alttestamentlichen Vorschriften über rituelle Reinheit und Unreinheit eingeführt. Eine dieser Vorschriften hatte die Form der „rituellen Unreinheit", die sich aus dem physiologischen Phänomen der Menstruation ergab. Diese Unreinheit verhinderte den Zugang von Frauen zum Priesteramt.

Der Grund der moralischen Gefahr. Zu bestimmten Zeiten in der Geschichte des Christentums wurden Frauen von vielen Moraltheologen als ständige moralische Gefahr für Männer angesehen. Aus einer solchen Sichtweise heraus war es normal, den Vorsitz von Frauen in grundlegenden Handlungen des christlichen Gottesdienstes auszuschließen.

Ich bin sicher, dass jedem, der dies liest, die beiden soeben genannten Gründe völlig unbegründet erscheinen werden.

Aus dem, was in den beiden vorangegangenen Punkten gesagt wurde, und aus anderen Gründen und Motiven, auf die ich aus Platzgründen nicht näher eingehen kann, erkläre ich meine volle Zustimmung zum ordinierten Amt der Frau in der katholischen

Kirche.

Ich glaube, dass diese Situation durch eine vorherige Einführung des Weiheamts des Frauendiakonats erreicht werden könnte, wobei deutlich gemacht werden muss, dass diese Entscheidung ein Schritt zur Einführung des Priestertums der Frauen in der Kirche ist.

Ich bin auch der Meinung, dass die Frage des Priestertums der Frauen in der Kirche im Rahmen des Synodalprozesses, in dem sich die Kirche derzeit befindet, behandelt und gelöst werden sollte. Es handelt sich nicht um ein isoliertes Thema, sondern um einen Teil der gesamten kirchlichen Umstrukturierung.

ANHANG 3
VOKABULAR

Vorbemerkung der Herausgeberin:

Im Folgenden werden relevante Begriffe jeweils von einer der Frauen und einem der Männer, die an diesem Buch mitgewirkt haben, aus ihrer Sicht näher erläutert.

Apostel

Apostel und Apostelinnen. Im Neuen Testament werden viele Personen als Apostel bezeichnet: die Zwölf, Matthias, Paulus, Silas, Timotheus, Barnabas und die Frauen, die Jesus begleiteten und die er heilte: Maria Magdalena, Johanna, die Frau des Verwalters von Herodes, Susanna und viele andere Frauen, die ihnen mit ihren Gütern halfen. Das Apostolat ist nicht nur auf das Wirken der Zwölf beschränkt. Jesus wollte, dass das Werk des Apostolats durch die Jahrhunderte hindurch fortgesetzt wird, und berief zweiundsiebzig. Das Apostolat als Vertretung des Auferstandenen wurde von Anfang an von der ganzen Kirche ausgeübt, denn es ist die Pflicht eines jeden Jüngers Christi, *Licht der Welt und Salz der Erde* zu sein.

Die Apostolizität von Maria Magdalena beruht auf der Tatsache, dass sie die erste Zeugin der Auferstehung Jesu war. Warum konnte sie also nicht als Ersatz für Judas ausgewählt werden?

Maria Magdalena gehörte im ersten Jahrhundert zu den Randgruppen, zu den Kranken, die Jesus heilte; sie ist eine vertraute Gefährtin Jesu; sie ist die erste Zeugin der Auferstehung Jesu, sie ist der Apostel, der die erste Ostererscheinung hatte, sie ist die Evangelisatorin der Apostel; sie ist die erste Person, die einen wichtigen Dialog mit dem Auferstandenen führt und ihn für den Gärtner hält. Maria Magdalena setzte sich zusammen mit anderen Frauen für die Gleichberechtigung bei den Aufgaben der Mission, der Prophetie, der Predigt, der Lehre und der pastoralen Leitung in den Gemeinden ein. Die Apostelinnen waren im Umfeld Jesu, sie waren am Fuße des Kreuzes anwesend, sie wohnten der Grablegung Jesu bei, sie bereiteten die Wohlgerüche vor, sie gingen zum Grab, sie erfreuten sich an der Erscheinung des auferstandenen Jesus und sie verkündeten den Aposteln die Auferstehung.

-Carmelita Díaz Garduño

„Apostel" war für die ersten christlichen Gemeinschaften eine Person, die vom auferstandenen Christus und von den im Geist versammelten christlichen Gemeinden gesandt wurde (Gal 2,8; Apg 13,4), um die Frohe Botschaft vom Reich Gottes zu verkünden, das bereits in der Welt gegenwärtig ist und die ganze Menschheit zur Geschwisterlichkeit aufruft. Dieser Dienst hatte eine doppelte Dimension: die Schaffung einer geschwisterlichen Gemeinschaft um den gemeinsamen eucharistischen Tisch und die Weitergabe (*traditio*) der ursprünglichen Botschaft Christi angesichts anderer Botschaften (2 Kor 1,13). Zu diesem Dienst gehörten die Zwölf und viele andere, Männer und Frauen, wie Junia, Paulus und Jakobus, der Bruder des Herrn (Röm 16,7; 1 Kor 1,1; Gal 1,19). Der Geist in der Kirche beauftragt jeden Christen von der Taufe und der Firmung an (LG 17), ergänzt durch das geweihte Amt - mit dieser gleichen Sendung, so dass sie gemeinsam und in ihren verschiedenen Ämtern eine kirchliche Gemeinschaft der Berufungen bilden, Sakrament (sichtbares und wirksames Zeichen) des Reiches der Geschwisterlichkeit Gottes in der Welt von heute.

-Chema Pérez-Soba

Diskriminierung

Diskriminieren heißt trennen, ordnen, differenzieren. Diskriminierung bedeutet, dass diejenigen, die die diskriminierenden Kriterien aufstellen, gegenüber der diskriminierten Person oder Gruppe privilegiert sind, was notwendigerweise ein Herrschaftsverhältnis schafft. Diskriminierung ist also nicht nur der Akt der Trennung, sondern auch ein Prozess, der einige Menschen anderen unterordnet.

Die Diskriminierung von Frauen beim Zugang zum geweihten Amt in der katholischen Kirche beruht auf einem einzigen Ausschlusskriterium: Wir sind nicht männlich. Es handelt sich um ein biopolitisches Kriterium, das heißt, es nutzt die körperliche Differenz als Ausschlussinstrument. Dieser Ausschluss birgt ein Universum von Worten und deren Bedeutungen, die unser Verständnis von Geschlecht, Gender, Ämtern und Liturgie prägen und unsere Beziehung zueinander radikal bestimmen. Die Diskriminierung von Frauen in Frage zu stellen, bedeutet also auch, die Struktur der Kirche in Frage zu stellen.

Das Gegenteil von Diskriminierung ist nicht Vereinheitlichung, Gleichstellung oder gar Integration, sondern Störung, Untergrabung, Ermächtigung, Erweiterung, Neugestaltung. Kurz gesagt, auf bekannte Kategorien zu verzichten und sich für Neues zu öffnen.

-Feminista&cristiana Jugendgruppe

Viele Jahrhunderte lang wurden den Frauen Aufgaben auferlegt, die sie als „verpflichtend" und damit als „natürlich" empfanden, und andererseits wurde ihnen der Zugang zu anderen Tätigkeiten verwehrt. Dieses Aufzwingen und Verbieten wurde von Männern in verschiedenen Bereichen ausgeübt: sozial, politisch, religiös, wirtschaftlich... Und dies allein aufgrund ihres Geschlechts. Frauen wurden und werden diskriminiert, weil viele Männer immer noch glauben, dass Frauen ihnen unterlegen sind und ihnen unterworfen werden müssen, weil die Natur es so vorgesehen hat. Die Wirklichkeit zeigt diese Vorurteile und die historische Ungerechtigkeit, denn es gibt Frauen als Regierungspräsidentinnen, Richterinnen, Ärztinnen, Lehrerinnen, Juristinnen, Wirtschaftswissenschaftlerinnen... Wann wird sich dieser gesellschaftliche Wandel hin zur Gleichstellung in der Hierarchie der katholischen Kirche vollziehen, sodass sie ihre Normen ändern, und die Rechte der Frauen - in allen Bereichen - in der kirchlichen Gemeinschaft anerkennt und das Wirken des Geistes zulässt, der die Menschen aufgrund ihres Geschlechts nicht ungleich behandelt?

-Pello Telleria

Eucharistie

Wenn ich Eucharistie feiere, feiere ich das Leben in all seinen Facetten: in Freude und Dankbarkeit, als Begegnung. Als einen Raum, der mich in Not und Schmerz stärkt. Als ein Fest der Nähe zu Gott und zu den Menschen. In der Eucharistie teile ich Brot und Wein mit meinem Nächsten, d.h. mein Leben mit Arbeit und Schwierigkeiten, mit Inspiration und Freude, mit Zweifeln und Verzweiflung.

Ich feiere die Eucharistie nicht nur in der Messe, nicht nur in der Kirche. Ich kann sie auch zu Hause feiern, an meinem Tisch, wenn ich mir der Heiligkeit der echten Begegnung und des Teilens dessen, was zum Leben notwendig ist, bewusst bin und sie ehrfürchtig zum Ausdruck bringe.

Die Eucharistie ist eine Ermächtigung, eine Inspiration, der Ausgangspunkt einer inneren Verwandlung, die sich in Gedanken und Handlungen mit einem neuen Geist ausdrücken wird.

-Karin Maria Schreiber

Eucharistie: Gemeinschaft. Die Feier der Eucharistie ist keine individuelle Feier, sondern in erster Linie eine Feier der Kirchengemeinde. Sie ist das Zentrum des Lebens der Kirche. Die Gemeinde feiert vor allem *das*, was sie ausmacht: die reale Gegenwart des auferstandenen Christus in ihrer Mitte. Eine Gegenwart und Selbsthingabe Christi, die uns aus Liebe und um der Liebe willen geschenkt wird, um zu wachsen als Gemeinschaft von Brüdern und Schwestern, die eine Sendung haben, nämlich die Geschwisterlichkeit unter allen Menschen aufzubauen: eine Geschwisterlichkeit, deren Fülle wir im Reich des Vaters (und der Mutter) leben werden. Die Kommunion im Dienst der Sendung.

Das Sakrament der Eucharistie ist *die* kirchliche Feier, in der wir ständig dieses Leben leben, nähren und erneuern können. Das ist unsere Sendung und dazu sind wir berufen. Wir müssen uns des großen Abstands zwischen dieser Theorie und der oft erlebten Praxis von Eucharistiefeiern bewusst werden.

Wenn die Eucharistie die Kirche aufbaut und die Kirche Christi im Wesentlichen eine Gemeinschaft mit einem Auftrag ist, sollte die kirchliche Gemeinschaft in jeder Eucharistiefeier die Dringlichkeit des Auftrages stark spüren und sich von ihrem Herrn gesandt fühlen, um mit ihrem Zeugnis, ihrem Einsatz und ihrem Wort zu verkünden, dass Gott allen Männern und Frauen Glück, Befreiung und Heil in Jesus Christus anbietet.

-Javi Madrazo

Gemeinsames Priestertum der Gläubigen

Durch die Taufe ist jeder Christ (und jede Christin) dazu berufen, sich Gott zu schenken, d.h. sein Kanal zu sein für die Verkündigung Jesu Christi in Wort und Tat und an seiner Sendung teilhaben. Jede(r) Getaufte hat die Verantwortung, im alltäglichen Leben eine Brücke zwischen Gott und der Welt zu sein, das heißt, den menschgewordenen Gott zu offenbaren, der sich der Geschichte und seinem Volk verpflichtet hat.

Unser radikal christliches Erbe ist die Kindschaft, die uns dazu führt, unsere geschwisterliche Berufung dauerhaft zu erfahren und Zeugnis davon zu geben.

Wegen der Taufe glauben wir, dass Gott seinen Töchtern und Söhnen die gleiche Würde geschenkt hat. Diese Würde drängt Getaufte zu einer grundlegenden Offenheit für das Geheimnis und zu ganzer Hingabe an die Kirche und die Welt.

Die Eingliederung in das christliche Leben ist eine anspruchsvolle Verpflichtung, da sie einen Reifungsprozess auf allen Ebenen voraussetzt, so dass der Mensch zu einer ganzen Person wird, die auf Gott hört und das Reich Gottes verkündet. Die Antwort darauf: Menschen, die für die Geistkraft offen sind, stellen ihre verliehenen Charismen und Gaben der Kirche zur Verfügung.

-Curín García Calvo

Durch die Taufe sind wir alle Priester, Priester nach dem Vorbild Jesu, der nicht im Tempel Priester war, sondern im täglichen Leben, durch Selbsthingabe und Liebe. Jesus war nach dem Hebräerbrief - dem einzigen Brief, in dem von Jesus als Priester die Rede ist - ein Priester nach dem Ritus des Melchisedek: das heißt, aus Güte (Gerechtigkeit) und aus Frieden (Hebr 7,2), indem er sein Leben hingab (Hebr 7,27), den Willen Gottes erfüllte, den Menschen half und sie liebte. Und dort werden wir durch die Taufe in das Leben Jesu eingegliedert, das in dem Wasser dargestellt wird, das Leben schenkt. Ein neues Leben, das auf Liebe und Hingabe für andere beruht, wie bei Jesus selbst. Es ist die Liebe, die uns in die Tat umsetzen lässt, was wir durch die Taufe sind: Priester wie Jesus. Das ist das königliche Priestertum der Gläubigen, das allgemeine

Priestertum, d.h. all derer, die an Christus glauben. Nicht als Titel, sondern als Realität, die in Liebe und Hingabe gelebt werden muss, besonders für die Ärmsten und die Leidenden, wie es Jesus getan hat.

-Angel Igualada Ballesteros

Gewissen

Das Wissen um Gut und Böse, das den Menschen befähigt, die Wirklichkeit und die Handlungen, insbesondere die eigenen, moralisch zu beurteilen. Wenn dies die Definition von „Gewissen" der Königlichen Spanischen Akademie ist, kann jede Frau bei der Beurteilung ihrer Wirklichkeit mit ihren Handlungen und ihrem Bewusstsein in einen ernsthaften Konflikt geraten. Eine Wirklichkeit, die speziell *für* sie strukturiert wurde, aber ohne sie zu beteiligen. Das ist Manipulation, ob bewusst oder unbewusst, sie könnte nicht überwältigender sein. Frauen haben, von klein auf und aufgrund dessen, was sie bei ihren nahen weiblichen Vorfahrinnen und in den Medien gesehen haben, eine Haltung der Unterwerfung unter die Männer gelernt. Und wie zu erwarten, sind die Ergebnisse katastrophal: Mangel an persönlicher Ideologie, Mangel an Entscheidungsfreiheit und Beschränkung auf den häuslichen Bereich. Kurzum: „Unfreiheit". „Alle Menschen wollen glücklich sein", lehrte der griechische Philosoph Platon. Er behauptete, dass derjenige glücklich ist, der eine gute Beziehung zu seiner unsterblichen Seele, zu seinem göttlichen Kern unterhält. Glück hat immer damit zu tun, aus sich selbst herauszugehen und an der Freiheit und Liebe Gottes teilzuhaben. Wenn einer Frau die Teilhabe an ihrer eigenen Freiheit verwehrt wurde, was kann sie dann in ihrem konkreten Leben von der Liebe Gottes verstehen? Hindert diese Gesellschaft die Frauen daran, zu ihrer eigenen Harmonie und Entfaltung zu kommen? Vielleicht sind diejenigen, die den Frauen dieses abgeflachte Leben zugemutet haben, diejenigen, die aus Gewissensgründen eine Veränderung einleiten sollten. Es gibt viele Frauen, die sich für diese Veränderung entscheiden, mit Leid und Kampf, denen man ihre Aufmüpfigkeit vorwirft, als würden sie sogar göttliche Pläne durchkreuzen. Das Wirken beider Flügel der Menschheit, männlich und weiblich, ist für die Stabilisierung gerade des weiblichen Bewusstseins unerlässlich. Also hängt unser Glück oder Unglück wirklich größtenteils von unseren Umständen ab und nicht von unserer Einstellung?

-Amelia Hidalgo Jiménez

In den Sprachen, die aus dem Lateinischen abgeleitet sind, drückt das Wort *conciencia* zwei verschiedene Konzepte aus: 1) die Tatsache des "Bewusstseins"; 2) und die Tatsache des „Verantwortlichseins". Andere Sprachen haben zwei verschiedene Wörter, um diese beiden Tatsachen auszudrücken. So drückt das Deutsche die Tatsache des Bewusstseins mit dem Begriff *Bewusstsein* und die Tatsache des Verantwortlichseins mit dem Begriff *Gewissen* aus. Diese sprachliche Herangehensweise zeigt uns, dass wir, wenn wir von *conciencia* sprechen, dieses immer differenzieren müssen, da es sich sowohl auf das innewohnende Wissen als auch auf das moralische Gewissen beziehen kann.

Das moralische Gewissen kann missgebildet sein und daher fehlerhaft handeln. Einige Deformationen des Gewissens sind: Sein und Handeln als bloßes „Echo der Gesellschaft"; Sein und Handeln als „Stimme des verdrängten Unbewussten"; Sein und Handeln als „Rolle (Maske) vor anderen"; Sein und Handeln für das „idealisierte Selbst" unserer Person.

Der genaue Begriff und die korrekte Funktionsweise des moralischen Gewissens wurden vom Zweiten Vatikanischen Konzil wie folgt erläutert: „In der Tiefe seines Gewissens entdeckt der Mensch die Existenz eines Gesetzes, das er sich nicht selbst diktiert, sondern dem er gehorchen muss, und dessen Stimme ertönt" usw. (vgl. Röm 2,15-16).

Das Gewissen ist der geheimste Kern und der Tabernakel des Menschen, wo er sich allein mit Gott befindet, dessen Stimme im Innersten seines Gewissens erklingt. Es ist das Gewissen, das in bewundernswerter Weise dieses Gesetz verkündet, dessen Erfüllung in der Gottes- und Nächstenliebe besteht (vgl. Mt 22, 37-40; Gal 5, 14).

Die Treue zu diesem Gewissen vereint die Christen mit den Anderen bei der Suche nach der Wahrheit und bei der richtigen Lösung der zahlreichen moralischen Probleme, mit denen der Einzelne und die Gesellschaft konfrontiert sind. Je mehr das rechte Gewissen vorherrscht, desto sicherer werden sich der Einzelne und die Gesellschaft von blinder Willkür abwenden und sich nach den objektiven Normen der Moral richten.

Nicht selten irrt das Gewissen aus unverschuldeter Unwissenheit, ohne dass dies den Verlust seiner Würde zur Folge hätte. Dies trifft jedoch nicht zu, wenn der Mensch es vernachlässigt, nach der Wahrheit und dem Guten zu suchen, und wenn sein Gewissen durch die Gewohnheit der Sünde immer mehr verdunkelt wird (*Gaudium et spes*, Nr. 16)[156].

-Marciano Vidal, C. SS. R.

Gott (Bild von)

Heute über Gott zu sprechen, ist noch komplizierter als gestern. Zu der Schwierigkeit, das Unaussprechliche zu definieren - die Theologie war sich dessen schon immer bewusst - kommt heute noch die Schwierigkeit hinzu, es mit einem Geschlecht zu bezeichnen, ob männlich oder weiblich oder... Die feministische Theologie kritisiert

---

156 Bibliografische Bemerkung: M. Vidal, Diccionario de Ética teológica. (Wörterbuch der Religionsethik) Editorial Verbo Divino (Estella, 1991) sub voce.

scharf die Vermännlichung Gottes ("Er") und die damit einhergehende Beschädigung eines anderen Bildes als "Sie" - und des damit verbundenen fruchtbaren Imaginären – und ist so ein absolut notwendiger und sehr wertvoller Beitrag zur theologischen Reflexion. Sie stellt nämlich einen echten Paradigmenwechsel in der Reflexion über Gott dar. Das Grundproblem bleibt jedoch bestehen: Was sagen wir, wenn wir von Gott sprechen? Die Sprache erreicht Gott nicht, sie nähert sich Gott nur auf mehr oder weniger plumpe Weise an. Mystik und Erfahrung zeigen uns den Weg: Ich weiß, wer Du bist, auf Dich vertraue ich. Die Mystikerinnen von gestern und heute sagen der Theologie: Wie viele von uns haben keinen Namen für Dich?

-Adelaide Baracco Colombo

In den theistischen Religionen bezeichnen wir *Gott* als die Letztlichkeit, das höchste und absolute Wesen, das sich im Christentum in der Dreieinheit von Vater, Sohn und Geist manifestiert. Der Begriff *Gott* (Dios) stammt ab vom indogermanischen *dyaus*, „durchscheinen", von dem auch das Wort „Tag" (dia) stammt, sowie von der griechischen Präposition „dia", „durch" (*dia-logos* „durch das Wort"), diagonal („Linie durch"), diaphany („Offenbarung durch Undurchsichtigkeit"). Mit anderen Worten: *Gott* ist das, was sich durch die Bilder, die wir uns von Gott machen, manifestiert, ohne sich jemals zu erschöpfen.

„Er" zu sagen, grenzt Gott bereits in einem männlichen Pronomen ein; deshalb neigen wir heute dazu, „Sie" hinzuzufügen, aber mit dem Risiko, eine Dualität einzuführen und unsere Geschlechtsunterscheidung auf die Letztlichkeit zu projizieren; wir könnten Gott im Neutrum ansprechen: „Es", aber dann verlieren wir den persönlichen Charakter des christlichen Gottes. Für uns als Menschen ist es unmöglich, Gott als Er-Sie-Es zu bezeichnen, ohne zwangsläufig von dem auszugehen, was wir kennen. Wir können uns dem Unbekannten nur von dem her nähern, was wir kennen. Es reicht, wenn wir uns dessen bewusst sind, um keines der Bilder zu verabsolutieren, die wir auf Gott projizieren. Rainer Maria Rilke sagte: „Trotz unser reift Gott". Nicht Gott reift, sondern wir reifen, und deshalb verändern sich die Bilder, die wir auf Gott projizieren.

-Javier Melloni

Heilung

Das Wort *Cura (ein Wort, das im Spanischen Priester bedeutet)* hat nicht nur die Bedeutung von Amtsgewalt, sondern bezieht sich auch auf:

HEILUNG als priesterliche Berufung. ERLÖSUNG: Jesus, als Bischof der Seelen, ist der Prototyp des bischöflichen und priesterlichen Dienstes (Benedikt XVI.)... Heilung nur der Seelen?

184

GESUNDHEIT: Zustand des vollständigen körperlichen, geistigen und sozialen Wohlbefindens. Nicht nur das Fehlen von Krankheit oder Gebrechen (WHO, 1948).

Jesus, das prophetische Wunder der grenzenlosen Liebe, heilt Körper, Geist und Seelen in seinem Einsatz für das Reich Gottes. Er ist Retter und Heil.

Deshalb ist der/die PRIESTER:IN weder Schamane noch Magier, sondern ein Spiegel, eine treibende Kraft, ein Modell, ein Dienst, ein Begleiter, ein kohärentes und mutiges Instrument der Liebe Gottes, die uns heilt, rettet und mit überschwänglicher Freude erfüllt, CURA.

-Pilar Yuste

Die Botschaft der Bibel ist eine Verheißung von Heilung. Gott offenbart sich einem Volk, mit der Bitte, „sich um Heilung an ihn zu wenden" (Jes 6,10); er „heilt die, die zerbrochenen Herzens sind, und verbindet ihre Wunden" (Ps 147,3). Jesus „heilte die Menschen von allen möglichen Krankheiten und Gebrechen" (Mt 4,24). Er sendet seine Jünger aus: „Heilt die Kranken und sagt ihnen: Das Reich Gottes ist nahe zu euch gekommen" (Lk 10,9).

Diese Heilung ist nicht nur die Heilung von Krankheiten und Gebrechen. Die „wundersamen" Handlungen sind Zeichen einer ganzheitlichen Heilung, die Jesus mit der Vergebung der Sünden verbindet und die sich durch den Glauben verwirklicht (Mk 5,34). Sie erreicht alle Dimensionen der Person und der Gesellschaft; sie befreit von dem Bösen, das Krankheit und Leiden hervorbringt. Ihre letzte Motivation ist das Erbarmen, kurz gesagt, die Liebe, die Gott ist.

Jesus nachzufolgen bedeutet, diese Heilung zu vermitteln, indem man sein Reich der Solidarität, der Gerechtigkeit, der Liebe und des Friedens in den Menschen und den Völkern verwirklicht. Auch in der Natur, die unter dem Übel der Ausbeutung leidet, um sie zu einer einladenden, heilenden Heimat zu machen, wo die Güte der Schöpfung in einer kosmischen Eucharistie geteilt wird durch den heilenden Gott, der sich als Liebe offenbart.

-Felix Placer

'In persona Christi'

Christus in Person ist in jedem Emmaus, er ist derjenige, den wir beim Brechen des täglichen Brotes in jeder Eucharistie erkennen, wo uns die Augen geöffnet werden, und wir deshalb sagen können: „Da ist weder Jude noch Grieche, da ist weder Sklave noch Freier, da ist weder Mann noch Frau; denn ihr seid alle eins in Christus Jesus. Und wenn ihr Christus angehört, so seid ihr Abrahams Same und Erben nach der Verheißung" (Gal 3,28). Nicht die Person des Priesters weiht durch seine Worte, sondern Christus, der

Priester selbst, der durch sein Wort auf dem Altar weiter zur Wahrheit wird. Der Priester kann mit dem heiligen Paulus sagen: „Nicht mehr ich lebe, sondern Christus lebt in mir". Wir können lediglich das Wort in den Wänden unserer Seelen widerhallen lassen und mit einem „Es geschehe" auf diesen Ausspruch Gottes in uns antworten. Der heilige Ambrosius drückt es so aus: „Denn alles andere, was vorher gesagt wird, sind Worte des Priesters. Wenn aber die Zeit gekommen ist, das ehrwürdige Sakrament zu vollziehen, spricht der Priester nicht mehr seine eigenen Worte, sondern die Christi. Deshalb ist es das Wort Christi, das das Sakrament vollzieht" (Über die Ämter der Amtsträger IV, 4, 14). Es ist immer Christus, wer auch immer der Amtsträger bei der Feier sein mag. Warum also sind Frauen vom Priesteramt ausgeschlossen? Was nimmt das Weibliche dem Priesteramt? Es gibt keine Vollkommenheit, wenn die weibliche Seite des Menschen in irgendeiner Weise von dieser Einheit ausgeschlossen wird: „damit sie alle eins seien, wie du, Vater, in mir bist und ich in dir, damit auch sie in uns eins seien..., damit sie in der Einheit vollkommen seien" (Joh 17, 20-23).

-Pilar (Pili) Jordà

‚In persona Christi' ist ein Ausdruck, der bedeutet, dass ein Priester so handelt, als wäre er Christus, insbesondere wenn er die Eucharistie feiert und das Sakrament der Buße spendet. Der Ausdruck stammt aus der scholastischen Theologie des Mittelalters, und das Zweite Vatikanische Konzil hat den Begriff „capitis" (dem Haupt) hinzugefügt (Dekret *Presbyterorum ordinis*). Der Ausdruck soll deutlich machen, dass die in den Sakramenten empfangenen Gaben durch Christus von Gott selbst kommen, und er soll auch die Person des Priesters würdigen und dem Kollektiv der Gläubigen voranstellen.

Der Ausdruck muss in einem theologischen Sinn verstanden werden. Der Priester reproduziert natürlich nicht die historische Gegenwart Jesu. Es ist nicht die physische Materie Jesu, die der Priester kraft seiner Weihe erlangt. Dies ist wichtig, denn ‚in persona Christi' kann nicht als Argument gegen die Weihe von Frauen angeführt werden: Da Christus ein Mann war, können nur Männer ‚in persona Christi' handeln. Aber das Zweite Vatikanische Konzil hat zu Recht „capitis" hinzugefügt. Der Priester handelt insofern in der Person Christi, der Haupt der Kirche ist, einer Kirche, die aus Männern und Frauen besteht. Im auferstandenen Christus, dem Haupt der Kirche, gibt es keinen Sinn und keinen Platz für eine Unterscheidung zwischen Männern und Frauen.

-Josep Maria Solà

Klerikalismus

Papst Franziskus hat viel über den Klerikalismus gesprochen. Und als er Erzbischof von Buenos Aires war, sagte er: „Der Priester klerikalisiert, und der Laie bittet ihn, ihn zu klerikalisieren, weil es für ihn bequemer ist... Die Kirche zu klerikalisieren ist

186

pharisäerhafte Heuchelei... Möge Gott uns diese Gnade der Nähe schenken, die uns vor allen geschäftlichen, weltlichen, bekehrenden, klerikalistischen Haltungen bewahrt und uns seinem Weg näherbringt: mit dem heiligen, gläubigen Volk zu gehen, welches Gott treu ist." (2-9-2012). Und dann als Papst: „Die zentrale Rolle der Laien und der Armen selbst ist sehr wichtig. Und auch die Freiheit der Laien, denn was uns gefangen hält, was uns daran hindert, die Türen weit zu öffnen, ist die Krankheit des Klerikalismus. Das ist eines der größten Probleme" (27.11.2014); „Wie schön ist es, Priester zu treffen, von denen die Leute sagen: ‚Er ist launisch, aber es nimmt ihm nichts von seinem Priestersein'. Und die Leute haben einen Riecher. Im Gegenteil, wenn es sich um ‚götzendienerische' Priester handelt, die statt Jesus kleine ‚Götzen' haben - manche sind Anhänger des Gottes Narziss -, sagen die Leute, wenn sie das sehen: ‚Arme Kerle!'... Es ist die Beziehung zu Jesus Christus, die uns vor Weltlichkeit und Götzendienst rettet..., die uns in der Salbung bewahrt." (Papst Franziskus, Wie ein Priester sein sollte, 11-1-2014).

-Mercedes Carrizosa

Ich wage zu behaupten, dass eine der großen prophetischen Lehren von Papst Franziskus seine radikale Verurteilung des Klerikalismus ist. Die Worte des Bischofs von Rom, mit denen er den Klerikalismus charakterisiert, könnten durchaus wie die eines Jesaja oder eines Amos klingen: Klerikalismus ist „Krankheit", „geistliche Weltlichkeit", „Kult des Scheins", „Heuchelei" oder „Perversion" des Glaubens, die sich in Form von „Autoritätsmissbrauch" und „Ausbeutung" der ‚einfachen' Menschen äußert. In diesem Sinne ist der Klerikalismus eine raffinierte Form des Narzissmus, voll von scheinbar spirituellem Geschwätz, bei dem sich das Ego des Klerikers (mit oder ohne Priesterkragen) um ihn herum ausbreitet und so das Anderssein der anderen keinen Platz mehr hat. Ein extremes Beispiel für dieses Phänomen ist der sexuelle Missbrauch von Nonnen, Seminaristen und mehr oder weniger minderjährigen Gläubigen durch den Klerus.

Auf kirchlicher Ebene besteht der beste Weg, den Klerikalismus zu bekämpfen, ohne in eine gewaltsame Dialektik zu verfallen, darin, mit Nachdruck die Würde des Getauftseins Aller zu bekräftigen. Die Heilige Geistkraft salbt uns alle, Frauen und Männer, mit einer Unendlichkeit von Charismen und Ämtern, um der Sendung Jesu Christi zu folgen.

-Tomás J. Marín Mena

Letztes Abendmahl

Als Abendmahl bezeichnen wir das letzte gemeinsame Mahl von Jesus und seinen Freunden. Wir verbinden es mit dem Gründonnerstag und der Einsetzung der

Eucharistie, als eine Einheit. Nur Jesus wusste, dass es das letzte (Mahl) war; die anderen dachten, es handele sich um das rituelle Passahmahl, das von allen Juden als Zeichen der Befreiung aus Ägypten gefeiert wurde.

Dieses eine Mahl hat sie alle für immer verändert. Jesus gab sich bis zum Ende hin. Sie verstanden damals nicht, was es bedeutete, seinen Leib zu essen oder sein Blut zu trinken, was seine völlige Hingabe, das Vorspiel zum Tod am Kreuz, zum Ausdruck brachte.

Die Eingeladenen waren diejenigen, die ihm am nächsten standen. Wir können nicht glauben, dass er nur Männer und keine Frauen eingeladen hat, das wäre nicht der Stil Jesu. Es wäre auch nicht sein Stil, Frauen an diesem Tag schlechter zu behandeln als Männer. Aus einer feministischen Theologie heraus würde man Jesus falsch verstehen, wenn man dieses Mahl als Grundlage für ein ausschließlich männliches Priestertum betrachten würde.

Ostern, auf Hebräisch *Pesach*, bedeutet Sprung. Das letzte Abendmahl war der große Sprung, um ein erstes Abendmahl der wahren Freiheit für alle zu ermöglichen.

-Conxa Adell i Cardellach

Das *letzte Abendmahl* (Joh 13) oder das *Mahl des Herrn* (Mk 14, Lk 22, Mt 26) war das „Abschiedsmahl" des Jesus von Nazareth, bei dem er das Sakrament der Eucharistie einsetzte. Diese Versammlung, die in Jerusalem stattfand, um das jüdische Passahfest zu feiern, wurde zur Ankündigung und zur Vorausnahme des Opfers Jesu am Kreuz.

Die Versammlung begann mit der symbolischen Geste Jesu, seinen Jüngern die Füße zu waschen, ein Zeichen der Demut und des Dienens. Er sagte den Verrat des Judas voraus, kündigte sein eigenes Opfer als Teil eines neuen Bundes an, gab das Gebot der Liebe, identifizierte das Brot und den Wein mit seinem Leib und Blut und bat die Apostel, dies zu seinem Gedenken zu wiederholen.

Da es sich um eine Zusammenkunft handelte, bei der die Eucharistie eingesetzt wurde, sind die besonderen Umstände, unter denen sie stattfand, von entscheidender Bedeutung. Aber dieser Ritus hat auch Grenzen: die Tatsache, dass Jesus angeblich nur mit den zwölf Aposteln zum Abendmahl ging (Mk 14,17) und dass Maria und andere Frauen nicht mit am Tisch saßen, ist eines der Argumente, die von den Gegnern des Frauenpriestertums vorgebracht werden.

Wie Rahner und andere Autoren jedoch argumentieren, gibt es im Gebot des Abendmahlsgedenkens keine Machtübertragung auf die Apostel, die zu dem Schluss führen würde, dass auch das Weihesakrament eingesetzt wurde. Daher scheint es nicht gerechtfertigt, Frauen die Priesterweihe mit der Begründung zu verweigern, dass sie beim letzten Abendmahl nicht anwesend waren.

-Aritz Lucea

188

Maria Magdalena

Maria Magdalena ist eine *der* Frauen, die die Gemeinschaft der Jünger Jesu bilden, in der alle die gleiche Würde von der Kinder Gottes haben, was diese Gemeinschaft von der der Rabbiner unterscheidet, die nur männliche Anhänger haben durften. Ihr Name bedeutet „von Gott erwählt". Das erste Wort, das wir vom auferstandenen Christus kennen, lautet: Frau, warum weinst du, wen suchst du? (Joh 20,15). Es richtet sich an diejenige, die nicht aufgegeben hat und Jesus und der Gemeinschaft treu geblieben ist, von der ersten Nachfolge, dem Hören auf seine Worte, dem Sehen seiner Werke bis zum Leiden, dem Tod, der Auferstehung und der Aussendung nach der Auferstehung. Von großer Unruhe getrieben, betritt sie das Grab und sucht nach dem Leib Jesu, wie der Priester in der *Sancta Santorum* des *neuen Tabernakels*. Und wo die anderen Jünger die Leinentücher und das leere Grab sehen und glauben, *sieht sie Engel, dort, wo der Leichnam Jesu gelegen hatte. Einen am Kopf und einen am Fuß* (Joh 15,12). Und sie durchlebt einen inneren Umkehrprozess und weint über den Verlust ihres Herrn und sucht weiter, bis sich die Erfahrung der Begegnung in ihr ausgießt: „Maria!" - „Rabbuni" - Eine *unantastbare* Erfahrung, denn sie gilt nicht ihr allein, sondern der ganzen Kirche: „...geht zu meinen Brüdern und sagt es ihnen..." (Joh 20,17 ff). Diese Erfahrung macht sie zu einer Zeugin und Apostelin des auferstandenen Christus.

-Pilar (Pili) Jordà

Maria Magdalena spiegelt die Bedeutung wider, die Frauen in der Bewegung der Anhänger des Jesus von Nazareth hatten. Aber nicht nur das, sie ist ein einzigartiger Fall unter den Zeugen der Auferstehung. Die männlichen Jünger Jesu sind ihm nicht bis zum Kreuz gefolgt, sie haben die letzten Momente seines Lebens nicht mit ihm geteilt. Die Kontinuität Maria Magdalenas von der Abnahme des Leichnams vom Kreuz und der Begegnung mit ihm nach seiner Auferstehung war bei Petrus, Jakobus und Johannes nicht gegeben. Maria Magdalena war im Übrigen die Erste, die dem Auferstandenen begegnete, und die Erste, die ihn denjenigen verkündete, die später seine Zeugen werden sollten. Deshalb hat die Tradition sie immer als „Apostelin der Apostel" bezeichnet.

Jahrhundertelang war dieser Titel nur ein Etikett, das den Ausschluss der Frauen von der eigentlichen Apostelschaft verbarg. Anerkannt war das apostolische Amt nur dem, der als Gemeindeleiter das Weihesakrament empfangen hatte. Maria Magdalena war immer eine Figur, die diese klare Abgrenzung gefährdete, weshalb ihre Darstellung in der Kunst alle anonymen Frauen der Evangelien-Geschichten vereinte: Sie wurde dargestellt als bußfertige Frau (ausgedrückt in bescheidener Kleidung, einem Totenkopf usw.), die ihr früheres Leben als Prostituierte aufgegeben hat (dargestellt durch ihr langes Haar ohne Kopfbedeckung) und sich den Regeln des christlichen Lebens verschrieben hat. Das hat mit dem wahren Profil von Maria Magdalena wenig oder gar nichts zu tun.

Aber Papst Franziskus hat sich bemüht, ihre Gestalt einzufordern und ihr das apostolische Profil zurückzugeben, das man ihr nie hätte nehmen dürfen. Er hat sogar eine eigene Präfation zu ihrem Festtag eingeführt, wie es sich für eine so wichtige Apostelin gehört. Wenn Maria Magdalena aber auch eine Apostelin ist, wie andere Frauen, die im Neuen Testament ebenfalls diesen Namen tragen, wie kann man dann weiterhin den Ausschluss der Frauen vom apostolischen Amt rechtfertigen?

-Roberto Casas

Neudenken (des Amtes)

Notwendig ist ein synodales Hören auf den Geist, um zu verstehen, dass die Gemeinschaft der Nachfolger Jesu aufgefordert ist - in der Entwicklung der Welt, der Gesellschaft und der gegenwärtigen Situation der Kirche - wirklich auf die Zeichen der Zeit zu reagieren und das traditionelle theologische Verständnis des priesterlichen Dienstes zu erneuern.

-Elena Andrés

Jedes Amt ist ein DIENST an der Gemeinschaft. Es sollte kein BERUF im Sinne eines Beamten sein. Er sollte UNENTGELTLICH ausgeübt werden. Und in der FREIZEIT, nach der Ausübung eines Berufes. Diejenigen, die sich berufen fühlen, werden für den Dienst AUSGEWÄHLT: Alleinstehende, Verheiratete, Junge, Alte, Männer und Frauen. Und sie werden von den jeweiligen GEMEINDEN ausgewählt, denen sie dienen werden. Der Dienst kann auch ZEITLICH BEGRENZT sein und den verschiedenen zeitlichen und geistlichen Bedürfnissen der GEMEINDE angepasst werden. Die Vorbereitung erfolgt in der FAMILIE und in der GEMEINDE. Und all dies im Blick auf Jesus von Nazareth, der ein LAIE und DIENENDER bis zur Hingabe seines Lebens war.

-José María Alonso Carpintero

Ökumene

Sie hat mit den Beziehungen zwischen den Menschen zu tun, buchstäblich auf der ganzen „bewohnten Erde". Sie vermittelt den Christen den einenden Aspekt des christlichen Glaubens - die Person Jesu Christi -, der sie befähigt, gemeinsam an der Sendung Jesu Christi mitzuwirken, seine Person und damit seine Liebe auf der ganzen bewohnten Erde bekannt zu machen. Dies gilt trotz sekundärer Unterschiede, die zum Beispiel mit unterschiedlichen Auslegungen von Bibelstellen oder der besonderen Tradition einer bestimmten Konfession zusammenhängen. In ihrem Wesen ist die

190

Ökumene die Offenbarung der wunderbaren Einheit in der Vielfalt, die wir als Menschen und als Christen erleben, da Gott in Jesus Christus und durch die Heilige Geistkraft eine Welt voller Vielfalt geschaffen hat. Diese Einheit wird besonders deutlich, wenn Christen aus verschiedenen Traditionen zusammenkommen, um gemeinsam zu beten und den dreieinigen Gott anzubeten. Das ist eine Realität, die uns mit Freude und Dankbarkeit erfüllen sollte.

-Deborah Herath Chapman

Unter Ökumene versteht man die Bemühungen der christlichen Kirchen um sichtbare Einheit zwischen den verschiedenen Konfessionen. Seit 1925 (A. Deissmann) spricht man aufgrund der Dynamik dessen, was die Kirchen als Impuls des Geistes verstehen, von einer „ökumenischen Bewegung". Ein Schlüsseldatum ist die erste Vollversammlung des Ökumenischen Rates der Kirchen im Jahr 1948, die u.a. auf den Impuls des lutherischen Bischofs Nathan Söderblom zurückgeht. Die dem Begriff innewohnende Universalität - „die ganze bewohnte Erde" (oikoumene) - macht die ökumenische Bewegung zu einem privilegierten Ort für die Arbeit an Geschlechtergerechtigkeit und Gleichheit in Vielfalt. Der Begriff „ökumenisch" wird auch für interreligiöse Begegnungen verwendet: In diesem Sinne geht es nicht um Einheitlichkeit, sondern um Zusammenarbeit und Geschwisterlichkeit.

-Alfredo Abad

Priestertum/Presbyterium

Wenn uns diese beiden Worte bei der Verkündigung der Frohen Botschaft nützlich sein sollen, müssen wir sie entkontextualisieren. Es geht weder um Würde noch um Macht, wie man uns glauben machen will: Es geht um DIENST. In der religiösen Welt durchscheint die Bedeutung dieses Dienstes menschlich ‚in persona Christi': als Heilung, Befreiung, Unterstützung und Trost.

Es geht darum, jenes: „Tut dies zu meinem Gedächtnis" wirksam und effektiv zu machen, indem Leben und Leben in Fülle gegeben wird (Joh 10,10), symbolisiert in Brot und Wein. Dies lehrt uns, den von der Gottheit zugewiesenen Auftrag und die in der Taufe empfangene Verantwortung als Töchter und Söhne, nach Ihrem Bild und Gleichnis geschaffen, durch unsere Präsenz in unseren Gemeinden zu übernehmen. Sie brauchen unseren Dienst, der ein Dienst ist an Ihrer Gnade.

-Olga Lucia Alvarez

Derjenige, der die Christen dazu aufruft, zusammenzukommen und eine Gemeinschaft zu bilden, ist kein anderer als Jesus Christus selbst, und er tut dies, um der Welt weiterhin ausdrücklich sein Heilsangebot zu machen. So wie sich die Gruppe der Anhänger Jesu um ihn versammelt hat, so versammelt sich die Gemeinschaft derer, die ihn für den wahren Messias halten, um seine Zeugen, die Apostel und die Apostelinnen: In ihnen ist der Charakter einer Gemeinschaft gegenwärtig, die von Jesus berufen, bestärkt und zu ihrer Fülle geführt wird.

Das apostolische Amt hat sich historisch in drei Stufen entwickelt: Diakonat, Presbyterium und Episkopat. Der *Diakonat* wurde vor allem in der lateinischen Kirche zu einer bloßen Zwischenstufe. Das *Presbyterium*, das mit dem Vorsitz und der Leitung der Gemeinde verbunden ist, vereinnahmte die gesamte Priesterlichkeit und erhielt einen sakralen Charakter, der es von den anderen Ämtern trennte, um es zur Tür zu machen, durch die man hindurchgehen musste, um Zugang zu dem von Jesus Christus angebotenen Heil zu erhalten. Der *Heilsvermittler* Gottes, den wir nun Priester nennen, braucht, wenn er explizit gegenwärtig bleiben will, eine Institution, die ihn sakramental gegenwärtig macht. Das ist die Kirche, die am Priestertum Jesu teilhat, an dem, was wir das „gemeinsame Priestertum" aller Gläubigen nennen. Und das Amt derer, die in das Innere dieser Gemeinde hinein diese Arbeit leisten müssen, das apostolische Amt, hat ebenfalls denselben priesterlichen Charakter angenommen. Angesichts dieser Konzentration von Amtlichkeit, Heiligkeit und Priestertum in einem einzigen Amt wurde das *Episkopat* schließlich zu einem bloßen Vorgesetzten einer Gruppe von Priestern.

Es gab keine Gemeinde mehr mit einer Vielfalt von Ämtern, einschließlich der drei Stufen des apostolischen Dienstes. Es gab ein Volk, das von einer geistlichen Elite von Priestern regiert wurde. Es gab keine Diakone (und Diakoninnen), Presbyter und Bischöfe mehr, sondern Priester, die die Beziehung zu Gott vermittelten und seine rettende Gnade verteilten.

Wie lange wollen wir dieses trennende, diskriminierende und lähmende System aufrechterhalten, das das Heil Gottes zu einer Ware macht, die von einigen wenigen Händlern des Heiligen verwaltet wird?

-Roberto Casas

Rechte

Vor etwas mehr als einem Jahr hat Papst Franziskus die Weihe von Frauen in all ihren Abstufungen als eines der schwersten Straftaten in den Codex des kanonischen Rechts (CIC) aufgenommen, da sie die „automatische" Exkommunikation nach sich zieht, die nur durch den Heiligen Stuhl aufgehoben werden kann. Man hat uns oft gesagt, dass das Priestertum kein Recht ist, sondern eine Gabe, das Ergebnis eines Rufes durch Gott zu einer bestimmten Berufung. Die Kirche vertritt die Auffassung, dass Gott beruft, wen er will, wann er will und wozu er will, und dieser höchste Wille Gottes über jeden seiner

192

Gläubigen kann niemals vom CIC geregelt, geschweige denn verboten werden. Denn damit würde sich die Kirche über Gott selbst stellen. Sie würde aufhören, „Gottes Werkzeug" zu sein, und zu einem Selbstzweck werden. Frauen haben das Recht, auf den persönlichen Ruf zu antworten, den Gott an uns richtet. Das CIC selbst sagt, dass alle Gläubigen, Männer und Frauen, das Recht haben, bei der Wahl ihres Lebensstandes vor jeglichem Zwang gefeit zu sein (vgl. 219). Das ausdrückliche Verbot der Ordination kollidiert mit der Aussage, dass wir alle Leib Christi sind, genauso wie es kollidiert, die sieben Sakramente für alle Gläubigen auf sechs für Frauen zu beschränken.

-Rosi Miguel

Reform (der Kirche und des Amtes)

Die Reform oder Erneuerung ist ein notwendiges Merkmal der Kirche. „Die Kirche ... hört unter dem Wirken des Heiligen Geistes nicht auf, sich zu erneuern, bis sie durch das Kreuz zu jenem Licht gelangt, das keinen Sonnenuntergang kennt" (LG II, 9). Ihre Strukturen und ihre menschliche Organisation müssen angepasst werden, um ihrer Sendung besser zu dienen. Sie muss ihrem Ursprung und ihrer Tradition treu bleiben, aber auch auf die Herausforderungen einer sich ständig verändernden Welt reagieren. Die vom Papst einberufene und derzeit laufende Synode verfolgt dieses Ziel: „Jesus ... ruft uns in diesen Tagen auf, uns ... von unseren Borniertheiten und unseren sich wiederholenden pastoralen Modellen zu befreien; uns zu fragen, was Gott uns in diesen Zeiten sagen will und in welche Richtung er uns führen will."[157] Eine der Fragen, die aus den Antworten auf den Fragebogen der Synode hervorging, ist die Notwendigkeit, die Ämter in der Kirche und den Zugang der Frauen zu ihnen neu zu überdenken, damit sie im Sinne eines authentischen evangeliumsgemäßen Dienstes organisiert und gelebt werden und der Klerikalismus überwunden wird.

-A. R. Diaz

Die notwendige Reform der Kirche wurde im Laufe ihrer Geschichte immer wieder in Betracht gezogen (Ecclesia semper reformanda), allerdings mit unterschiedlichen Bedeutungen und Umsetzungen je nach Zeit und Interessen. Folglich hat es eine „wahre und eine falsche Reform der Kirche" (Y. Congar) gegeben.

Das Zweite Vatikanische Konzil, das von Johannes XXIII. mit seinem Vorschlag des „aggiornamento" einberufen wurde, bekräftigte: „Die Kirche, Pilgerin in dieser Welt, ist von Christus zu dieser ständigen Reform berufen..." (UR 6). Die langen nachkonziliaren Jahre verlangsamten diese jedoch und verhinderten erneuernde Fortschritte;

---

157 Predigt in der Heiligen Messe zur Eröffnung der Bischofssynode (Basilika St. Petrus, 10. Oktober 2021)

193

konservative Linien setzten sich u.a. in Fragen der Lehre, der Liturgie und des Amtes durch. Heute ruft Papst Franziskus zur Offenheit für eine „permanente Reform", für eine „unaufschiebbare kirchliche Erneuerung" auf (EG 26, 27). Sie betrifft nicht nur Gremien wie die Römische Kurie, sondern die Gesamtkirche in all ihren Regierungsformen, in der Darstellung der Lehre, in der Liturgie, in der Seelsorge, in den Ämtern, in denen die Berufung der Frauen ohne Diskriminierung anerkannt werden muss: neue Schläuche für den neuen Wein des Evangeliums (Mk 2,22).

-Felix Placer

Ruah (Heilige) (Heilige Geistkraft)

Als eine der drei Personen der Heiligen Dreifaltigkeit ist die Heilige Geistkraft - oder *Ruah* auf Hebräisch - Gott, in der Schöpfung (Gen 1,1) und in der Neuschöpfung gegenwärtig. Jesus sagte zu seinen Jüngern: „Er wohnt bei euch und wird in euch sein" (Joh 14,17). Mit anderen Worten: *Die Ruah* macht die Gegenwart Gottes real und ermöglicht es, den Menschen von innen heraus zu verändern. *Die Ruah* befähigte die Propheten, das Wort Gottes zu verkünden. Als Gott in Jesus Mensch wurde, ermöglichte *die Ruah* seine Empfängnis im Schoß Marias. Es gibt kein Leben ohne die Heilige Geistkraft. Bei der Taufe Jesu kam *die Ruah* auf ihn herab, als die Stimme Gottes verkündete: „Du bist mein geliebter Sohn".

Es ist einfacher, darüber zu sprechen, was die Heilige Geistkraft tut, als zu versuchen, sie zu beschreiben (Joh 3,8). Am Pfingsttag erlebten die Jünger, was Jesus ihnen gesagt hatte: "Ich werde die Verheißung meines Vaters auf euch herabsenden; bleibt aber ... in ... Jerusalem, bis ihr mit Kraft aus der Höhe ausgestattet werdet" (Lk 24,49; Apg 1,4-5). Diese Kraft des Heiligen Geistes gab ihnen die Zuversicht, das Evangelium zu verkünden - dass Jesus gestorben und durch die Kraft *der Ruah* von den Toten auferstanden ist, um uns von der Sklaverei der Sünde zu befreien. Wir empfangen Gottes Vergebung, aber durch die Kraft die Heilige Geistkraft sind wir auch in der Lage, denen zu vergeben, die uns beleidigen, und so die Gemeinschaft zu fördern, die in der Eucharistie dargestellt wird.

-Deborah Herath Chapman

Ruah ist der hebräische Begriff für "Wind", "Atem", "Luft" und entspricht *pneuma* im Griechischen, *spiritus* im Lateinischen und *atman* im Sanskrit. Es hat semitische Wurzeln und ist daher dem arabischen Wort *ruh* ähnlich. Im Aramäischen und Syrischen ist es feminin. Im Gegensatz zur Vermännlichung des Vaters und des Sohnes stellt *Ruah* in der christlichen Dreifaltigkeit das weibliche Element dar, ähnlich wie im Taoismus *Yin* das *Yang* ergänzt und sie zusammen das *Tao*, den Weg, den Lauf der Dinge bilden.

Ruah ist ungreifbar, unvorhersehbar, subtil, unkontrollierbar, unerwartet. Sie gibt

194

allen Dingen und Wesen Leben, ohne wahrgenommen zu werden, so wie wir ständig die Luft atmen, ohne es zu bemerken. Sie ist das unsichtbare Band, das alle Wesen mit dem Leben verbindet, das den Vater mit dem Sohn verbindet. Deshalb hat Wilhelm von Saint-Thierry so schön gesagt, dass der Vater [die Mutter, müssen wir heute hinzufügen] derjenige ist, der küsst, der Sohn ist derjenige, der den Kuss empfängt, und die Geistkraft (*Ruah*) ist der Kuss selbst. Es ist das Siegel, der Klang, die Berührung, durch die die Geistkraft sich immer auf eine subtile Art und Weise in ihrer Unfassbarkeit zeigt.

-Javier Melloni

Säkularität

Bezeichnet eine zunehmend hegemoniale Kultur, die durch eine Haltung wachsender „Immanenz" gekennzeichnet ist. In einer neoliberalen Gesellschaft, die den Individualismus betont und Ideen der „Emanzipation" durch „Autonomie", „Unabhängigkeit" und „Freiheit" fördert, ist die Idee der „Religion" unangenehm, da sie „Bindung", „Abhängigkeit" und „Barmherzigkeit" bedeutet. Seit dem Übergang vom Animismus zum Monotheismus hat sich eine Idee der „Trennung" entwickelt, der Abgrenzung zwischen verschiedenen Sphären oder Bereichen des Wissens und der Organisation des sozialen Lebens. „Gott" wurde schließlich in einen Tabernakel eingeschlossen, zu dem nur bestimmte Menschen Zugang hatten. Diese Institutionalisierung des „Heiligen" verlor mit der Ausbreitung und Institutionalisierung von „Wissenschaft", „Recht", „Wirtschaft" usw. an Legitimität als gesellschaftliche Wissensform. Sie dient zunehmend nicht mehr als Grundlage für die Organisation des gesellschaftlichen Lebens. Das Narrativ von der „Religion" ist zu einer Debatte über „das Gesetz" geworden, dem sich alles unterzuordnen hat.

-Elfriede Harth

Sie ist das Merkmal jeder Gesellschaft, in der die Religion aufhört, ihre Achse zu sein (Autonomie von der Welt), wie sie es im Westen allmählich seit der Renaissance und später der Aufklärung war und wird. Sie steht im Gegensatz zur „Sakralität", in der das gesamte gesellschaftliche Leben von der Religion inspiriert und beherrscht wird, wie in der Epoche der sogenannten „Christenheit" im Westen ab dem 4. Jahrhundert. In dieser Epoche wurde die Kirche hierarchisch organisiert (Klerikalismus), und der Gottesdienst und die Sakramente wurden zum Mittelpunkt ihrer Mission, im Gegensatz zum ursprünglichen missionarischen Charakter. Vor allem die Sakramente werden vom Klerus verwaltet, und die Gemeinde (Laien) ist nicht an dessen Wahl beteiligt.

Seit dem Zweiten Vatikanischen Konzil versteht sich die Kirche als „Volk Gottes", in dem die Gemeinde das Subjekt der Evangelisierung ist und aus der Gemeinde heraus die Ämter geboren werden. Die Pluralität der Ämter und Charismen dürfte nicht aufgrund

195

des Geschlechts verhindert werden, denn die Diskriminierung von Frauen (im Fall des Priesteramts) entspricht nicht der ursprünglichen christlichen Tradition, sondern hat kulturelle Gründe diskriminierender Natur, nämlich das Patriarchat.

-Agustin Gil

Salbungen (von Jesus)

In der Antike wurden Könige, Hohepriester oder Menschen mit wichtigen Aufgaben im Leben gesalbt, und damit wurde Macht übertragen.

Christen werden in der Taufe gesalbt, und das bedeutet, dass die belebende Geistkraft in den wichtigsten Momenten unseres Lebens in uns eindringt. Als gesalbte und getaufte Frau bin ich Gott und seiner Kraft sehr nahe. Aber in der Kirche werden wir Frauen von der Würde, mit der der Herr uns bekleidet hat, völlig ferngehalten. Wir dürfen nicht offiziell sichtbar werden und an einen Ort gelangen (z.B. den Altar), an dem anerkannt wird, dass wir die Kraft des Geistes an jeden weitergeben dürfen, der sie braucht.

Der Empfang der Salbung in der Taufe berechtigt uns dazu, diese an andere weiterzugeben. Die Kirche verschleiert den Einfluss der Frauen, die Jesus umgaben.

Die Salbung ist einer der wichtigsten Elemente der Sakramente. Daraus folgt, dass diejenigen von uns, die sich zum Priestertum berufen fühlen, die Salbung in vollem Glauben und voller Freude an die ganze Gemeinschaft um uns herum weitergeben und mit ihr teilen dürfen. Wie Maria von Bethanien, die im Evangelium eine Schlüsselrolle spielt, salben wir die Füße, berühren wir den Leib. Lasst uns diese kühne, kritisierte und angeprangerte Geste wagen!

-Merche Sáiz

Im Alten Testament wird die königliche Salbung mit dem Geist in Verbindung gebracht, der als übermenschliche, himmlische Kraft verstanden wird. Im Neuen Testament ist Jesus derjenige, der bei seiner Taufe vom Geist „gesalbt" wird (Lk 3,21-22); der Geist ruht auf ihm (Mt 3,16); der Täufer bezeugt dies (Joh 1,33-34). Auch der Christ wird in der Taufe, einer Wiedergeburt, durch den Geist gesalbt (Joh 3,5-7; Tit 3,5).

Im Neuen Testament tauchen zwei Trios von Nachfolgern Jesu auf: ein weibliches (Maria Magdalena, Maria, die Mutter des Jakobus dem Jüngeren und des Joset und Salome) und ein männliches (Petrus, Jakobus und Johannes). Letztere verließen Jesus auf dem Weg nach Golgatha; die Frauen folgten ihm von Galiläa bis zum Kreuz, zu einer Zeit, als es undenkbar war, dass eine Gruppe von Frauen hinter einem Rabbiner herging. Sie waren bei ihm und wurden auch ausgesandt, um zu predigen. Nach dem Sabbat „kauften sie wohlriechende Öle", um den Leichnam Jesu einzubalsamieren.

Eine *anonyme Frau* war ihnen zuvorgekommen mit einer starken symbolischen Handlung in Bethanien, im Haus des Aussätzigen Simon, (Mk 14; vgl. Mt 26,6 ff). Diese brachte „ein Alabasterfläschchen mit reinem, sehr kostbarem Nardenöl …, zerbrach das Fläschchen und goss es auf das Haupt Jesu". Sie salbte nicht seine Füße, sondern sein Haupt: eine Handlung, die der Salbung der Könige von Israel vorbehalten war! Die Düfte (Myrrhe und Narde) erinnern an das Hohelied (1. Kor 12-13), die zeigen, wer Jesus für die anonyme Frau war: der Geliebte, die Liebe ihres Lebens - ihr König - und als solcher salbte sie ihn und zerbrach das Alabastergefäß. Während einige dies als skandalöse Geste ansahen, erklärte Jesus dies zu einer „guten Tat", die die Einbalsamierung seines Körpers für das Begräbnis vorwegnahm (Mk 14,8); für die Auferstehung… oder für das letzte Abendmahl? Und darüber hinaus hat er die Tat der Frau nicht nur heiliggesprochen, sondern auch versichert: „Überall, wo die frohe Botschaft verkündet wird, in der ganzen Welt, wird man auch zu ihrem Gedenken von dem sprechen, was diese Frau getan hat". Am nächsten Tag, beim letzten Abendmahl, wird Jesus seine Jünger ebenfalls auffordern: „Tut dies zu meinem Gedächtnis!"

Der Leib Jesu am Kreuz verströmte den Duft des Öls, mit dem er von der Frau gesalbt worden war. Es ist die Heilige Geistkraft, die ausgießt und salbt, und keine Bedenken hat, dies durch die Vermittlung einer "anonymen Frau" zu tun.

-José Cristo Rey García Paredes

Sensus fidelium

Ausdruck für den „Sinn der Gläubigen", verwandt mit *Sensus fidei*, dem „Sinn des Glaubens". Unter ‚Gläubige' versteht man Kleriker und Laien. Alle Personen, die der Kirche angehören, haben als Gläubige die Fähigkeit, die Wahrheit zu erkennen und zu bezeugen, so dass ihre gemeinsam erlangten Erkenntnisse theologischen Status haben.

Unter diesem Gesichtspunkt kann eine weibliche Sichtweise andere Blickwinkel einbringen, die die theologische Reflexion erweitert. Die Frage des Frauenpriestertums kann nicht nur von einem klerikalen, männlichen und katholischen Standpunkt aus angegangen werden; sie bedarf auch einer weiblichen und ökumenischen Sichtweise, und einer Laienperspektive.

Sensus fidelium kann daher nicht aus einer einseitigen Perspektive der stillschweigenden Akzeptanz dessen verstanden werden, was uns gegeben und manchmal sogar aufgezwungen wird. Die Kirche des 21. Jahrhunderts braucht den Beitrag aller, und die Verwirklichung des Wunsches nach einem weiblichen Priestertum darf nicht aufgeschoben werden.

-Conxa Adell i Cardellach

Der *sensus fidei* (Glaubenssinn) ähnelt dem *sensus fidelium* (Sinn der Gläubigen). Man findet den Ausdruck im Katechismus der Katholischen Kirche, Absatz 91 und 92: „Die Gesamtheit der Gläubigen ... kann im Glauben nicht fehlgehen, und diese ihre besondere Eigenschaft macht sie mittels des übernatürlichen Glaubenssinns des ganzen Volkes dann kund, wenn sie von den Bischöfen bis zu den letzten gläubigen Laien ihre allgemeine Übereinstimmung in Sachen des Glaubens und der Sitten äußert". Der Katechismus zitiert das Dokument *Lumen gentium* 12 des Zweiten Vatikanischen Konzils und fügt hinzu: „Durch jenen Glaubenssinn nämlich, der vom Geist der Wahrheit geweckt und erhalten wird, hängt das Volk Gottes unter der Leitung des heiligen Lehramtes ... dem einmal den Heiligen übergebenen Glauben unwiderruflich an, dringt mit rechtem Urteil immer tiefer in ihn ein und wendet ihn im Leben voller an." Mit dem Volk Gottes ist die Kirche gemeint, die die ‚lebendige Tradition' der wesentlichen Glaubensinhalte durch die Geschichte hindurch weiterführt, wobei die Bischöfe darüber wachen, dass diese Tradition nicht den Weg des Irrtums einschlägt. Niemals mehr als jetzt, im Kontext des von Papst Franziskus eingeleiteten synodalen Weges, ist es so wichtig, diesen Sinn in der Pastoral der katholischen Kirche heute zu fördern und theologisch zu verorten.

-Jesús Sánchez Valiente

Die Kirche kann den immer lauter werdenden Ruf (*sensus fidelium*) nicht ignorieren, der fordert, dass die Rolle der Frau in der Kirche das Amt der weiblichen Gemeindeleiterinnen einschließt und dass sie der Eucharistiefeier vorstehen dürfen... Hinter diesem Ruf steht der Impuls des Geistes, der nicht durch historische Argumente, Traditionen und theologische Konstruktionen übertönt werden kann.

-Josep Maria Solà

Spiritualität des Amtes

Von Spiritualität zu sprechen bedeutet, in den Geist einzutauchen, es bedeutet, von der *RUAH* Gottes zu sprechen, vom Atem, der die Gegenwart Gottes selbst in uns durchdringt, eindringt, inspiriert und bewegt. Der Geist gießt die Gegenwart Gottes in unser ganzes Wesen ein und führt uns zu ihm, um seinen Willen zu entdecken. Spiritualität, die überall ist, die einen Stil, eine Art und Weise hat, sich zu manifestieren und ich zu zeigen.

Ein Dienstamt zu bekleiden bedeutet, ein Amt anzutreten, das ein Dienst ist: Für andere da zu sein, es soll nicht verborgen werden. Sein erstes Ziel, seine Mission ist es, sich hinzugeben, mit allem an alle.

Geistliche Spiritualität bedeutet vor allem eine Gotteserfahrung, ein Wissen, das aus dem ‚Du und Du' geboren wird - mit Gott plaudern, mit Gott sein und sich von Gott lieben lassen - der sich durch den Geist offenbart. Von Gott und durch Gott erfüllt werden, um hinauszugehen, um anderen zu begegnen und uns ihnen zu schenken. Denjenigen, die am Wegesrand warten.

Geistliche Spiritualität mit einem neuen Stil - in weiblicher Form und mit allem, was dazu gehört: Gesten, Ausdruck, Zärtlichkeit, Zartheit, Fürsorge, Kreativität, Mütterlichkeit - für diejenigen, die uns von Gott selbst anvertraut sind. Ein neuer Weg, der Gottes Antlitz bezeugt, ein neuer Stil des Seins und des Lebens in Gott, für Gott, mit Gott.

Geistliche Spiritualität: uns mit Gott erfüllen, um andere zu erfüllen.

-Luz Maria Cigaran FMA-URU

Spiritualität bezieht sich auf den Heiligen Geist, auf das Leben im Geist, und dienende Spiritualität bezieht sich darauf, *wie* der Dienst aus dem Heiligen Geist heraus gelebt wird, das heißt, *wie* der Dienst vom Geist *geleitet* wird. Es war diese große Persönlichkeit, Juan de Dios Martín Velasco, der eines Tages zu uns sprach und sagte, dass die Spiritualität des priesterlichen Dienstes, das Priestertum, wenn es aus dem Geist heraus gelebt wird, sich von der Aufgabe des Amtes speist: Wenn das von Jesus gelebte Priestertum nicht das des Tempels ist, sondern das der Selbsthingabe im Leben, d.h. der Liebe bis zur Hingabe des Lebens, dann nährt sich dieses Priestertum aus der Selbsthingabe, aus der Begegnung mit den Menschen, aus der Liebe und der Freude, die aus der Liebe kommt, aus dem Bemühen, die Menschen in ihrem Priestertum zu erfüllen, d.h. in der Liebe. Das Priestertum Jesu war die Liebe.

Und das gilt nicht nur für die gesamte priesterliche Spiritualität, ob männlich oder weiblich, sondern auch für das Priestertum aller Christen, denn es besteht darin, den Menschen zu helfen, gute Menschen zu sein (ihnen die Füße zu waschen, d. h. sie vom Bösen zu reinigen, sie mit Zuneigung und Liebe zu nähren, symbolisiert in Brot und Wein). In diesem Geben und in dieser Liebe finden wir die Nahrung für unsere Spiritualität und werden vom der Heiligen Geistkraft geleitet, so entsteht die priesterliche Spiritualität.

Und wenn das so ist, wenn es die Selbsthingabe, der demütige Dienst und die Liebe sind, die sie prägen, warum legen wir dann dem weiblichen Amtspriestertum so viele Hindernisse in den Weg, wo wir doch nicht mehr in der supermachistischen jüdischen Kultur leben und Jesus die Frauen so ermächtigt hat? Zu neuen Schläuchen neuer Wein.

-Angel Igualada Ballesteros

Synodalität

Ein neues Wort, das „gemeinsam gehen" bedeutet. So neu, dass es noch nicht in Wörterbüchern enthalten ist. Dort finden wir das Wort „Synode" im Zusammenhang mit

199

dem Treffen des Klerus mit seinem Bischof, ohne in der Definition die Laien und die Frauen zu berücksichtigen. Wir unterscheiden zwischen Laien und Frauen, um zu den Laiinnen diejenigen hinzuzufügen, die einem Orden, einer Kongregation oder einem religiösen Institut angehören (vergleichbar dem Drittorden).

Was für ein großartiges Wort „Synodalität"! Zusammenkommen von Frauen und Männern aus der ganzen Welt, unabhängig von Bildung, Fähigkeiten und Positionen. Menschen, deren einziges Anliegen es ist, gemeinsam das wahre Gesicht Jesu in der Kirche zu zeigen und Wege zu öffnen.

Synode der Synodalität / Weltsynode: eine von Papst Franziskus ins Leben gerufene Herausforderung, allen zuhören, bevor man handelt; sein, bevor man handelt; sich ohne Ausgrenzung zusammenzuschließen. Für Frauen, die das Frauenpriestertum unterstützen und wünschen, ist es eine große Chance, der Beginn eines Weges, den sie gemeinsam in Mitverantwortung gehen können.

-Conxa Adell i Cardellach

Bei der Synode geht es um Dialog und darum, auf die Zeichen der Zeit zu achten, mit offenen Türen für die Wirklichkeit.

Synodalität: ein Ort, eine Möglichkeit der Begegnung. Ein Moment, eine Zeit, die wir gerade erleben, wirklich spannend.

Wir versuchen, die Fahrtrinnen zu finden, um das wahre Wesen des Christentums, das heißt das Evangelium, nicht zu verlieren.

Wir erleben gegenwärtig in der Kirche eine wirklich aufregende Zeit, unabhängig davon, ob wir an der kirchlichen Realität der Synode im Besonderen beteiligt sind oder nicht: ein wirklich entscheidender Moment: denn es bedeutet, dass zum ersten Mal das ganze Volk Gottes eingeladen ist (Delegierte), an einer Synode in jeder ihrer verschiedenen Phasen mitzuarbeiten / teilzunehmen.

Das Volk Gottes hat gezeigt, dass es sehr gut weiß, was wir als Kirche brauchen, um eine echte Kirche des 21. Jahrhunderts zu sein. Das Zweite Vatikanische Konzil hat in *Lumen gentium* den Sinn der Kirche absolut richtig erkannt, aber die Theorie hat es nicht immer geschafft, in die Praxis umgesetzt zu werden. Wir müssen die Fahrtrinnen finden, um, ohne das Wesentliche zu verlieren, wirklich Kirche, das Volk Gottes, zu sein.

Wir glauben, einer der Gründe, warum diese Synode einberufen wurde, liegt darin, dass wir zwar synodale Strukturen haben, von denen aber nicht alle funktionieren.

-Juantxu Oscoz

200

Taufe

Die offizielle Definition der Taufe ist die eines Sakraments der christlichen Initiation. In meinem Fall wurde ich kurz nach meiner Geburt getauft. Daher habe ich meine Taufe immer als einen Prozess empfunden: Zuerst haben meine Eltern, indem sie mit mir über Gott sprachen, mich beten lehrten, eine katholische Schule für mich auswählten, in mir eine fortschreitende Kenntnis von Jesus, von Gott und vom Glauben gefördert, dem ich nach und nach zugestimmt habe. Dasselbe im Religionsunterricht in der Schule. Ich lasse mich weiterhin jeden Tag von Gott taufen, der Prozess ist noch nicht zu Ende. Gott hat mich von Ewigkeit her angenommen und in sich aufgenommen; ihn hundertprozentig aufzunehmen, erfordert mein ganzes Leben.

-Elena Andrés Suárez

Zwei Notizen zur Taufe und zur Gleichstellung der Geschlechter in der Kirche. Dies sind zwei Anmerkungen, die wir in der Konstitution *Lumen gentium* (LG) des Zweiten Vatikanischen Konzils finden:

Erster Punkt: LG gilt als das wichtigste Dokument des Zweiten Vatikanischen Konzils. Es hat seine große Bedeutung erlangt in der Aussage, dass die Kirche das Volk Gottes ist (eine große Neuheit nach vielen Jahrhunderten, in denen sie als hierarchisch dargestellt wurde). Vier Tage vor dem Ende der ersten Sitzungsperiode des Konzils (1962) fragte Kardinal Suenens das Konzil: „Kirche, was sagst du über dich selbst?" Und am Ende der dritten Sitzungsperiode (1964) verabschiedete das Konzil *Lumen gentium*, dessen Kernaussage lautet, dass die Kirche das Volk Gottes ist. In diesem Volk Gottes sind alle gleich.

Zweiter Punkt: Er knüpft an den vorhergehenden an und spricht von der Taufe, die der Kern des Volkes Gottes ist. Die Getauften gehören zum Volk Gottes. Die Taufe ist der Bezugspunkt für alle in der Kirche. Alle sind in derselben Taufe gleich: Bischöfe, Laien, Männer, Frauen...

-Goyo García Maestu

Tradition

Hier verstehen wir die Tradition nicht als etwas Statisches, als ein Modell, das „reproduziert" werden muss, als etwas Unbewegliches, sondern als „Vorwärtsbewegung", die, stark in der Vergangenheit verwurzelt und in Treue zu dieser Vergangenheit, aus der sie stammt, auf die Zukunft ausgerichtet ist und sich von der Gegenwart in Frage stellen und verändern lässt. Es handelt sich um eine Überlieferung, die von Generation zu Generation in die Gegenwart gelangt. Sie ist aufgeladen mit Ereignissen, Kultur, Traditionen und natürlich mit Spiritualität und Glauben...

Weltanschauungen treffen aufeinander, Geschichten kommen zusammen... Die Tradition muss sich auch mit der Zeit auseinandersetzen, die sie verzerrt und bereichert, verdunkelt und erhellt... Mit anderen Worten, sie lässt sich von ihr beeinflussen und inkulturiert sich selbst.

Es ist ein großer Unterschied, ob man die Tradition nur als „Glaubensgut", als „Schatzkammer" von Wahrheiten und Bräuchen versteht, die es zu bewahren gilt, mehr oder weniger unbeweglich und statisch, oder ob man sie als wirklich in den geschichtlichen Prozess, in unserem Fall der Offenbarung, der Gnade und des Heils, eingefügt betrachtet. Im ersten Fall, wenn wir sie als „Depositum" betrachten, wären wir „der Gefahr ausgesetzt, die Offenheit für das Kommende zu verlieren und zu einem sterilen Festhalten an der Vergangenheit verleitet zu werden". Im zweiten Fall sprechen wir von einer Entwicklung, die sich in einer unvermeidlichen, kontinuierlichen und bereichernden Inkulturation vollzieht. Sie treibt uns an, das Feuer, das uns die Vergangenheit bringt, aufzunehmen und es an die Zukunft weiterzugeben, die uns winkt. Chesterton definiert es folgendermaßen: „Die Tradition zu übernehmen bedeutet, das Feuer weiterzugeben und nicht die Asche anzubeten"... Was ist das „Feuer", das wir in der Geschichte der Frauen, in dem Erbe, das sie uns vermitteln, aufnehmen sollen? Was ist die Asche, die eine patriarchalische Kirche und Gesellschaft verstreut und die wir nicht „anbeten" wollen?

-M. José Arana

„Tradition" ist ein bedeutsamer Begriff, weil er auf eine menschliche und theologische Kategorie anspielt, die die Synthese zwischen Wurzeln und Entwicklung, Identität und Identifikation, Stabilität und Bewegung, dem Erhaltenen und dem Weitergegebenen heraufbeschwört.

Jede Tradition - soweit sie Wurzel, Identität, Stabilität und Rezeption zum Ausdruck bringt - hat die eines Vermächtnisses, das das Beste der Geschichte bewahrt wie einen Schatz; sie ist ein Destillat der Authentizität, ein Resonanzboden für das im Laufe der Zeit erlernte und angesammelte Lehramt, ein unausweichlicher Bezugspunkt.

Die Tradition ist niemals ein versiegelter Behälter mit unverrückbaren Ideen oder Bräuchen. Sie überlebt und ist wertvoll, weil sie sich dynamisch entwickelt und sich in verschiedenen Ausdrucksformen zeigt, mit denen wir uns identifizieren. Sie ist lebendig, wenn sie Veränderungsprozesse anstößt, denn sie ist ein wesentliches Element, das mir hilft zu unterscheiden. Deshalb ist die Tradition nicht *per definitionem* unveränderlich, sondern sie wächst und wird ständig bereichert; sie integriert und nimmt Veränderungen an, denn wahres Gleichgewicht wird nur durch Bewegung erreicht.

-Antonio Bellella

202

Verantwortungsvoller Ungehorsam

Verantwortungsvoller Ungehorsam entspringt der inneren Freiheit des Gewissens, das an die Gerechtigkeit des Reiches Gottes appelliert, wenn die etablierte Macht ungerecht handelt. Es ist eine freie und befreiende Haltung, wie sie Jesus gegen die Macht und die religiösen Gesetze seiner Zeit ausübte, die nicht dem entsprachen, was für die Menschen heilsam und befreiend ist.

Verantwortungsbewusster Ungehorsam ist das Gegenteil von Konformität und steht im Gegensatz zum „offiziell Etablierten", wenn dieses sich davor verschließt, neue Möglichkeiten zu eröffnen.

Verantwortungsbewusster Ungehorsam ist dann glaubwürdig, wenn er nicht aggressiv, nicht fanatisch kritisiert, sondern entschieden radikal ist und dafür eintritt, dass die Dinge weiter und freier werden.

Verantwortungsbewusster Ungehorsam hat eine offene und wachsame Haltung, die Neues, noch nicht Erprobtes fördern will, denn alles ist ein Transformationsprozess. „Das Alte ist vergangen, das Neue hat begonnen" (2 Kor 5,17).

Zwei Beispiele für verantwortungsvollen Ungehorsam: 1) Niemand sollte zulassen, dass Frauen von Diensten und Ämtern der Kirche ausgeschlossen werden. Denn das entspricht weder Jesus noch dem Evangelium. 2) Heutzutage sind einige deutsche Priester verantwortungsvoll ungehorsam, wenn sie ihrem Gewissen folgend entscheiden, homosexuelle Ehen zu segnen.

Verantwortungsvoller Ungehorsam ist letztlich die ruhige Gewissheit, dass Gott allein das einzig Absolute ist und wir ihm unseren Gehorsam anvertrauen. Verantwortungsvoller Ungehorsam ist heute eine Herausforderung und eine prophetische Aufgabe.

-Anna Seguí, OCD

Versöhnung

Mit diesem Begriff verbindet man sofort viele andere, wie: Barmherzigkeit, Mitleid, Bekenntnis, Schuld, Gegenseitigkeit, Groll, freisprechen, besänftigen, befreien, Aussöhnung, Bekehrung, Fest, Gleichheit, Vielfalt, Einbeziehung....

Aus einer Gender-Perspektive ist der Dienst der Versöhnung für das ganze Volk Gottes, die Synodalkirche, eine Herausforderung. Er hat ganz besondere Akzente, nämlich die Rettung des Weiblichen im persönlichen Bereich, in der Gemeinschaft der Gläubigen, der Nicht-Gläubigen und in Blick auf Gott. Es geht darum, eine Versöhnung zu erreichen, eine innere und wirkungsvolle Umkehr, die diese seit Jahrtausenden verinnerlichten Haltungen wie Gewalt gegen Frauen, sexueller Missbrauch, Machtmissbrauch, Autoritarismus, Unterordnung und Selbstausgrenzung überwindet und auslöscht.

Die Heilige Schrift enthält Texte, die uns auf diesem Weg des Verstehens und der Friedensstiftung leiten. Wir haben die Gleichnisse der Barmherzigkeit, die Psalmen... Wir betonen die Episode aus dem Evangelium nach Johannes 8: die Verteidigung der ehebrecherischen Frau. Jesus rettet sie aus dieser erniedrigenden Situation und verleiht ihr Würde. Er begegnet ihr in erlösender Weise, die es ihr ermöglicht, sich wieder aufzurichten. Gleichzeitig entlarvt er die heuchlerische, sexistische und patriarchalische Moral, die den Frauen in den Beichtstühlen bis heute noch begegnet.

-Tere Nuín Ciriza

Wir streben nach dem Frieden in unserem innersten Wesen, nach Frieden in all unseren Lebensbeziehungen. Wir möchten frei sein von Gier, Ängsten und Befürchtungen. Frei von Rivalität, Unterwerfung und Hass. Frei von Kriegen, die allesamt brudermörderisch sind. Schwestern und Brüdern aller Lebenden, in der glücklichen Gemeinschaft aller Wesen, wir sind alle Eins. Der Friede ist die Mutter und die Heimat aller Wesen.

Warum leben wir nicht in dem Frieden, den wir anstreben, den Frieden, der uns hervorbringt und der wir in unserem innersten Wesen sind? Viele Kulturen und Religionen interpretierten die gegenwärtigen Übel als Frucht des schuldhaften Verlusts der ursprünglichen Harmonie, als Strafe für die Übertretung des göttlichen Gebots. Sie sprachen von Sünde, Schuld, Strafe, Sühne, Vergebung... Sie schufen Opfer- und Bußrituale, um sich mit einer beleidigten Gottheit zu versöhnen und den verlorenen Frieden wiederherzustellen. Dies ist der Fall bei der jüdisch-christlichen Religion.

Nach einer langen und wechselvollen Geschichte voller Widersprüche führte die römische Kirche schließlich im Laterankonzil 1215 und im Konzil von Trient 1545-1563 die Verpflichtung zur mündlichen Einzelbeichte bei einem geweihten männlichen Priester ein, der als einziger die Macht hat, göttliche Vergebung zu gewähren. Für eine wachsende Mehrheit der Christen ist heute ist dieses Sakrament der Buße oder Versöhnung mitsamt dem gesamten theologischen und klerikalen Apparat, auf dem es gründet, unverständlich und unpraktikabel.

Aber wir müssen offen sein für die Versöhnung, sie anbieten, sie annehmen und feiern. Wir sind nicht schuldig, aber wir verletzen uns gegenseitig. „Ich tue das Böse, das ich nicht tun will, und ich tue das Gute nicht, das ich tun will" (Röm 7,20). Wir sind unvollendet, aber wir können auf den vollen Frieden zugehen, den wir suchen und der wir sind.

-José Arregi

SCHLUSSWORT DER HERAUSGEBERIN

Die spanische Originalausgabe dieses Buches ist im Jahre 2023 entstanden, mitten im synodalen Prozess der Weltsynode. Inzwischen ist die Synode beendet. Ich stehe immer noch unter dem Eindruck eines Treffens in Rom, bei dem ich mit diakonisch berufenen Frauen aus vier Kontinenten am Rande der Synode zusammenkam. Wir gaben einander bewegende Zeugnisse, die uns verbunden- und zu weiterer Vernetzung angeregt haben. Auch wenn die Synode erneut keine Entscheidungen getroffen hat in der Frage der Berufungen von Frauen und deren Zulassung zu allen Diensten und Ämtern, möchte ich uns alle ermutigen, unserer Liebe und unserer Berufung treu zu bleiben und einander weiter zu stärken. Ich schließe mich den Empfehlungen der Synode an, in unseren Ortskirchen weiter im synodalen Prozess zu bleiben:

„Wir wollen keinen Umbruch – schon gar keinen Zusammenbruch,

sondern einen Aufbruch hin zu einer synodalen und diakonischen Kirche,

in der Frauen und Männer gleichberechtigt miteinander unterwegs sind."

-Christina Gauer

In der Hoffnung